EIGENTUM des FREISTAATES THÜRINGEN

040160

Dieses Lehrmittel wurde am.................................... mit der
Nummer .... in das Inventar aufgenommen
und es soll mehrere Jahre verwendet werden. Daran dürfen keine
Einträge, Unterstreichungen oder Hervorhebungen vorgenommen werden.
Es wird dringend empfohlen, das Buch mit einem Schutzumschlag
zu versehen, damit es nicht unnötig unansehnlich wird.

Datum Ausleihe	Name	Datum Rückgabe
	Daniel Lanssler	
26.8.05	S. Druselmann	13.07.06

Staatliche Regelschule
Halle-Kassler-Straße 150
99759 Sollstedt
Telefon 60050

Schnitt*punkt*

Mathematik für Regelschulen
Thüringen

Rainer Maroska
Achim Olpp
Claus Stöckle
Hartmut Wellstein

bearbeitet von
Joachim Böttner, Schmalkalden
Karl-Heinz Umlauft, Freital
Heiko Wontroba, Herrenhof

Ernst Klett Verlag
Stuttgart Düsseldorf Leipzig

Bildquellenverzeichnis:

AKG, Berlin: 41.1; 41.3 – Dieter Baumann, Ludwigsburg: 102.1 – Bildagentur Huber, Garmisch-Partenkirchen: 115.1; 115.5; 123.2 – Bilderberg, Hamburg: 152.1 (Thomas Ernsting) – Bild und Heimat, Reichenbach: 113.4 (Schröder); 113.5 (Schröder) – BPK, Berlin: 27.1 – British Museum, London: 155.1 – CESA Diaarchiv, Cölbe: 39.2 – Corbis, Düsseldorf: 87.1 – Deutsche Bahn AG, Berlin: 153.3 – Deutsches Museum, München: 15.2; 65.1; 65.4; 70.1; 175.1 – DPA, Frankfurt: 21.1; 72.1 (Schmitt); 89.2; 195.1 – Heinz Finke, Konstanz: 82.2; 89.1 – FOCUS, Hamburg: 139.2 – Sir Norman Forster and Partners, London (Richard Davies): 115.4; 115.6) – P. Funke, Bietigheim: 184.1 – Dieter Gebhardt, Asperg: 15.3; 39.3; 63.3; 89.6; 139.5 – Getty Images, München: U1.1; 137.3 (Taxi) – Claus Hausmann, München: 136.2; 136.4; 183.1; 183.2 – IBM Deutschland GmbH, Stuttgart: 108.1 – IFA, Düsseldorf: 78.1 – Interfoto, München: 152.4; 153.1 – Klett-Archiv, Stuttgart: 28.1 (P. Funke, Bietigheim); 190.3 (Heinz-Joachim Schlüter, Maintal) – Helga Lade, Frankfurt: 117.3; 137.4 – Länderpress, Wiesbaden: 152.3 – Landesbildstelle Westfalen-Lippe, Münster: 115.2 – Mauritius, Mittenwald: 34.2 (L. Schröter); 76.2 (Lindner); 117.1 (Superstock); 117.2 (Albinger); 139.1, 139.3 (Viedler); 155.2 (Rossenbach) – MEV, Augsburg: 172.1 – Meyers Jonathan Lonsley, Washington D. C: 30.2; 35.3 – Öffentliche Bibliothek der Universität Basel: 89.3; 89.4 – Okapia, Frankfurt: 51.1; 88.3 (Kiepe); 127.2 (Christian Pehlemann) – Richard Schrade, Winterbach: 115.3; 122.2; 139.4 – Scala, Antella (Firenze): 41.2 – Bernd Simon, Hürtgenwald: 56.1; 63.1; 65.3 – Smith, D. E.: History of Mathematics, 2 Bände, Ginn and Company, Boston: 89.5 – Sportpressephoto Bongarts, Hamburg: 102.2; 103.1; 155.3; 188.1 – Superbild, Unterhaching/München: 60.1 (Eric Bach) – Thüringerwaldbahn und Straßenbahn Gotha GmbH (Reichenbach): 112.1; 112.2 – Esther Thylmann, Stuttgart: 193.3 – Time, New York: 44.5 – ullstein bild, Berlin: 194.3 – Vividia, Puchheim: 136.3; 183.3 (Anthony Verlag) – Heiko Wontroba: 35.2 – ZEFA, Düsseldorf: 137.5 (Deuter);

An der Entstehung des Gesamtwerkes waren weiterhin beteiligt:
Agathe Bachmann, Ilonka Gerth, Bertold Grimm, Paul Krahe, Rainer Pongs, Hartmut Wallrabenstein

1. Auflage   A 1 5 4 3 2 | 2007 2006 2005 2004

Alle Drucke dieser Auflage können im Unterricht nebeneinander benutzt werden, sie sind untereinander unverändert. Die letzte Zahl bezeichnet das Jahr dieses Druckes.
© Ernst Klett Verlag GmbH, Stuttgart 2003.
Alle Rechte vorbehalten.
Internetadresse: http://www.klett-verlag.de

Zeichnungen: Rudolf Hungreder, Leinfelden, Günter Schlierf, Neustadt und Dieter Gebhardt, Asperg
Umschlaggestaltung: Manfred Muraro, Ludwigsburg
DTP-Satz: topset Computersatz, Nürtingen
Druck: Aprinta, Wemding

ISBN 3-12-744990-9

Inhalt

Hinweise 6
Wiederholung 7

I Ähnlichkeit 15

  1 Streckenverhältnisse 16
  2 Maßstäbliche Konstruktionen 17
  3 Zentrische Streckung. Konstruktion 19
  4 Strahlensätze 21
  5 Ähnliche Figuren 28
  6 Ähnlichkeitssätze 31
  7 Vermischte Aufgaben 34
Thema: Goldener Schnitt 39
Rückspiegel 40

II Satzgruppe des Pythagoras 41

  1 Kathetensatz 42
  2 Höhensatz 44
  3 Satz des Pythagoras 46
  4 Rechnen mit Formeln 52
  5 Anwendungen 54
  6 Vermischte Aufgaben 58
Thema: Pythagoreische Zahlentripel 63
Rückspiegel 64

III Arbeiten mit Variablen 65

  1 Bruchterme 66
  2 Erweitern und Kürzen von Bruchtermen 68
  3 Rechnen mit Bruchtermen 70
  4 Einfache Bruchgleichungen 72
  5 Gleichungen mit Klammern 74
  6 Umstellen von Formeln 76
  7 Textaufgaben. Anwendungen 78
  8* Ungleichungen 82
  9 Vermischte Aufgaben 84
Thema: Mobilfunk 87
Rückspiegel 88

Inhalt

IV Lineare Gleichungssysteme   89

1 Lineare Gleichungen mit zwei Variablen   90
2 Lineare Gleichungssysteme. Zeichnerische Lösung   93
3 Gleichsetzungsverfahren   96
4 Einsetzungsverfahren   98
5 Additionsverfahren   100
6 Geometrische Deutung der Lösungsmenge   103
7 Anwendunsaufgaben   105
8 Vermischte Aufgaben   109

Thema: Bildfahrpläne bei der Thüringewaldbahn   112
Rückspiegel   114

V Körperdarstellung. Körperberechnung   115

1 Pyramide. Kegel   116
2 Schrägbild von Pyramide und Kegel   117
3 Pyramide. Netz und Oberfläche   119
4 Pyramide. Volumen   122
5 Kegel. Netz und Oberfläche   124
6 Kegel. Volumen   126
7 Zweitafelbilder   128
8 Zusammengesetzte Körper   130
9 Vermischte Aufgaben   133

Thema: Pyramiden – von einst bis heute   136
Rückspiegel   138

VI Quadratische Funktionen. Quadratische Gleichungen (1)   139

1 Die quadratische Funktion $y = x^2$ 140
2 Die quadratische Funktion $y = ax^2 + c$ 142
3 Die rein-quadratische Gleichung – grafische Lösung   145
4 Die rein-quadratische Gleichung – rechnerische Lösung   147
5 Vermischte Aufgaben   150

Thema: Brücken und Parabeln   152
Rückspiegel   154

VII Quadratische Funktionen. Quadratische Gleichungen (2) 155

1. Die Funktionen $y = x^2 + c$ 156
2. Scheitelpunktkoordinaten der Funktion $y = x^2 + px + q$ 157
3. Nullstellen der Funktion $y = x^2 + px + q$ 159
4. Die Funktionen $y = (x + d)^2 + e$ bzw. $y = x^2 + px + q$ 161
5. Formel zur Nullstellenberechnung einer quadratischen Funktion 164
6. Quadratische Gleichungen 166
7. Eigenschaften quadratischer Funktionen 171
8. Bruchgleichungen 172
9. Der Satz von Vieta 174
10. Textaufgaben. Anwendungen 176
11. Vermischte Aufgaben 179

Rückspiegel 182

VIII Stochastik. Wahrscheinlichkeit 183

1. Schätzen der Wahrscheinlichkeit 184
2. Summenregel und Laplace-Wahrscheinlichkeit 186
3. Mehrstufiges Zufallsexperiment 188
4. Simulation 191
5. Vermischte Aufgaben 193

Thema: Vererbung 195
Rückspiegel 196

Lösungen 197
Register 205
Mathematische Symbole und Bezeichnungen / Maßeinheiten 206

Hinweise

1

Jede Lerneinheit beginnt mit ein bis drei **Einstiegsaufgaben**. Sie sollen die Möglichkeit bieten, sich an das neue Thema heranzuarbeiten und früher Erlerntes einzubeziehen. Sie sind ein Angebot für den Unterricht und können neben eigenen Ideen von der Lehrerin und vom Lehrer herangezogen werden.

Im anschließenden **Informationstext** wird der neue mathematische Inhalt erklärt, Rechenverfahren werden erläutert, Gesetzmäßigkeiten plausibel gemacht. Hier können die Schülerinnen und Schüler jederzeit nachlesen.

> Im Kasten wird das **Merkwissen** zusammengefasst dargestellt. In der knappen Formulierung dient es wie ein Lexikon zum Nachschlagen.

Beispiele
Sie stellen die wichtigsten Aufgabentypen vor und zeigen Lösungswege. In diesem „Musterteil" können sich die Schülerinnen und Schüler beim selbstständigen Lösen von Aufgaben im Unterricht oder zu Hause Hilfen holen. Außerdem helfen Hinweise, typische Fehler zu vermeiden und Schwierigkeiten zu bewältigen.

Mit diesem Symbol sind Aufgaben gekennzeichnet, in denen Fehler gesucht werden müssen.

Aufgaben
2 3 4 5 6 7 …
Der Aufgabenteil bietet eine reichhaltige **Auswahlmöglichkeit**. Den Anfang bilden stets Routineaufgaben zum Einüben der Rechenfertigkeiten und des Umgangs mit geometrischen Handwerkzeug. Sie sind nach Schwierigkeiten gestuft. Natürlich kommen Kopfrechnen und Überschlagsrechnen dabei nicht zu kurz. Eine Fülle von Aufgaben mit Sachbezug bieten interessante und altersgemäße Informationen.

Kleine Trainingsrunden für die Grundrechenarten

> Angebote …
> … von Spielen, zum Umgang mit „schönen" Zahlen und geometrischen Mustern, für Knobeleien, ….
> Kleine Exkurse, die interessante Informationen am Rande der Mathematik bereit halten und zum Rätseln, Basteln und Nachdenken anregen.
> Sie sollen auch dazu verleiten, einmal im Mathematikbuch zu schmökern.

Vermischte Aufgaben
Auf diesen Seiten wird am Ende eines jeden Kapitels nochmals eine Fülle von Aufgaben angeboten. Sie greifen die neuen Inhalte in teilweise komplexerer Fragestellung auf.

Lerneinheiten
Die Kapitel des Buches sind in Lerneinheiten unterteilt. Ein # an der Überschrift kennzeichnet Lerneinheiten, die nur für den Realschulkurs vorgesehen sind und ein * solche mit Erweiterungsstoff.

Rückspiegel
Dieser Test liefert am Ende jedes Kapitels Aufgaben, die sich in Form und Inhalt an möglichen Klassenarbeiten orientieren. Die Lösungen am Ende des Buches geben den Schülerinnen und Schülern die Möglichkeit, selbstständig die Inhalte des Kapitels zu wiederholen.

Projektseiten
Diese Seiten stellen am Ende des Buches mathematische Inhalt der Kapitel unter ein Thema. Die Aufgabenstellungen sind sehr offen, so dass die Lehrerin und der Lehrer die Möglichkeit haben, die Materialien, die auf diesen Seiten gegeben sind, individuell zu nutzen.

Freiraum
Mit dem Symbol sind Lerneinheiten und Aufgaben gekennzeichnet, deren Inhalte im Lehrplan für die Regelschule von 1999 als „Freiraum" bezeichnet werden oder solche, in denen sich Inhalte befinden, die Stoffe eines vorangegangenen Freiraums sind.

Wiederholung: Terme

> **Addition** einer Summe: $a + (b + c) = a + b + c$
> **Subtraktion** einer Summe: $a - (b + c) = a - b - c$
> **Multiplikation** einer Summe: $a \cdot (b + c) = ab + ac$
> **Division** einer Summe: $(a + b) : c = a : c + b : c$
> **Multiplikation** zweier Summen: $(a + b) \cdot (c + d) = ac + ad + bc + bd$

1
Löse die Klammer auf.
a) $2a + (3f + c)$ b) $m + (6q - 3w)$
c) $8t - (7u + v)$ d) $12 - (11p - 2z)$
e) $8w + (-5s + 16)$ f) $36u - (-2v - 29w)$

2
Schreibe ohne Klammern und fasse dann zusammen.
a) $9p + (12r - 6p) - 3r$
b) $8u + (3u - 9) + 9u$
c) $9a + (14 - 3a) + (2a - 5)$
d) $10m - (3m + 5n) - (n - 2m)$
e) $6u - (4v + 5u) + (-10u + 2v)$

3
Wende das Distributivgesetz an.
a) $4 \cdot (a + 6)$ b) $12 \cdot (a + 1)$
c) $10 \cdot (c - 7)$ d) $13 \cdot (b - 3)$
e) $15 \cdot (-s + 2t)$ f) $36 \cdot (-3x - y)$
g) $(6m - 12n) \cdot 9$ h) $(-10a - 15b) \cdot 7$

4
a) $(5r + 4s) \cdot (-10t)$
b) $(a + 3b) \cdot (-8a)$
c) $(6e - 11f) \cdot (-6e)$
d) $(-a^2 - ab) \cdot (-ab)$

5
Dividiere.
a) $(14 - 21x) : 7$ b) $(18z + 9) : 3$
c) $(24y - 12) : 6$ d) $(16a + 36b) : 4$
e) $(28xy - 70y^2) : 14$ f) $(65st + 13s) : 13$

6
a) Drücke die Summe der Kantenlängen der Körper (1) bis (4) in einem möglichst einfachen Term aus.
b) Gib die Oberfläche der beiden Quader in je einem Term an.
c) Gib die Oberfläche des vierten Körpers in einem Term an. Was fällt dir auf?

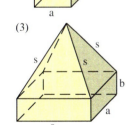
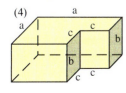

7
Multipliziere.
a) $(a + 2)(b + 6)$ b) $(x + 3)(y - 5)$
c) $(r - 7)(s + 11)$ d) $(5 - m)(n - 12)$
e) $(9a - 6b)(3c + 4d)$ f) $(m + 5u)(-r - 2s)$
g) $(4z + 5x)(-x + 3y)$ h) $(-v - w)(-s - t)$

8
Multipliziere und vereinfache.
a) $(4x + 10y)(2x - 5y)$
b) $(5r + 4s + 3t)(r - 2s - 3t)$
c) $(x + 4)(5 - x) - (x - 1)(x + 8)$
d) $(2a + 3)(1 - 3a) + (6a - 17)(4 + a)$

9
Dividiere den Term. Multipliziere dazu mit dem Reziproken.
a) $(2r + 3s) : \frac{1}{2}$ b) $(-cd + d^2) : \frac{1}{8}$
c) $(8m^2 - 10mn) : \frac{2}{3}$ d) $(-6 + 12xy) : \frac{3}{2}$
e) $(rs - 8rs^2) : \frac{4}{5}$ f) $(-25s + 15t) : \frac{5}{8}$

10
Klammere den angegebenen Faktor aus.
a) Faktor: 4   b) Faktor: y
    $16ab + 40c$ $30xy - 31y$
    $32a - 28d$ $22y^2 + 17yz$
    $92gh - 76i$ $64a^2y + y$
c) Faktor: ab   d) Faktor: $-x$
    $15ab + 13ab$ $-6xy - 11x$
    $29abc - 10ab$ $-14xz + 23x$
    $9ab^2 + 16a^2b$ $25ax - 21x^2$

11
Multipliziere aus und vereinfache.
a) $(3x + 1)(1 + 5x)$
b) $(2a + 5)(3a - 2) + 5(6a - 1)$
c) $(2y - 11)(9 + 5y) + (y - 1)(y + 10)$
d) $(2a + b + 1)(a + 2b) - a(2a + 5b)$
e) $100x - [50y - 10(x + 2y)]$
f) $2a - [b - a(b - 1)] - b(a - 2)$

Wiederholung: Binomische Formeln

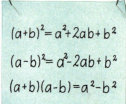

Binomische Formeln
1. binomische Formel
2. binomische Formel
3. binomische Formel

Beispiele
$(7x + 12y)^2 = 49x^2 + 168xy + 144y^2$
$(1{,}5v - 8w)^2 = 2{,}25v^2 - 24vw + 64w^2$
$(2{,}4z + 0{,}9)(2{,}4z - 0{,}9) = 5{,}76z^2 - 0{,}81$

1
Berechne mit der 1. oder 2. binomischen Formel.
a) $(5 + a)^2$
b) $(x - 7)^2$
c) $(3s + 7t)^2$
d) $(5x - 8y)^2$
e) $(1{,}5e + 4f)^2$
f) $(2{,}5p - 3q)^2$
g) $\left(\frac{1}{2}a + \frac{1}{2}b\right)^2$
h) $\left(\frac{1}{4}v - \frac{1}{3}w\right)^2$

2
Schreibe die folgenden Produkte als Summen.
a) $(3a + b)(3a - b)$
b) $(13x + 0{,}9y)(13x - 0{,}9y)$
c) $(1{,}5c - 14d)(1{,}5c + 14d)$
d) $(1{,}3d + 1{,}7)(1{,}3d - 1{,}7)$
e) $\left(\frac{1}{5}x + \frac{1}{4}y\right)\left(-\frac{1}{4}y + \frac{1}{5}x\right)$

3
Wende die binomischen Formeln an und fasse zusammen.
a) $(8a - 6)^2 + (4 + 5a)^2$
b) $(12x - 11y)(12x + 11y) + (5x - 2y)^2$
c) $2(8x + 29)^2 + (4{,}5x - 10)(10 + 4{,}5x)$
d) $0{,}5x(y - 0{,}1)^2 + 4(0{,}1x - 0{,}2y)(x + y)$

4
Fülle die Lücken im Heft.
a) $x^2 - 8x + \square = (x + 4)^2 + 2$
b) $y^2 + \square + 14 = (y + 5)^2 - 11$
c) $a^2 - \square + 49 = (\bigcirc - \diamond)^2$
d) $0{,}64y^2 - \square = (\diamond + 1{,}1z)(\diamond - 1{,}1z)$
e) $(\square - 0{,}4x)^2 = \bigcirc - 8x + \diamond$

5
Verwende wie in nebenstehendem Beispiel die 3. binomische Formel doppelt.
a) $(a - 1)(a + 1)(a^2 + 1)$
b) $(x^2 + 4)(x + 2)(x - 2)$
c) $(5 - y)(5 + y)(25 + y^2)$
d) $(2x + 3y)(2x - 3y)(4x^2 + 9y^2)$
e) $(100a^2 + 4b^2)(10 - 2b)(10a + 2b)$

6
Bilde eine vollständige Gleichung.
a) $(\square + 2y)^2 = \triangledown + 4xy + \triangle$
b) $(3u + \bigcirc)^2 = \triangle + \square + 16v^2$
c) $(9p - \square)^2 = \triangle - 144pr + \bigcirc$
d) $\left(\frac{1}{2}x + \bigcirc\right)(\square - \bigcirc) = \frac{1}{4}x^2 - \frac{9}{25}y^2$

7
Fasse so weit wie möglich zusammen.
a) $(7x - 17)^2 + (5 + x)^2$
b) $(4x + 7)^2 - (4 - 7x)^2$
c) $(0{,}3a + 5b)^2 + (1{,}3a - 1{,}7b)^2$
d) $(25 + 15g)(15g - 25) - 225g^2$
e) $-7(5x - 8y)(5x + 8y)$
f) $5\left(\frac{3}{5}h + 0{,}6i\right)^2 - 5\left(0{,}6i - \frac{3}{5}h\right)^2$

8
Schreibe die Summe als Produkt.
a) $a^2 + 10a + 25$
b) $81x^2 - 72xy + 16y^2$
c) $0{,}25u^2 - 1{,}2uv + 1{,}44v^2$
d) $9p^2 - 81q^2$
e) $256v^2 - 400w^2$
f) $\frac{1}{16}a^2 - \frac{9}{121}b^4$

9
Achte besonders auf die Minuszeichen.
a) $(3a - 5)^2 - (5a - 3)^2$
b) $(7x + 5)^2 - (5x - 7)^2$
c) $(3x - 4)(3x + 4) - 2(3x - 4)^2$
d) $(a - b)^2 - 2(a + b)(a - b)$
e) $2(3x - 4y)^2 - 4(2x + 3y)^2 - 3(2x - 4y)(x + y)$

10
Die Ergebnisse sind stets ganze Zahlen.
a) $(6x - 5)^2 + (2x + 8)^2 - (10x - 2)(4x - 2)$
b) $(3x - 8)^2 + (4x - 9)^2 - (5x - 12)^2$
c) $(6x - 4)^2 - (2x + 6)^2 - (4x - 8)(8x - 2)$
d) $2(3x - 7)^2 - \frac{1}{2}(4x - 8)^2 - \frac{2}{5}(5x - 13)^2 - \frac{2}{5}$
e) $\frac{1}{2}(6x - 3)^2 - \frac{1}{3}(6x + 3)^2 - 6\left(x^2 - 5x + \frac{1}{4}\right)$

Beispiel:
$(x+3)(x-3)(x^2+9)$
$= (x^2 - 9)(x^2 + 9)$
$= x^4 - 81$

Wiederholung: Gleichungen. Ungleichungen

> Eine **Gleichung** löst man mithilfe von Äquivalenzumformungen:
> – Vereinfachen der Terme auf beiden Seiten,
> – Ordnen der Summanden mit Variablen auf der einen Seite und der Summanden ohne Variablen auf der anderen Seite,
> – Dividieren beider Seiten durch den Zahlfaktor der Variablen.

1
Löse die Gleichung.
a) $12x - 15 = 33$ b) $5y - 4 = 8{,}5$
c) $-16 - 3n = -2n$ d) $12 - 6{,}4z = -4{,}8z$
e) $-3s = -9s + 12$ f) $2{,}3x - 7{,}2 = 2x$

2
a) $12x - (16x - 20) = 174 - (42 + 20x)$
b) $-5(y - 7) + 14 = 30 - (2y + 1) + 14$
c) $0{,}2(x - 3) - 1 = 0{,}5(x + 3) - 18{,}4$

3
a) $\frac{2}{5}x + \frac{1}{2}x = x + \frac{1}{10}$
b) $x + \frac{3x}{4} = 2x - \frac{1}{2}$
c) $\frac{2}{3}x - \frac{1}{3} = \frac{1}{2} - \left(\frac{1}{4} - \frac{1}{6}x\right)$
d) $\frac{3}{4}x = 1\frac{1}{2} - \frac{1}{4}(x - 2)$

4
Multipliziere zuerst mit dem Hauptnenner.
a) $\frac{x-2}{2} + \frac{2x-1}{3} = \frac{4x}{3} - 4\frac{1}{3}$
b) $\frac{5x-1}{2} - \frac{4(3+2x)}{7} - \frac{13x}{14} = \frac{1}{7}$
c) $\frac{7y+18}{3} - \frac{4}{5}(y+3) = \frac{3}{2}(y+2) + \frac{2}{3}$

Auch dies ist eine Gleichung.

```
  □ 9 * ●
+ ● ○ 3 □
─────────
  * ○ 1 7
```

Es gibt sechs Lösungen!

5
Löse die Gleichung.
a) $(2x - 1)(2x - 1) + 40 = 4x^2 + 5$
b) $3(x + 8) = 42$
c) $(x + 1)(x + 1) + 2 = x(x - 1)$
d) $(x - 2)(x - 2) + 95 = (x + 3)(x + 3)$
e) $(x - 1)(x + 2) + 4 = (x - 3)(x - 3)$
f) $(x - 4)(x + 4) = x^2 + 2(x - 3)$

6
Die Lösungen ergeben ein Lösungswort.
a) $2 + (2x - 1)(2x - 1) = (1 + x)(4x - 3)$
b) $(3x - 2)(3x - 2) = (3x - 1)(1 + 3x) - 7$
c) $(9 - x)(9 + x) + 3x - 7 = -(x + 1)(x + 1)$
d) $3(x + 2)(x + 2) + x + 2 = 3(x + 2)(x - 2)$
e) $2x^2 - 4 = (x + 2)(x + 2) + (x - 4)(x + 4)$
f) $(x-2)(x^2+2) - 2x^3 + x(x+1)(x+1) = 0$

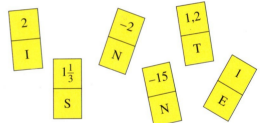

> Eine **Ungleichung** löst man mithilfe von Äquivalenzumformungen. Dabei darf man
> – auf beiden Seiten denselben Term addieren oder subtrahieren
> – beide Seiten mit derselben **positiven** Zahl multiplizieren oder dividieren
> – beide Seiten mit derselben **negativen** Zahl multiplizieren oder dividieren, wenn das Ungleichheitszeichen umgekehrt wird.

7
Gib die Lösungsmenge an und kennzeichne sie auf der Zahlengeraden.
a) $-19 + x > 33$; $G = \mathbb{N}$
b) $2x - 12 < -17$; $G = \mathbb{Z}$
c) $3 - 2x \geq 7x - 1$; $G = \mathbb{Z}$
d) $-4x - 3 < 5x - 3$; $G = \mathbb{Q}$
e) $3(2 + 5x) < 2(3x - 7)$; $G = \mathbb{Z}$
f) $1{,}2x + \frac{1}{5} \geq 1 - \frac{4}{5}x$; $G = \mathbb{Q}$

8
Löse die Ungleichung in der Grundmenge $\mathbb{Q}$.
a) $7x > 21$ b) $-2x < -22$
c) $3 < -6x$ d) $7 - 3x \geq 5$
e) $3x \leq 2x + 8$ f) $-2 + \frac{x}{3} < 10$
g) $\frac{1}{2}x - 3 > 0$ h) $\frac{1}{4} + \frac{1}{3}y \leq 1$
i) $0{,}5x < -0{,}5 + x$ k) $-1{,}2x > 0{,}6 - x$

Wiederholung: Textaufgaben

> **Lösungsschritte**
> 1. Lege für die gesuchte Größe eine Variable fest.
> 2. Übersetze die Angaben aus dem Text in Terme.
> 3. Stelle eine Gleichung auf.
> 4. Löse die Gleichung.
> 5. Überprüfe das Ergebnis am Text.
> 6. Schreibe das Ergebnis auf.

Zahlenrätsel

1
Wie heißt die Zahl?
a) Subtrahiert man von einer Zahl 111, so erhält man 44.
b) Die Summe zweier Zahlen beträgt 245. Bestimme den zweiten Summanden, wenn der erste den Wert 78 hat.
c) Vermindert man den dritten Teil einer Zahl um 17, so erhält man –9.
d) Subtrahiert man von 185 das Achtfache einer Zahl, so erhält man 81.
e) Addiert man zum Dreifachen einer Zahl 35, so erhält man das Zehnfache dieser Zahl.

2
Gib jeweils zwei mögliche Zahlen und die allgemeine Lösung an.
a) Das Achtfache einer Zahl, vermindert um 12, ist kleiner als 20.
b) Das Dreifache einer Zahl, vermehrt um 8, ist größer als das Fünffache der Zahl, vermindert um 12.
c) Der dritte Teil einer Zahl, vermindert um 7, ist größer als 10.

3
Die Differenz zwischen der Zahl und ihrem Dreifachen beträgt 56.

4
Die Summe dreier aufeinander folgender Zahlen beträgt 54. Wie heißen diese drei Zahlen?

5
Die Summe dreier Zahlen beträgt 69. Die zweite Zahl ist um 5 größer als die erste Zahl, die dritte Zahl ist um 8 kleiner als die erste Zahl.
Wie heißen diese drei Zahlen?

Altersrätsel

6
Bettina und ihre Mutter sind heute zusammen 59 Jahre alt. Vor 12 Jahren war die Mutter genau viermal so alt wie ihre Tochter. Wie alt sind beide?

7
Drei Brüder haben einen Altersunterschied von jeweils zwei Jahren. Zusammen sind sie 45 Jahre alt.

8
Drei Schwestern haben zusammen ein Alter von 37 Jahren. Eine Schwester ist drei Jahre älter als die jüngste und vier Jahre jünger als die älteste Schwester.

9
Ein Vater ist heute 40, seine Tochter 17 Jahre alt. Nach wie viel Jahren ist der Vater doppelt so alt wie seine Tochter?

Geometrie

10
Der Umfang eines Rechtecks beträgt 288 m. Das Rechteck ist fünfmal so lang wie breit. Berechne den Flächeninhalt.

11
Die Seiten eines gleichseitigen Dreiecks sind ebenso lang wie die eines Quadrates. Die Summe aller Seiten beträgt 63,7 cm. Berechne den Umfang der beiden Figuren.

12
In einem Dreieck ist der Winkel β dreimal so groß wie der Winkel α. Der Winkel γ ist um 12° größer als der Winkel β. Wie groß ist jeder Winkel?

Wiederholung: Flächeninhalt und Umfang von Vielecken

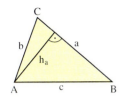

Flächeninhalt und Umfang von Dreiecken

Allgemeines Dreieck: $\quad A = \tfrac{1}{2}a \cdot h_a = \tfrac{1}{2}b \cdot h_b = \tfrac{1}{2}x \cdot h_c \quad u = a + b + c$

Rechtwinkliges Dreieck: ($\gamma = 90°$) $\quad A = \tfrac{1}{2}a \cdot b \quad\qquad\qquad\qquad u = a + b + c$

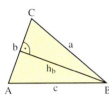

1
Berechne den Flächeninhalt des Dreiecks.
a) $c = 14{,}0\,\text{cm}$ b) $a = 7{,}2\,\text{cm}$
   $h_c = 5{,}0\,\text{cm}$ $h_a = 8{,}6\,\text{cm}$
c) $b = 4{,}8\,\text{dm}$ d) $a = 2{,}8\,\text{cm}$
   $h_b = 0{,}5\,\text{m}$ $b = 72\,\text{mm}$ ($\gamma = 90°$)

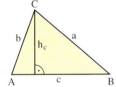

2
Berechne die Seite b des Dreiecks.
a) $u = 12{,}84\,\text{m}$; $a = 3{,}6\,\text{m}$; $c = 48\,\text{dm}$
b) $A = 399{,}84\,\text{mm}^2$; $h_b = 39{,}2\,\text{mm}$
c) $A = 143\,\text{cm}^2$; $c = 13\,\text{cm}$; $a = 90°$

3
In einem Dreieck ist $a = 5{,}0\,\text{cm}$, $b = 4{,}0\,\text{cm}$ und $h_a = 3{,}6\,\text{cm}$.
Berechne die Höhe h_b.

4
In einem rechtwinkligen Dreieck mit $\gamma = 90°$ sind $c = 9{,}0\,\text{cm}$, $a = 5{,}4\,\text{cm}$ und der Flächeninhalt $A = 19{,}44\,\text{cm}^2$ bekannt.
Berechne b, h_c und den Umfang.

5
Gib den Flächeninhalt und den Umfang des Dreiecks in Abhängigkeit von r bzw. s an.

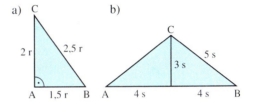

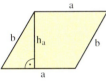

Flächeninhalt und Umfang von Vierecken

Quadrat:	$A = a \cdot a = a^2$	$u = 4a$
Rechteck:	$A = a \cdot b$	$u = 2(a + b)$
Parallelogramm:	$A = a \cdot h_a$ oder $A = b \cdot h_b$	$u = 2(a + b)$
Trapez:	$A = m \cdot h = \tfrac{1}{2}(a + c) \cdot h$	$u = a + b + c + d$
Rhombus:	$A = \tfrac{1}{2}e \cdot f$	$u = 4a$
Drachen:	$A = \tfrac{1}{2}e \cdot f$	$u = 2(a + b)$

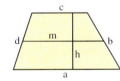

6
Berechne die fehlenden Größen des Rechtecks.
a) $a = 6{,}3\,\text{cm}$; $b = 17{,}1\,\text{cm}$
b) $a = 8{,}8\,\text{dm}$; $u = 218\,\text{cm}$
c) $A = 30{,}96\,\text{cm}^2$; $b = 4{,}3\,\text{cm}$

7
Berechne den Flächeninhalt und den Umfang des Parallelogramms.
a) $a = 0{,}34\,\text{dm}$; $b = 8{,}22\,\text{cm}$; $h_a = 8{,}1\,\text{cm}$
b) $a = 29{,}2\,\text{m}$; $b = 6{,}4\,\text{m}$; $h_b = 29{,}1\,\text{m}$
c) $a = 10{,}6\,\text{cm}$; $h_b = 5{,}3\,\text{cm}$; $h_a = 5{,}0\,\text{cm}$

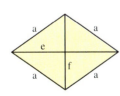

8
Die Grundfläche eines Badminton-Doppel-Spielfeldes beträgt $81{,}74\,\text{m}^2$. Das Einzel-Spielfeld ist $12{,}328\,\text{m}^2$ kleiner. Beide Felder sind $13{,}40\,\text{m}$ lang.
Um wie viel m ist das Einzelfeld schmaler als das Doppelfeld?

9
Die Seite a eines gleichschenkligen Trapezes ist $3{,}8\,\text{m}$, die Mittellinie $m = 2{,}6\,\text{m}$ und der Flächeninhalt $A = 14{,}95\,\text{m}^2$.
Bestimme die Höhe h sowie die Seite c.

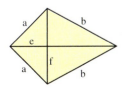

Wiederholung: Flächeninhalt und Umfang von Vielecken

10
Ein Rechteck, das dreimal so lang wie breit ist, hat einen Umfang von 72 cm. Berechne den Flächeninhalt.

11
Zwei Quadrate mit den Seitenlängen 8 cm und 11 cm haben zusammen einen doppelt so großen Umfang wie ein drittes Quadrat. Bestimme die Seitenlänge des dritten Quadrats.

12
Welchen Flächeninhalt hat der trapezförmige Querschnitt eines Deiches, dessen Kronenbreite 16,25 m, dessen Sohlenbreite 32,75 m und dessen Höhe 14,10 m beträgt?

13
Wie verändert sich der Flächeninhalt eines Rhombus, wenn die Länge einer Diagonalen verdreifacht und die der anderen verdoppelt wird?

14
Zeichne das Viereck ABCD mit A(3;1), B(5;5), C(3;9) und D(1;5) in ein Koordinatensystem. Ermittle den Flächeninhalt dieses Vierecks.

15
Die Kosten für den Anstrich eines Treppenhauses werden mit 52 €/m² incl. Mehrwertsteuer kalkuliert. Pro Treppenhaus müssen jeweils zwei der dargestellten Flächen gestrichen werden.
Berechne die Kosten für die 6 Treppenhäuser eines Miethauses.

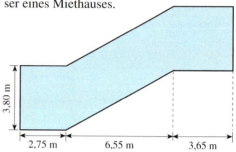

Flächeninhalt eines Vielecks
Der Flächeninhalt A eines Vielecks ist gleich der Summe der Flächeninhalte der Teilvielecke.
$$A = A_1 + A_2 + A_3 + \ldots + A_n$$

16
Zerlege die Vielecke in Teilflächen und berechne jeweils den Flächeninhalt.

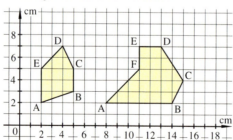

17
Ein Sechseck ist durch die Koordinaten seiner Eckpunkte A(1;1), B(2;1), C(6;2), D(8;6), E(6;9) und F(1;9) festgelegt. Zeichne dieses Vieleck in dein Heft und berechne seinen Flächeninhalt.

18
Bestimme den Flächeninhalt der Figuren.
a)
b)

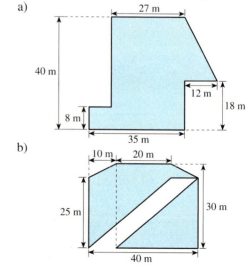

Wiederholung: Volumen und Oberfläche von Prismen

> Das **Volumen V eines Prismas** ist das Produkt aus Grundfläche A_G und Körperhöhe h:
> $$V = A_G \cdot h$$
> Die **Mantelfläche A_M eines Prismas** ist das Produkt aus der Körperhöhe h und dem Umfang u der Grundfläche A_G: $\quad A_M = u \cdot h$
> Die **Oberfläche A_O eines Prismas** ist die Summe aus dem Doppelten der Grundfläche A_G und der Mantelfläche A_M: $\quad A_O = 2 \cdot A_G + A_M$

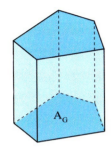

1
Berechne das Volumen und die Oberfläche des Quaders.
a) a = 7,2 cm; b = 8,4 cm; c = 2,1 cm
b) a = 57 cm; b = 5,8 cm; c = 0,37 dm
c) A_G = 61,92 dm²; b = 7,2 dm; c = 2,6 m

2
Berechne die fehlenden Kantenlängen des Quaders.
a) V = 64,26 cm³; a = 4,2 cm; b = 5,1 cm
b) V = 12,2 dm³; c = 0,4 m; b = 5 cm
c) V = 40,32 cm³; A_G = 8,4 cm²; b = 3,5 cm

3
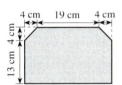

Eine aus Beton (1 cm³ wiegt 1,8 g) gegossene Eisenbahnschwelle ist 2,68 m lang und hat den nebenstehenden Querschnitt.
Wie viele Schwellen kann ein Eisenbahnwagen mit einem zulässigen Ladegewicht von 24 t höchstens laden?

4
Das im Querschnitt abgebildete Schwimmbecken ist 12,5 m breit. Berechne das Beckenvolumen.

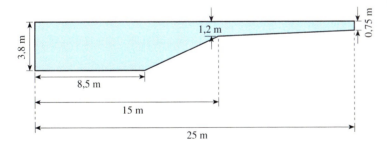

5
Wie verändern sich Volumen und Oberfläche eines Quaders, wenn Länge, Breite und Höhe halbiert werden?

6
Berechne das Volumen und die Oberfläche des Eisenträgers.

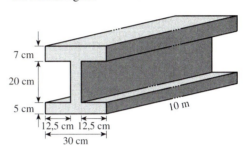

7
Ein 12,4 km langer Kanal hat den abgebildeten Querschnitt und ist zu 80 % mit Wasser gefüllt. Berechne die Wassermenge.

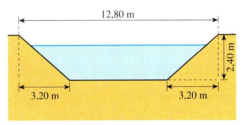

8
Welche Masse hat ein 12 m hoher zweizügiger Lüftungsschacht aus Blähbeton (1 cm³ wiegt 1,2 g)?

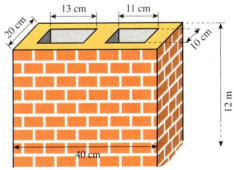

Wiederholung: Volumen und Oberfläche von Zylinder und Kugel

Volumen und Oberfläche von Zylindern

Volumen des Zylinders: $V = A_G \cdot h$
$V = \pi r^2 \cdot h$

Oberfläche des Zylinders: $A_O = 2\pi r^2 + 2\pi rh$
$A_O = 2\pi r(r+h)$

Mantelfläche des Zylinders: $A_M = 2\pi rh$

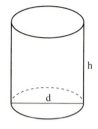

1
Berechne das Volumen und die Oberfläche des Zylinders.
a) $r = 7,5$ cm   b) $d = 5,6$ m   c) $r = 5,1$ dm
   $h = 10,5$ cm $h = 3,8$ m $h = 2,4$ m

2
Berechne den Grundradius oder die Höhe des Zylinders.
a) $A_M = 366,5$ cm², $h = 7,1$ cm
b) $V = 769$ cm³, $r = 10,1$ cm

3
Eine Skateboard-Bahn hat die Form von zwei Viertelzylindern mit einem Radius von 2,75 m, die mit einem ebenen Zwischenstück von 3,50 m Länge verbunden sind. Die Breite der Bahn beträgt 6 m. Sie erhält einen neuen Belag. Wie viel m² Fläche sind zu verlegen?

4
Berechne den umbauten Raum eines 420 m langen Tunnels und die gewölbte Innenfläche.
a) Tunnel

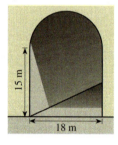

b) Messbecher

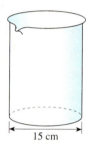

b) In welchem Abstand müssen in dem Messbecher die Teilstriche für 100 ml angebracht werden?

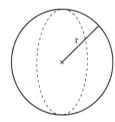

Volumen und Oberfläche von Kugeln

Volumen der Kugel: $V = \frac{4}{3}\pi r^3$

Oberfläche der Kugel: $A_O = 4\pi r^2$

5
Berechne Volumen und Oberfläche einer Kugel.
a) $r = 6$ cm   b) $d = 18$ mm
c) $r = 9,5$ dm   d) $d = 3,5$ m

6
Berechne den Kugelradius.
a) $A_O = 907,92$ m²   b) $V = 24,43$ cm³
c) $A_O = 6,5$ dm²   d) $V = 6000$ mm³

7
Wie viel Leder wird mindestens benötigt um einen Fußball herzustellen? Sein Durchmesser beträgt 25 cm.

8
Berechne die Masse der Kugel
a) aus Baustahl mit $d = 2,5$ cm,
b) aus Blei mit $r = 5$ cm,
c) aus Messing mit $d = 1,5$ cm,
d) aus Silber mit $d = 10,28$ cm.

9
Berechne Volumen und Oberfläche in Abhängigkeit von a.

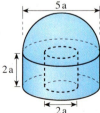

I Ähnlichkeit

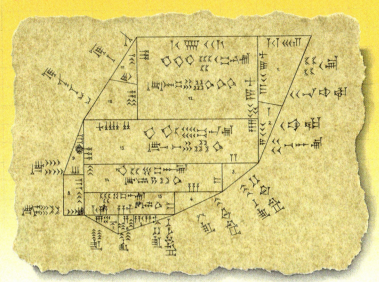

Der Beamte in Babylon, der vor 4400 Jahren den Felderplan zeichnete, war noch mit einer Darstellung zufrieden, die der Wirklichkeit nur annähernd entsprach.
Heute ist jeder Bauplan, jede Schnittzeichnung ein formtreues Abbild der Wirklichkeit: Die Längen werden mit einem konstanten Faktor verkürzt, Längenverhältnisse und Winkel werden treu wiedergegeben.

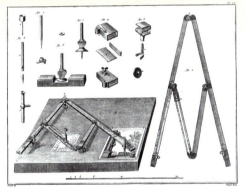

Der Jesuit Christoph Scheiner machte im Jahr 1631 den Pantograph bekannt, ein Zeichengerät, das ähnliche Bilder herstellt. Die Abbildung aus einem Buch über Zeichengeräte des Jahres 1795 demonstriert eine etwas ungewöhnliche Verwendung.

Heute ist die Ähnlichkeit in neuer Gestalt wieder aktuell geworden: Eine Figur kann zu einem Teil ihrer selbst ähnlich sein. Zum Zeichnen solcher selbstähnlicher Figuren sind unendlich viele Schritte notwendig; die Figuren existieren also streng genommen nur in der Idee. Man untersucht sie in einem neuen Zweig der Geometrie, der fraktalen Geometrie, und nutzt beim Zeichnen den Computer.
Ob der Künstler, der den „Turm der grauen Pferde" geschaffen hat, auch an Selbstähnlichkeit dachte?

1 Streckenverhältnisse

1
Die abgebildeten Strecken sollen die Länge des Rheins (1320 km) und der Oder (903 km) darstellen.
Wie kann dies überprüft werden?

|—————————————| Rhein
|——————————| Oder

2
Die Größe von Briefpapier oder Schulheften ist genormt. Das Format der großen Schulhefte ist DIN A 4, das der kleinen DIN A 5. Vokabelhefte sind oft DIN A 6. Was haben alle Hefte gemeinsam? Vergleiche Länge und Breite der Hefte.

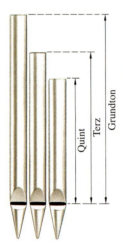

Sollen Streckenpaare untereinander verglichen werden, so vergleicht man die Verhältnisse ihrer Maßzahlen.

> Unter dem **Verhältnis** zweier Strecken a und b versteht man den Quotienten ihrer Maßzahlen a : b.

Beispiel
Bei Orgelpfeifen beträgt die Länge der Terzflöte $\frac{4}{5}$ (die Länge der Quinte $\frac{2}{3}$) der Grundtonlänge. Wie lang ist die Terzflöte (Quintflöte), wenn die Grundtonflöte eine Länge von 84 cm hat?

Terzflöte: $\frac{l}{84\,\text{cm}} = \frac{4}{5}$

$l = \frac{4}{5} \cdot 84\,\text{cm} = 67{,}2\,\text{cm}$

Quintflöte: $\frac{l}{84\,\text{cm}} = \frac{2}{3}$

$l = \frac{2}{3} \cdot 84\,\text{cm} = 56\,\text{cm}$

Aufgaben

3
Zeichne zwei Strecken im Verhältnis
a) 3 : 5 mit der kleineren Strecke 8,4 cm
b) 1 : 7 mit der kleineren Strecke 0,8 cm
c) 4 : 1 mit der größeren Strecke 9 cm.

4
Bestimme die Länge der Strecke s.
a) 3 m : s = s : 12 m
b) s : 3,1 m = 9,5 m : s

5
Ein Rechteck hat die Länge a = 12 cm. Die Seiten a und b stehen im Verhältnis 4 : 3. Wie groß ist die Seite b?

6
Zeichne zwei Quadrate mit $a_1 = 4\,\text{cm}$ und $a_2 = 6\,\text{cm}$. Miss die Diagonalen d_1 und d_2. Bestimme die Verhältnisse $a_1 : a_2$ und $d_1 : d_2$. Was fällt dir auf?

7
In der Kunst gibt es für den menschlichen Körper ein ideales Proportionsschema. So soll die Fußlänge etwa $\frac{1}{7}$ der Körperlänge betragen.
a) Wie groß ist Peter nach dieser Regel, wenn seine Fußlänge 26 cm beträgt?
b) Miss an deinem Körper und überprüfe die Regel.

2 Maßstäbliche Konstruktionen

1
Familie Brettschneider hat ein fünfeckiges Grundstück gekauft. Die Seitenlängen betragen 20,50 m; 17,30 m; 31,10 m; 29,70 m und 10,30 m. Herr Brettschneider möchte einen Plan vom Grundstück zeichnen. Petra meint, dass dies einfach sei. Man müsse alle Strecken nur durch 100 teilen, damit der Plan auf ein Blatt Papier maßstäblich gezeichnet werden kann. Was meinst du?

Bei **maßstäblichen Konstruktionen** müssen zwei Voraussetzungen erfüllt sein.
Alle Originalstrecken müssen um den gleichen Faktor, den Maßstab, vergrößert oder verkleinert werden. Zusätzlich müssen alle Winkelgrößen gleich bleiben.

> Bei einer **maßstäblichen Konstruktion** legt der Maßstab fest, welches Verhältnis jede Bildstreckenlänge zur Originalstreckenlänge hat.
>
> $$k = \frac{\text{Bildstreckenlänge}}{\text{Originalstreckenlänge}} \quad \text{bzw.} \quad k = \text{Bildstreckenlänge} : \text{Originalstreckenlänge}$$
>
> Außerdem sind alle Bildwinkel so groß wie die entsprechenden Originalwinkel.

Bemerkung: Die Bildstreckenlängen einer maßstäblichen Konstruktion können größer, gleich oder kleiner als die Originalstreckenlängen sein.

$k > 1$ Vergrößerungsmaßstab; das Bild ist größer als das Original.
$k = 1$ natürlicher Maßstab; das Bild ist so groß wie das Original.
$0 < k < 1$ Verkleinerungsmaßstab; das Bild ist kleiner als das Original.

Beispiele
a) Ein Haus mit einer 12 m × 7,50 m großen rechteckigen Grundfläche ist auf der Flurkarte 4,8 cm × 3 cm groß. Welchen Maßstab hat die Flurkarte? Da die Flurkarte maßstäblich ist, genügt es, die Berechnung des Maßstabs mit nur einem Streckenpaar durchzuführen.

$$k = \frac{\text{Bildstreckenlänge}}{\text{Originalstreckenlänge}} = \frac{4,8\,\text{cm}}{12\,\text{m}} = \frac{4,8\,\text{cm}}{1200\,\text{cm}} = \frac{48}{12\,000} = \frac{1}{250}$$

Die Flurkarte hat einen Maßstab von 1:250.

1 cm = 300 000 cm
1 cm = 3000 m
1 cm = 3 km
13 cm = 39 km

Bemerkung: Es ist üblich, den Verhältnisbruch so weit wie möglich zu kürzen.

b) In einem Straßenatlas mit dem Maßstab 1:300 000 beträgt die Entfernung von Bremerhaven nach Cuxhaven 13 cm. Wie weit ist Bremerhaven von Cuxhaven entfernt?

$$\frac{1}{300\,000} = \frac{\text{Bildstreckenlänge}}{\text{Originalstreckenlänge}} \quad \text{Originalstreckenlänge} = \text{Bildstreckenlänge} : \frac{1}{300\,000}$$

$$= 13\,\text{cm} \cdot 300\,000 = 39\,\text{km}$$

Die Entfernung von Bremerhaven bis Cuxhaven beträgt 39 km.

Maßstäbliche Konstruktionen

In einem Elektronikkatalog finden sich folgende Angaben für das IC U 6047 B:

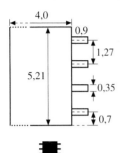

Originalgröße

c) In der Elektronik gibt es sehr kleine Bauteile. Das Gehäuse eines Zeitschalter-ICs ist nur 5,21 mm lang und 4 mm breit. Die Skizze zeigt ein solches IC in der Draufsicht (alle Maße in mm). Zeichne das IC im Maßstab 10 : 1.

$$\frac{\text{Bildstreckenlänge}}{\text{Originalstreckenlänge}} = \frac{10}{1}$$

Bildstreckenlänge = 10 · Originalstreckenlänge
10 · 5,21 mm = 52,1 mm
10 · 4,0 mm = 40,0 mm
usw.

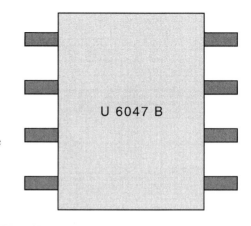

Aufgaben

2
Übertrage die Tabelle in dein Heft und ergänze.

Maßstab	1:8	1:20	15:1	1:50000	
Bildlänge		45 cm		1,3 mm	2 cm	3 cm
Originall.	12 m		2 mm		4 km	0,5 mm

3
Die Spurweite der Bundesbahn beträgt 1435 mm. Welche Spurweite hat eine H0-Modellbahn (1 : 87) und eine N-Modellbahn (1 : 160)?

4
Ein Blumenbeet setzt sich aus zwei Kreisen mit 12,5 m Durchmesser zusammen. Der Abstand der beiden Mittelpunkte beträgt 4 m. Zeichne dieses Blumenbeet
a) im Maßstab 1 : 75
b) im Maßstab 1 : 250.

5
Zwei Vierecke ABCD und A'B'C'D' haben die Seitenlängen $a_1 = 5,8$ cm, $b_1 = 3$ cm, $c_1 = 4,2$ cm, $d_1 = 3,6$ cm bzw. $a_2 = 14,5$ cm, $b_2 = 7,5$ cm, $c_2 = 10,5$ cm und $d_2 = 9$ cm.
a) Sind die beiden Vierecke maßstäblich? Begründe deine Entscheidung.
b) Die Diagonalen der beiden Vierecke seien $\overline{AC} = 6$ cm bzw. $\overline{A'C'} = 15$ cm lang. Sind diese beiden Vierecke maßstäblich? Begründe.

6
Mit einem Fotokopierer können Zeichnungen vergrößert bzw. verkleinert werden. Dabei ist anzugeben, wie viel Prozent der Originallänge die Bildlänge auf der Fotokopie haben soll.
a) Auf wie viel Prozent ist der Kopierer einzustellen, wenn das Original im Maßstab 1 : 4 verkleinert werden soll?
b) Ein Brief ist in Perlschrift (1,88 mm hoch) geschrieben. Er wird mit 120 % kopiert. Welche Höhe hat die Schrift in der Kopie? In welchem Maßstab wurde die Schrift vergrößert?
c) Ein Rechteck der Größe 6 cm × 9 cm wird mit 75 % kopiert. Wie groß ist das Rechteck auf der Kopie?
Bestimme den Maßstab.
Wie viel Prozent der Originalfläche hat die Bildfläche?

7
Ein 3,0 m × 4,2 m großes Kinderzimmer wird im Maßstab 1 : 25 auf einem Bauplan dargestellt.
a) Welche Fläche hat das Kinderzimmer in der Bauzeichnung?
b) In welchem Verhältnis stehen Original- und Bildflächengrößen? Was stellst du fest?
c) Auf dem Bauplan ist das Wohnzimmer 512 cm² groß. Wie groß ist es in Wirklichkeit?

3 Zentrische Streckung. Konstruktion

Bausatz
Befestigungsstift
Führungsstift
Zeichenansicht

1 Mit einem selbst gefertigten Storchschnabel kann man Zeichnungen der Größe nach verdoppeln. Der Befestigungsstift Z hält das Gerät auf der Unterlage fest, mit dem Führstift wird die Zeichnung abgefahren und der Zeichenstift liefert das Bild. Überlege auch, warum das Gerät funktioniert.

Die Vergrößerung oder Verkleinerung von einem festen Punkt Z aus heißt **zentrische Streckung**.
Die Bildstrecke $\overline{ZA'}$ entsteht aus der Originalstrecke $\overline{ZA}$ durch Vervielfachen mit dem Streckfaktor k.

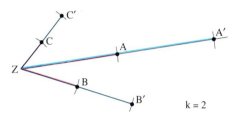

k = 2

> Bei der **zentrischen Streckung** wird der Bildpunkt A' des Punktes A in folgenden Schritten konstruiert:
> 1. Miss die Strecke $\overline{ZA}$.
> 2. Multipliziere die Länge von $\overline{ZA}$ mit k.
> 3. Trage von Z aus die Strecke $\overline{ZA'}$ mit der Länge k·$\overline{ZA}$ auf dem Strahl ZA ab.

Beispiele

a) Das Dreieck ABC wird vom Streckzentrum Z aus mit dem Faktor 2 gestreckt.

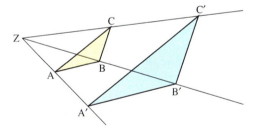

b) Das Dreieck ABC wird vom Streckzentrum Z = A aus mit dem Faktor $\frac{2}{3}$ gestreckt.

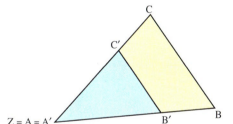

c) Das Dreieck ABC wird mit dem **negativen Streckfaktor** –2 gestreckt. Den Bildpunkt A' von A erhält man, indem man eine Strecke der Länge 2·$\overline{ZA}$ nicht auf dem Strahl ZA, sondern auf dem entgegengesetzten Strahl abträgt.

Das Streckzentrum liegt außerhalb des Dreiecks.

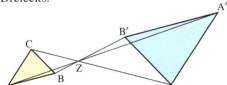

Das Streckzentrum ist ein Eckpunkt des Dreiecks.

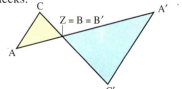

Zentrische Streckung. Konstruktion

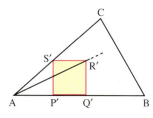

Die zentrische Streckung mit dem Streckfaktor k hat folgende Eigenschaften:
- Jede Gerade hat als Bild wieder eine Gerade.
- Die Bildgerade ist parallel zur Originalgeraden.
- Jede Bildstrecke ist k-mal so lang wie ihre Originalstrecke.
- Ist k negativ, wird die Streckenlänge mit |k| vervielfacht.
- Jeder Winkel hat als Bild einen gleich großen Winkel.

Aufgaben

2
Strecke das Dreieck von Z aus mit dem Streckfaktor 2.

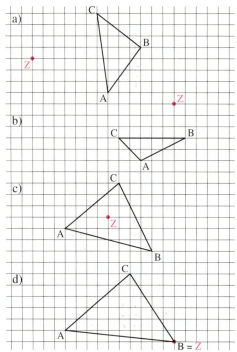

3
Welche der folgenden Rechtecke können nicht durch Streckung eines Rechtecks mit den Seiten 8 cm und 5 cm entstehen?

1. Seite in cm	7	7,2	4,4	13	21,20
2. Seite in cm	4	4,5	2,75	8	13,25

4
Benachbarte Punkte auf der Geraden sind jeweils gleich weit voneinander entfernt. Jeder Punkt kann Zentrum, Originalpunkt oder Bildpunkt einer zentrischen Streckung sein. Fülle die Tabelle im Heft aus.

A B C D E F G H I K L M N O

	A	B	C	D	E	F	G	H	I	K	L	M	N	O
Zentrum				A	E	H	G	D	B	B	D			
Streckfaktor				2	3	$\frac{1}{2}$	-2	$\frac{1}{2}$	1,5		2	-3	$\frac{1}{3}$	$\frac{5}{2}$	$\frac{3}{2}$
Originalpunkt				B	F	D	K		C	F	E	B	C	H
Bildpunkt							F	L	F	G	G	C	H	F	K

5
a) Konstruiere ein Quadrat PQRS, dessen Ecken auf den Seiten eines Dreiecks ABC mit a = 7 cm, b = 9 cm, c = 10 cm liegen.
b) Konstruiere ein Rechteck PQRS mit dem Seitenverhältnis 2 : 1, dessen Eckpunkte auf den Seiten des Dreiecks aus a) liegen.
c) Lässt sich auch in das Dreieck ABC mit a = 8 cm, b = 16 cm, c = 10 cm ein Quadrat wie in a) einbeschreiben? Siehe Rand.

6
Die Punkte A' und B' sind durch eine zentrische Streckung aus den Eckpunkten A und B des Dreiecks ABC entstanden.
Konstruiere das fehlende Zentrum und das Bild des Dreiecks.

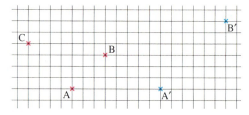

7
Konstruiere das Streckbild des Vierecks ABCD mit A(2;2), B(9;3), C(7;9), D(3;7) und den Bildpunkten B'(11;2), C'(8;11).

Dreimal gestreckt – nichts erreicht!
Strecke das Dreieck ABC mit A(4;5,5), B(6,5;5,5), C(3,5;7) am Zentrum Z_1(3;4,5) mit dem Streckfaktor $k_1 = 3$.
Strecke das Bilddreieck an Z_2(12;0) mit $k_2 = \frac{2}{3}$.
Strecke das zweite Bilddreieck an Z_3(0;6) mit $k_3 = \frac{1}{2}$.

Welcher besondere Zusammenhang besteht zwischen den Streckfaktoren?
Wie liegen die Zentren?

Bilde auch ein selbst gewähltes Dreieck durch die drei Streckungen ab.

4 Strahlensätze

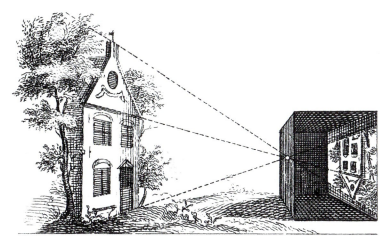

1
Mithilfe einer so genannten Lochkamera wurden seit dem 16. Jahrhundert Landschaftsbilder maßstäblich gezeichnet. Was passiert, wenn man mit der Kamera näher an das Objekt herangeht? Welche Strecken stehen im gleichen Verhältnis?

2
Kleinere Gegenstände werfen kleinere Schatten als größere Gegenstände unter denselben Bedingungen. Tim behauptet, dass dennoch bei allen Gegenständen die Gegenstandsgröße und die Schattenlänge etwas gemeinsam haben. Was meint Tim?

Werden zwei von einem Punkt ausgehende Strahlen oder zwei sich schneidende Geraden von zwei Parallelen geschnitten, so entstehen zwei ähnliche Dreiecke.

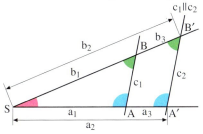 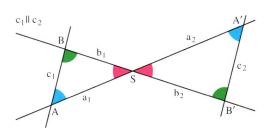

Für beide Abbildungen gilt:
Die beiden Dreiecke SAB und SA′B′ sind ähnlich, da sie in zwei Winkeln übereinstimmen. Deshalb haben die Längen entsprechender Seitenpaare dasselbe Verhältnis. Aus der Ähnlichkeit der Dreiecke SAB und SA′B′ ergeben sich sofort folgende Längenverhältnisse:

$$\frac{a_1}{a_2} = \frac{b_1}{b_2} \quad \text{und} \quad \frac{c_1}{c_2} = \frac{a_1}{a_2} = \frac{b_1}{b_2}$$

Aus dem ersten Verhältnis $\frac{a_1}{a_2} = \frac{b_1}{b_2}$ ergibt sich auch die Beziehung $\frac{a_1}{a_3} = \frac{b_1}{b_3}$.

Diese Tatsachen werden in den so genannten **Strahlensätzen** formuliert. Es ist üblich, auch den Fall der beiden sich schneidenden Geraden unter den Strahlensätzen mit zu erfassen.

Beweis
2. Strahlensatz:

$$\frac{a_1}{a_2} = \frac{c_1}{c_2}$$

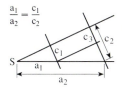

(1) $c_3 = c_1$
(Gegenseiten im Parallelogramm)
(2) $c_3 : c_2 = a_1 : a_2$
(1. Strahlensatz)
(1) in (2) einsetzen:
$c_1 : c_2 = a_1 : a_2$
$\frac{c_1}{c_2} = \frac{a_1}{a_2}$

1. Strahlensatz
Werden zwei Strahlen (zwei Geraden) von zwei Parallelen geschnitten, so stehen die Abschnittslängen des einen Strahls (der einen Geraden) im selben Verhältnis wie die entsprechenden Abschnittslängen des anderen Strahls (der anderen Geraden).

$$\frac{a_1}{a_2} = \frac{b_1}{b_2}; \quad \frac{a_1}{a_3} = \frac{b_1}{b_3} \quad \text{und} \quad \frac{a_2}{a_3} = \frac{b_2}{b_3}$$

2. Strahlensatz
Werden zwei Strahlen (zwei Geraden) von zwei Parallelen geschnitten, so stehen die Abschnittslängen der Parallelen zwischen den Strahlen (den geschnittenen Geraden) im selben Verhältnis, wie die zugehörigen Abschnittslängen eines Strahls (einer Geraden).

$$\frac{c_1}{c_2} = \frac{a_1}{a_2} \quad \text{und} \quad \frac{c_1}{c_2} = \frac{b_1}{b_2}.$$

Strahlensätze

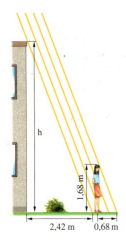

Bemerkung: Durch Termumformungen lassen sich weitere Längenverhältnisse finden. Es gilt auch die Umkehrung des 1. Strahlensatzes: Stehen die Längen entsprechender Abschnitte auf den Strahlen im gleichen Verhältnis, so sind die beiden schneidenden Geraden parallel zueinander.

Beispiele

a) Bettina wirft bei einer Körpergröße von 1,68 m einen 0,68 m langen Schatten. Das Schulgebäude hat einen 2,42 m langen Schatten.
Wie hoch ist das Schulgebäude?

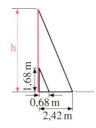

$$\frac{h}{2{,}42\,m} = \frac{1{,}68\,m}{0{,}68\,m}$$

$$h = \frac{1{,}68\,m \cdot 2{,}42\,m}{0{,}68\,m} \approx 5{,}98\,m$$

Das Schulgebäude ist ungefähr 5,98 m hoch.

b) Prüfe, ob die beiden Geraden g_1 und g_2 parallel sind.

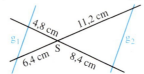

$$\frac{11{,}2\,cm}{6{,}4\,cm} = 1{,}75 \qquad \frac{8{,}4\,cm}{4{,}8\,cm} = 1{,}75$$

Also sind die beiden Geraden parallel.

c) Teile die Strecke $\overline{AB}$ von 12 cm Länge im Verhältnis $3:5$. Zeichne dazu unter einem beliebigen Winkel eine Hilfslinie durch den Punkt A und teile sie in acht gleich lange Abschnitte auf. Verbinde den 8. Teilungspunkt mit B und ziehe eine dazu parallele Gerade durch den 3. Teilungspunkt. Da die Hilfslinie im Verhältnis $3:5$ geteilt wurde, müssen nach dem ersten Strahlensatz auch die Abschnitte a und b im Verhältnis $3:5$ stehen.

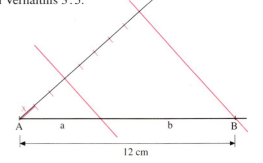

Aufgaben

3
Übertrage die Tabelle in dein Heft und berechne anhand der Zeichnung die fehlenden Werte.

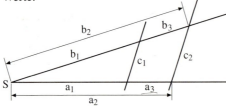

	a_1	a_2	b_1	b_2	c_1	c_2	a_3	b_3
a)	3	7	5		6			
b)		24		18	27			12
c)	1,4		0,8	1,4	1,7			

4
Betrachte die Figur in Aufgabe 3 und
a) ergänze zum 1. Strahlensatz
$\frac{a_1}{a_2} = \frac{\Box}{\Box}$; $\frac{a_3}{\Box} = \frac{\Box}{b_1}$; $\frac{a_2}{\Box} = \frac{\Box}{b_2}$

b) ergänze zum 2. Strahlensatz
$\frac{a_1}{a_2} = \frac{\Box}{\Box}$; $\frac{a_2}{\Box} = \frac{a_1}{\Box}$; $\frac{b_2}{b_1} = \frac{\Box}{\Box}$

5
Teile zeichnerisch die Strecken $a = 9\,cm$, $b = 7{,}6\,cm$ und $c = 12{,}4\,cm$ jeweils im Verhältnis $2:3$; $1:5$; $8:3$.

6
Zerlege die Strecke von 9,4 cm ohne zu messen in 3, 5 und 8 gleiche Teile.

Strahlensätze

7 Berechne jeweils die fehlenden Größen.

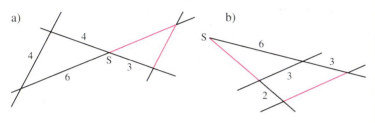

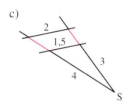
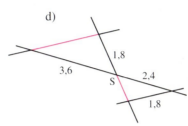

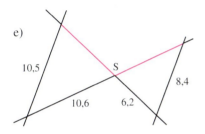
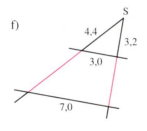

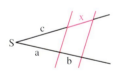

8 Zeige, dass die Umkehrung des 2. Strahlensatzes nicht gilt.
Gib einige Beispiele an.

> Die Umkehrung mathematischer Sätze muss nicht wahr sein. Auch hier ist ein Beweis notwendig.

9 Löse zeichnerisch und prüfe rechnerisch nach.
a) $4 : 9 = x : 12$ b) $6 : 5 = 8 : x$
c) $x : 4 = 3 : 8$ d) $1 : x = 5 : 14$
e) $8 : x = 20 : 5$ f) $3,5 : 5,2 = x : 1,3$

10 Zeige mithilfe des 2. Strahlensatzes, dass sich die Diagonalen in einem Parallelogramm gegenseitig halbieren.

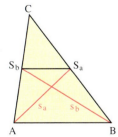

11 Zeige mithilfe des 2. Strahlensatzes, dass sich die Seitenhalbierenden s_a und s_b im Verhältnis $1 : 2$ schneiden.

Nomogramme

Mit grafischen Rechentafeln, so genannten Nomogrammen, können Größen, die proportional zueinander sind, ohne Rechnung bestimmt werden. Lediglich ein Wertepaar muss bekannt sein, z. B. 4 Zoll ≈ 10,2 cm. Beliebige Werte können nun durch Parallelen zu der Geraden dieses Wertepaares ermittelt werden.

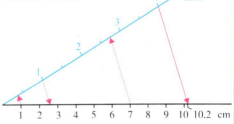

Erstelle selbst solche Nomogramme und lies jeweils die gesuchten Werte ab.

Joule und Kalorien (1 cal ≈ 4,2 J)
Wie viel kJ sind: 26 kcal; 42,5 kcal?

Geschwindigkeit in m/s und km/h:
Wie viel m/s sind: 50 km/h; 120 km/h?
Wie viel km/h sind: 5 m/s; 7 m/s; 28 m/s?

Im nachfolgenden Nomogramm ist der Zusammenhang zwischen Kapital, Zinssatz und Zinsen dargestellt. Sind zwei Größen bekannt, kann die dritte grafisch ermittelt werden.

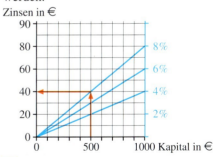

Zeichne ein solches Nomogramm in geeigneter Größe und bestimme die Jahreszinsen eines Kapitals bei einem Zinssatz von 4 %, 6 % und 8 % für 500 €; 920 € und 1360 €. Welches Kapital ergibt jeweils 30 €, 75 € und 82 € Zinsen?

Strahlensätze

Vergrößerungen – Verkleinerungen

Mithilfe der Strahlensätze können geometrische Figuren leicht vergrößert bzw. verkleinert werden.
Soll z. B. ein Dreieck im Maßstab 2 : 1 vergrößert werden, so zeichne von einem geeigneten, aber beliebigen Punkt S Strahlen durch die Eckpunkte A, B und C. Miss die Abstände $\overline{SA}$, $\overline{SB}$ und $\overline{SC}$ und verdopple sie. Auf den Strahlen erhältst du die Punkte A', B' und C'. Das Dreieck A'B'C' ist im Maßstab 2 : 1 vergrößert worden.
Soll das Dreieck im Maßstab 1 : 2 verkleinert werden, so halbiere die Strecken $\overline{SA}$, $\overline{SB}$ und $\overline{SC}$. Auf den Strahlen erhältst du dann die Punkte A″, B″, C″. Das Dreieck A″B″C″ ist im Maßstab 1 : 2 verkleinert worden.

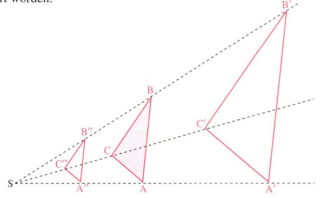

▎Zeichne die vorgegebenen Figuren auf Pergamentpapier. Vergrößere sie mithilfe der Strahlensätze im Maßstab 3 : 1.

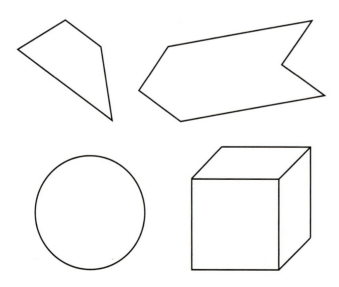

▎Zeichne die vorgegebenen Figuren auf Pergamentpapier. Verkleinere sie mithilfe der Strahlensätze im Maßstab 3 : 5.

12
Ein 1,40 m langer Stab wirft einen 1,65 m langen Schatten. Wie hoch ist ein Burgturm, wenn er zum selben Zeitpunkt einen 24,60 m langen Schatten wirft?

13
Um die Höhe eines Kirchturms zu ermitteln werden zwei Stäbe $\overline{AB}$ und $\overline{CD}$ mit den Längen 1,4 m bzw. 2,1 m so aufgestellt, dass über sie die Spitze F des Kirchturms angepeilt werden kann (vergleiche die Skizze). Die Abstände $\overline{AC}$ und $\overline{CE}$ betragen 1,5 m und 200 m.
Wie hoch ist der Kirchturm?

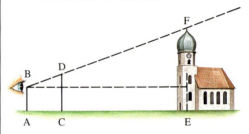

14
Im Gebirge sieht man häufig Straßenschilder, die die Steigung bzw. das Gefälle einer Straße in Prozent angeben. 12 % bedeutet z. B., dass die Straße auf 100 m horizontal gemessen um 12 m ansteigt.

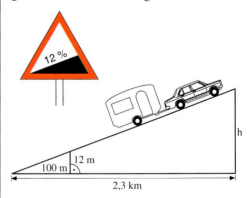

a) Welchen Höhenunterschied überwindet die Straße auf 2,3 km?
b) Was bedeutet 100 % Steigung?
c) Wie viel Prozent Gefälle hat eine Straße, wenn sie auf 3,8 km einen Höhenunterschied von 285 m überwindet?

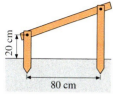
Böschungslehre

15
Um die Böschung eines Dammes im Gelände anlegen zu können, gibt man die Böschungsneigung mit einer „Böschungslehre" an.
a) Die Pflöcke sind z. B. 80 cm voneinander entfernt. Die Latte am kleinen Pflock ist 20 cm über dem Erdboden befestigt.
Wie hoch muss die Latte am zweiten Pflock befestigt werden, damit folgende Böschungsverhältnisse angeschüttet werden können?
1 : 1; 1 : 1,5; 1 : 2; 1 : 3; 2 : 5
b) In der Praxis wählt man statt 80 cm meistens einen anderen Pflockabstand. Welcher Abstand bietet sich an? Begründe.

16
Im Gelände können mithilfe bekannter Größen wie der Daumenbreite d, der Armlänge l sowie der bekannten Zielentfernung e Geländebreiten oder Gebäudehöhen u. ä. abgeschätzt werden (vergleiche die Skizze).

Wie hoch ist der Fernsehturm, wenn d = 1,8 cm, l = 64 cm und e = 2,6 km betragen?

17
Zum Abschätzen von Baumhöhen bedient sich der Förster seines Spazierstocks.

Der Punkt B wird mit einer Kerbe oder einem Nagel am Stock gekennzeichnet. Die Strecke $\overline{AB}$ beträgt ein Zehntel der Strecke $\overline{AC}$. Dieses Verhältnis gilt auch für die Strecken $\overline{A'B'}$ und $\overline{A'C'}$. Wie hoch ist der Baum, wenn die Strecke $\overline{A'B'}$ 0,9 m misst?

18
Berechne die Strecke über den See.
a)
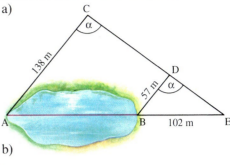
b)
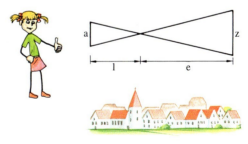

19
Bei größeren Entfernungen schätzt man Größen im Gelände mithilfe des so genannten Daumensprungs ab. Dabei peilt man einen Gegenstand hintereinander mit dem linken und rechten Auge an. Ist eine Geländegröße bekannt, lässt sich die zweite mittels Armlänge l und Augenabstand a abschätzen.

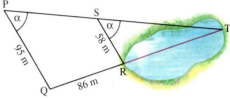

Wie weit steht Anke vom Dorf Kirchhell entfernt, wenn sie es mit zwei Daumensprüngen abdecken kann?
Augenabstand a = 6 cm; Armlänge l = 58 cm; Dorfbreite z = 1,4 km.

Strahlensätze

Unten ist die Wirkungsweise einer Lochkamera schematisch dargestellt. Mit G und B werden die Gegenstandsgröße und die Bildgröße bezeichnet, mit g und b die Gegenstandsweite und die Bildweite.

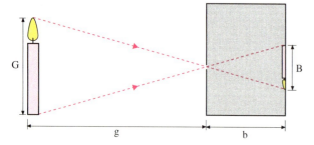

Stelle eine Verhältnisgleichung auf.
Wie groß wird ein 114 m hoher Turm in 180 m Entfernung abgebildet, wenn die Bildweite 45 cm beträgt?
Wie weit muss man von einem 12 m hohen Baum entfernt stehen, damit er bei einer 40 cm großen Bildweite ein 6,5 cm großes Bild hat?

Eine Sammellinse erzeugt von einem Gegenstand ein Bild (siehe Skizze). Dabei bezeichnet F den Brennpunkt und f die Brennweite der Linse.

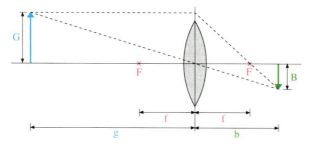

Begründe mittels der Strahlensätze folgende Gleichungen:
1) $\frac{G}{B} = \frac{g}{b}$ 2) $\frac{G}{B} = \frac{f}{b-f}$

Leite die Linsenformel $\frac{1}{g} + \frac{1}{b} = \frac{1}{f}$ mithilfe der beiden Formeln her.

Ein 9,2 m hohes Haus wird durch eine 21 m entfernt stehende Sammellinse 11,1 cm groß abgebildet.
Wie groß ist die Bildweite?
Welche Brennweite hat die Sammellinse?
Vergleiche die Brennweite mit der Bildweite.
Was fällt dir auf?

An einer Kamera braucht bei größeren Gegenstandsweiten (etwa bei mehr als 12 m) die Entfernung nicht weiter eingestellt zu werden. Begründe.

20

Ein Mast steht in 90 m Entfernung von einer 8 m hohen Mauer.
Steht man 45 m weit hinter der Mauer, so sieht man einen doppelt so großen Teil des Masts über die Mauer ragen, wie wenn man 15 m weit hinter der Mauer steht.
a) Welche Höhe ergibt sich für den Mast, wenn man die Augenhöhe nicht berücksichtigt?
b) Die Augenhöhe beträgt 1,70 m. Wie hoch ist der Mast?

21

Eine Wäschespinne hat sechs Leinen. Sie sind im Abstand von 12,5 cm gespannt. Die innerste Leine ist 30,5 cm vom Mittelpunkt entfernt und ist vier mal 40 cm lang.
a) Wie lang ist die äußerste Leine?
b) Wie viel Meter Wäscheleine hat die Wäschespinne insgesamt?

22

Zwei Berggipfel A und B sind 1480 m bzw. 1320 m hoch. Ihre Horizontalentfernung beträgt 800 m.
Verlängert man auf der Landkarte die Verbindungsstrecke der den Gipfeln entsprechenden Punkte A' und B' über B' hinaus, so trifft sie eine Brücke. Diese liegt 1020 m hoch und ihre Horizontalentfernung zum Gipfel B' beträgt 1200 m.
a) Zeichne eine Karte im Maßstab 1 : 10 000.
b) Zeichne ein Profil in geeignetem Maßstab.
c) Ist die Brücke vom Gipfel A aus sichtbar?
d) Wie hoch müsste ein Turm auf dem Gipfel A sein, damit man von seiner Plattform aus die Brücke sehen könnte?

Strahlensätze

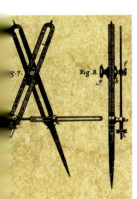

23
Der **Proportionalzirkel** verkleinert oder vergrößert Strecken in einem festen Verhältnis, das man einstellen kann. Der Zirkel in der Abbildung ist auf 8:2 gestellt. Welche anderen Verhältnisse sind möglich?

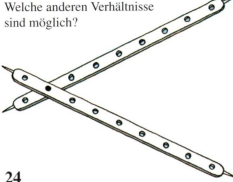

24
Mit dem **Messkeil** kann man die lichte Weite enger Öffnungen messen.
a) Welche Weite hat die Öffnung in dem abgebildeten Werkstück?
b) Wie würde man zweckmäßig eine Skala beschriften, wenn das Seitenverhältnis 1:20 wäre?

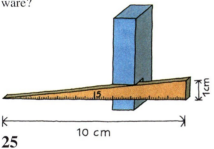

25
Schneidet man aus einem Brett einen Messkeil aus, bleibt eine **Messlehre** übrig. Man misst mit ihr die Dicke von Drähten.

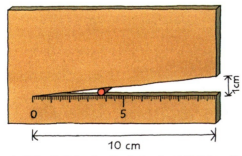

a) Wie dick ist der Draht in der Abbildung?
b) Misst das Gerät eigentlich genau den Durchmesser?

26
Der Mathematiker Heron von Alexandria lehrt in einem um 50 n. Chr. erschienenen Lehrbuch eine Methode, mit der man messen kann, wie weit ein herankommendes Schiff noch vom Hafen entfernt ist. Benutzt wurden Markierungsstäbe und Messbänder und dazu ein Gerät, das Groma, mit dem man sich in Geraden einmessen und Senkrechte visieren konnte.

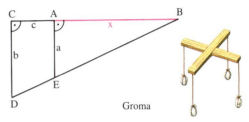

In der Planskizze ist A der Standort des Hafenkapitäns. Das Schiff befindet sich in B. Auf der Verlängerung von $\overline{AB}$ wird ein Punkt C gewählt. Von dort aus wird eine Senkrechte $\overline{CD}$ beliebiger Länge abgetragen. Von D aus wird das Schiff nochmals angepeilt und E wird als Schnittpunkt dieser Linie mit der Senkrechten in A bestimmt.
a) Berechne die Entfernung x in Stadien, in Fuß und in m aus
a = 136 Fuß, b = 140 Fuß, c = 115 Fuß
(1 Fuß = 0,32 m, 1 Stadion = 600 Fuß)
b) Gib eine Formel zur Berechnung von x an.
c) Um wie viel ändert sich x, wenn sich der Vermesser bei der Strecke b um 1 Fuß nach oben oder nach unten irrt?
d) Wie viele Leute waren nötig, wenn die Messung sehr schnell gehen musste?
e) Konnte auch eine einzige Person die Punkte C, D und E bestimmen, wenn das Schiff vor Anker lag?

5 Ähnliche Figuren

1
Worin stimmen die einzelnen Puppen überein, worin nicht?

2
Timo sagt, dass seine Schwester ihm ähnlich sehe. Anke meint, dass die Puppen untereinander ähnlicher seien als die beiden Geschwister. Was meinst du?

3
Sabine hat eine Spielzeuglok. Sie sagt, dass ihre Lok so ähnlich aussehe wie eine richtige. Ihr Bruder Benno meint, seine H0-Modellbahnlok sehe aber dem Original viel ähnlicher.

Das Zeichen für ähnlich ist aus dem umgekehrt liegenden S, dem Anfangsbuchstaben des lateinischen Wortes „similis" (ähnlich) entstanden.

Im täglichen Leben hat der Ausdruck „ähnlich" unterschiedliche Bedeutungen. Es kann eine Figur mehr oder weniger ähnlich einer anderen sein. In der Mathematik muss aber genau festgelegt werden, was „ähnlich" heißen soll. Nur Figuren gleicher Form werden als ähnlich bezeichnet.

> Zwei Figuren heißen **ähnlich**, wenn sie maßstäblich zueinander sind.
> Ist die Figur A der Figur B ähnlich, so schreibt man kurz A ~ B.
> Der Maßstab für ähnliche Figuren heißt auch **Ähnlichkeitsfaktor**.
>
> Ähnliche Figuren stimmen überein
> – in entsprechenden Winkeln,
> – in den Verhältnissen entsprechender Seiten.

Bemerkung: Insbesondere sind alle Kreise einander ähnlich.
Ähnliche Figuren können durch zentrische Streckung und Kongruenzabbildung ineinander überführt werden.
Die Kongruenz ist ein Sonderfall der Ähnlichkeit.
Der Ähnlichkeitsfaktor ist dann 1.

Beispiele
a) Die zwei rechtwinkligen Dreiecke ABC und DEF werden auf Ähnlichkeit untersucht.
Da entsprechende Winkel ähnlicher Figuren gleich sind, müssten die an den rechten Winkeln anliegenden Seiten einander entsprechen.
Für die zwei größeren Seiten gilt $\frac{d}{b} = \frac{8\,cm}{4\,cm} = 2$,
für die kleineren aber $\frac{e}{a} = \frac{6{,}3\,cm}{3\,cm} = 2{,}1$.
Die beiden obigen Dreiecke sind also nicht ähnlich.

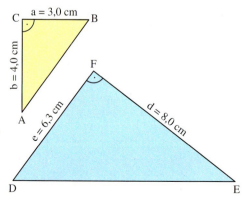

Ähnliche Figuren

b) Um nachzuweisen, dass zwei Rechtecke ähnlich sind, bildet man das Verhältnis der großen und der kleinen Seiten:

$\frac{c}{a} = \frac{15\,cm}{6\,cm} = \frac{5}{2}$ und $\frac{d}{b} = \frac{10\,cm}{4\,cm} = \frac{5}{2}$.

Diese Verhältnisse sind gleich; also sind die Rechtecke ähnlich.
Man kann auch die Seitenverhältnisse der einzelnen Rechtecke miteinander vergleichen:

$\frac{a}{b} = \frac{6\,cm}{4\,cm} = \frac{3}{2}$ und $\frac{c}{d} = \frac{15\,cm}{10\,cm} = \frac{3}{2}$.

Bemerkung: In Beispiel b) war $\frac{c}{a} = \frac{d}{b} = \frac{5}{2}$. Man nennt dieses Verhältnis entsprechender Seiten den **Längenabbildungsmaßstab** k. Für die Flächeninhalte A und A′ gilt

$\frac{A'}{A} = \frac{c\,d}{a\,b} = \frac{c}{a} \cdot \frac{d}{b} = \frac{5}{2} \cdot \frac{5}{2} = \left(\frac{5}{2}\right)^2$.

Also gilt $A' = \left(\frac{5}{2}\right)^2 \cdot A$.

Allgemein ergibt sich der **Flächenabbildungsmaßstab** als Quadrat des Längenabbildungsmaßstabs: $A' = k^2 \cdot A$.

Aufgaben

4
Je drei der Rechtecke sind zueinander ähnlich. Entscheide, ohne zu messen.

6
Berechne die fehlenden Seiten der ähnlichen Figuren.

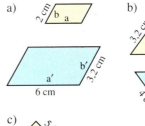
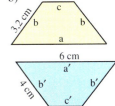
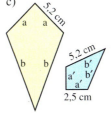
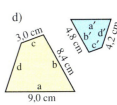

5
Welche rechtwinkligen Dreiecke sind zueinander ähnlich, welche nicht?

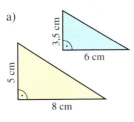
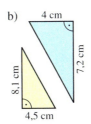
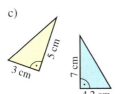
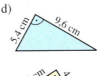

Ist der innere Rand des Bilderrahmens zum äußeren Rand ähnlich?

7
Zeichne ein Rechteck mit den Seiten
a) $a = 8\,cm$, $b = 4\,cm$
b) $a = 9\,cm$, $b = 6\,cm$
c) $a = 9\,cm$, $b = 3\,cm$
d) $a = 108\,mm$, $b = 54\,mm$
und trenne ein Teilrechteck ab, das zum ganzen Rechteck ähnlich ist.

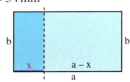

Ähnliche Figuren

8
Zerlege ein Rechteck mit den Seiten
a) a = 10 cm, b = 4 cm
b) a = 10 cm, b = 3 cm
c) a = 14,5 cm, b = 5 cm
d) a = 20,5 cm, b = 10 cm
in zwei zueinander ähnliche Rechtecke.
Berechne dazu die zwei Seitenverhältnisse
für x = 1 cm, 2 cm, ..., bis sich zweimal
derselbe Wert ergibt.

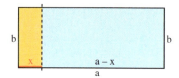

9
a) Bestimme das Seitenverhältnis eines Fernsehbildschirms (als Rechteck betrachtet). Prüfe nach, ob dein Ergebnis nahe bei einem der Normwerte 4:3 oder 16:9 liegt.
b) Zeichne zwei Rechtecke mit der Länge 8 cm und den Seitenverhältnissen 4:3 und 16:9.

10
Fülle die Tabelle im Heft aus.

Längenabb.-maßstab	2	10		0,5		10^{-3}	
Flächenabb.-maßstab			9	0,81	10^4		2

11
Zwei Quadrate sind immer ähnlich. Übertrage die Tabelle ins Heft und fülle sie aus (Längen in cm, Flächeninhalte in cm²).

Längenabb.-maßstab	2	2				
Flächenabb.-maßstab			4		2	9
Seitenlänge a	5		3			
Seitenlänge a'		6	12			6
Flächeninh. A		16		25		144
Flächeninh. A'				36	2	81

12
Viele Fotokopiergeräte können verkleinern und vergrößern. Der Längenabbildungsmaßstab wird dabei in % angegeben.
a) Eine Zeichnung wird mit 141 % vergrößert. Wie groß ist, sinnvoll gerundet, der Flächenabbildungsmaßstab?
b) Wie groß ist der Flächenabbildungsmaßstab bei einer Verkleinerung von 71 %?

13
Alle Papierbögen im Format DIN A entstehen aus dem Bogen DIN A0 mit der Länge 1189 mm und der Breite 841 mm durch fortgesetztes Halbieren. Die Halbierungslinie liegt parallel zur kurzen Seite.
a) Berechne auf mm genau die Maße der Bögen von DIN A1 bis DIN A4 und deren Seitenverhältnisse. Was fällt auf?
b) Wie groß ist der Flächenabbildungsmaßstab, wenn man auf dem Kopierer von DIN A4 auf DIN A3 vergrößert? Wie groß ist der Längenabbildungsmaßstab?

14
Das Negativ eines Kleinbildfilms hat das Format 24 mm × 36 mm. Die üblichen Formate von Abzügen sind (in cm) 7 × 10, 9 × 13, 10 × 15, 13 × 18.
a) Welche Formate der Abzüge sind dem Format des Negativs ähnlich?
b) Ein Negativ soll so auf 9 × 13 abgezogen werden, dass die kurzen Seiten einander genau entsprechen.
Passt das ganze Bild auf den Abzug?

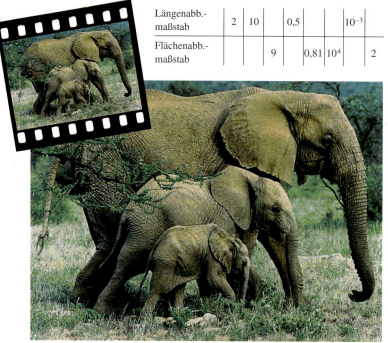

6 Ähnlichkeitssätze

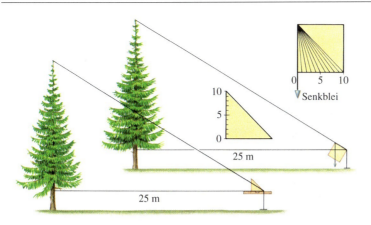

1
Um die Höhe eines Baums zu bestimmen, kann man ein Dreieck mit Skala benutzen, das auf einer Wasserwaage horizontal gehalten wird.
Der Förster verwendet aber ein praktischeres Gerät, nämlich ein Dreieck mit Skala und Senkblei.
Warum ist der Baum etwa $(\frac{6}{10} \cdot 25 + 2)$ m hoch, wenn das Senkblei auf dem 6. Teilstrich steht?

Die abgebildeten Dreiecke ABC und A'B'C' stimmen in zwei Winkeln überein. Das Dreieck ABC wird so gestreckt, dass die Seite $\overline{AB}$ dieselbe Länge wie die Seite $\overline{A'B'}$ erhält. Nach dem Kongruenzsatz wsw ist das Bilddreieck zum Dreieck A'B'C' kongruent. Also sind die Dreiecke ABC und A'B'C' ähnlich.

Die Dreiecke ABC und A'B'C' stimmen in einem Winkel und dem Verhältnis der anliegenden Seiten überein. Das Dreieck ABC wird mit dem Faktor $\frac{3}{2}$ gestreckt. Nach dem Kongruenzsatz sws ist das Bilddreieck zum Dreieck A'B'C' kongruent. Also sind die Dreiecke ABC und A'B'C' ähnlich.
Auch aus dem Kongruenzsatz sss ergibt sich ein solcher Ähnlichkeitssatz.

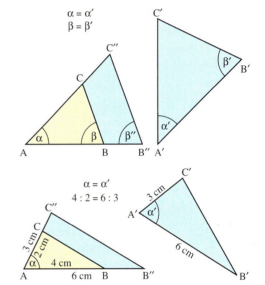

1. Ähnlichkeitssatz (Hauptähnlichkeitssatz)
Zwei Dreiecke sind ähnlich, wenn sie in zwei Winkeln übereinstimmen.

2. Ähnlichkeitssatz
Zwei Dreiecke sind ähnlich, wenn sie in einem Winkel und dem Verhältnis der anliegenden Seiten übereinstimmen.

3. Ähnlichkeitssatz
Zwei Dreiecke sind ähnlich, wenn sie in zwei Seitenverhältnissen übereinstimmen.

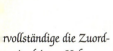
rvollständige die Zuordnung in deinem Heft.

Beispiele
a) Die zwei Dreiecke ABC und ADE sind nach dem 1. Ähnlichkeitssatz ähnlich, weil sie im rechten Winkel und im Winkel α übereinstimmen.
Beachte, dass hier die Seite $\overline{AB}$ der Seite $\overline{AE}$ und die Seite $\overline{AC}$ der Seite $\overline{AD}$ entspricht.

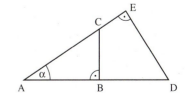

Ähnlichkeitssätze

b) Gegeben sind zwei Dreiecke:
$\triangle ABC$ mit $\alpha = 40°$, $b = 6\,cm$, $c = 8\,cm$
$\triangle A'B'C'$ mit $\alpha' = 40°$, $b' = 9\,cm$, $c' = 12\,cm$
Es gilt: $\alpha = \alpha'$
$\frac{b}{c} = \frac{6}{8} = \frac{3}{4}$
$\frac{b'}{c'} = \frac{9}{12} = \frac{3}{4}$
Also sind die Dreiecke nach dem 2. Ähnlichkeitssatz ähnlich.

c) Gegeben sind zwei Dreiecke:
$\triangle ABC$ mit $a = 4\,cm$, $b = 8\,cm$, $c = 6\,cm$
$\triangle DEF$ mit $d = 12\,cm$, $e = 6\,cm$, $f = 9\,cm$
Vor dem Berechnen der Seitenverhältnisse werden die Seiten nach ihrer Länge geordnet:
$\triangle ABC$: 8 cm, 6 cm, 4 cm
$\triangle DEF$: 12 cm, 9 cm, 6 cm
Wegen $\frac{8}{6} = \frac{12}{9}$ und $\frac{6}{4} = \frac{9}{6}$ sind die Dreiecke nach dem 3. Ähnlichkeitssatz ähnlich.

Aufgaben

2
Suche ähnliche Dreiecke und nenne die entsprechenden Seiten.

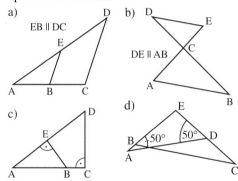

3
Sind die Dreiecke ABC und A'B'C' ähnlich?
a) $\alpha = 60°$, $b = 4\,cm$, $c = 10\,cm$
   $\alpha' = 60°$, $b' = 6\,cm$, $c' = 15\,cm$
b) $\alpha = 105°$, $b = 6,5\,cm$, $c = 5,2\,cm$
   $\alpha' = 105°$, $b' = 4,0\,cm$, $c' = 3,2\,cm$
c) $\beta = 38°$, $a = 14,0\,cm$, $c = 9,8\,cm$
   $\beta' = 38°$, $a' = 10,0\,cm$, $c' = 7,0\,cm$

4
Prüfe die Dreiecke ABC und DEF mit den Seiten a, b, c und d, e, f auf Ähnlichkeit (Angaben in cm).

	a	b	c	d	e	f
a)	4	8	10	6	12	15
b)	4	6	9	18	8	12
c)	5,6	5,2	8,0	3,9	4,5	4,2
d)	4,8	7,2	10,8	12,2	7,2	10,8
e)	8	10	14	12	15	17,4

5
Prüfe die Dreiecke ABC und DEF auf Ähnlichkeit. Ordne die Seiten zuvor nach ihrer Größe.
a) $\alpha = 45°$, $b = 6\,cm$, $c = 9\,cm$
   $\delta = 45°$, $f = 15\,cm$, $e = 10\,cm$
b) $\beta = 100°$, $a = 9,3\,cm$, $c = 6,6\,cm$
   $\varepsilon = 100°$, $f = 7,5\,cm$, $d = 10,5\,cm$
c) $\alpha = 65°$, $b = 6\,cm$, $c = 8\,cm$
   $\delta = 65°$, $d = 6\,cm$, $e = 4,5\,cm$

6
Das rechtwinklige Dreieck wird durch die Höhe in zwei Teildreiecke zerlegt. Begründe, dass diese zueinander und zum ganzen Dreieck ähnlich sind.

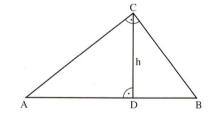

7

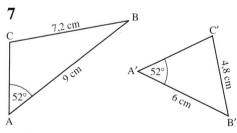

a) Worin stimmen die zwei Dreiecke überein?
b) Sind die Dreiecke ähnlich?

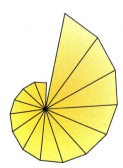

13-mal wird mit k = 1,1 vergrößert. Wird insgesamt mit 13·1,1 vergrößert?

8
Die Dreiecke ABC und A′B′C′ sind ähnlich. Berechne die Strecken x und y. Runde auf mm, wenn nötig.

a)
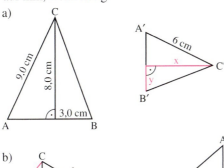

b)
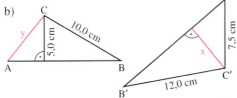

c) d)
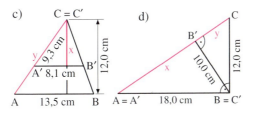

9
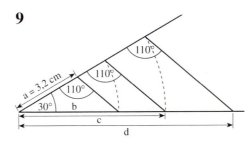

Konstruiere die Figur. Zeichne dann ein Dreieck mit den Seiten a, b und c und ein Dreieck mit den Seiten b, c und d.
Was fällt auf? Begründe deine Beobachtung.

10
„Zwei gleichschenklige Dreiecke sind ähnlich, wenn sie in einem Winkel übereinstimmen."
Warum ist diese Aussage falsch?
Wie kann man sie richtig stellen?

11
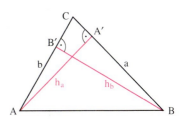

Begründe mithilfe des 1. Ähnlichkeitssatzes: $h_a : h_b = b : a$.

12
a) Wo treten beim Förster-Dreieck aus Aufgabe 1 ähnliche Dreiecke auf?
b) Wie hoch sind die Bäume, für die folgende Werte abgelesen wurden?

Teilstrich Nr.	7	6	6	8	5
Entfernung in m	30	30	45	50	80

c) Wann ergeben verschiedene Wertepaare dieselbe Höhe?

13
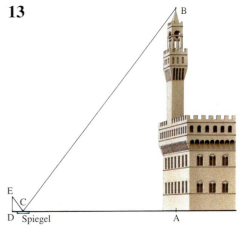

In einem alten Geometriebuch wird dargestellt, wie man die Höhe eines Turms mithilfe eines Spiegels messen kann.
a) Warum sind die Dreiecke ACB und DCE ähnlich?
b) Wie hoch ist der Turm, wenn $\overline{AC} = 40\,\text{m}$ und $\overline{CD} = 1{,}50\,\text{m}$ gemessen wurden und die Augenhöhe $\overline{ED}$ etwa 1,80 m betrug?
c) Wie kann eine solche Messung praktisch ausgeführt werden? Kannst du dir Situationen vorstellen, in denen man die Höhe mit dem Spiegel, aber nicht durch direktes Anvisieren des Turms messen kann?

7 Vermischte Aufgaben

1
Wie groß ist jeweils die zweite Strecke?
a) b:a = 1:75   a = 150 m
b) s:t = 3:2   s = 1 cm
c) a:c = 2,5:7,5   c = 9 cm
d) x:y = 5   x = 17 dm

2
In welchem Verhältnis stehen der Radius r des Umkreises und die Seite s
a) bei einem gleichseitigen Dreieck,
b) bei einem Quadrat,
c) bei einem regelmäßigen Fünfeck,
d) bei einem regelmäßigen Sechseck,
e) bei einem regelmäßigen Achteck?
Löse zeichnerisch.

3
Die Größe von Papierblättern wird im DIN-Format angegeben (alle Maße in mm).

Format	2	3	4	5	6
DIN A	420 × 594	297 × 420	210 × 297	148 × 210	105 × 148
DIN B	500 × 707	353 × 500	250 × 353	176 × 250	125 × 176
DIN C	458 × 648	324 × 458	229 × 324	162 × 229	114 × 162

a) Bestimme für jede DIN-Reihe zwei Seitenverhältnisse.
Was fällt dir auf?
b) Setze die Reihe nach oben bis Format 0 und nach unten bis Format 8 fort.
Vergleiche deine Ergebnisse mit den Werten, die du in einem Lexikon finden kannst.
Warum hast du kleine Abweichungen?
c) Berechne die Fläche des DIN-A0-Formats (841 mm × 1189 mm). Was fällt dir auf?

4
Zeichne zwei Strecken im Verhältnis
a) 3:4; 150:200
b) 7:2; 1:1,6.

5
Ein Knopf hat einen Durchmesser von 11 mm. Die vier Löcher zum Annähen haben einen Durchmesser von 1,2 mm und sind symmetrisch so angebracht, dass der Mittelpunkt dieser Löcher den Knopfradius halbiert. Zeichne den Knopf im Maßstab
a) 5:1   b) 7:2.

6
Berechne die fehlenden Werte.

Maßstab	1:3	1:25 000	
Bildlänge		2,6 cm	4 m
Originallänge	12 cm		8 km

7
a) Bei einem Fotokopiergerät wurden bei einer Kopie alle Seiten im Verhältnis 2:5 verkleinert.
Auf wie viel Prozent hat sich die Fläche verkleinert?
b) Bei einer anderen Fotokopie wurde die Fläche auf 225 % vergrößert.
Um wie viel Prozent wurden die Strecken vergrößert?

8
Eine Kleinbildkamera macht Negativbilder der Größe 24 mm × 36 mm. Folgende Vergrößerungsformate sind üblich:
7 cm × 10 cm; 9 cm × 13 cm; 10 cm × 15 cm (Postkarte) und 13 cm × 18 cm.
a) Geben die Vergrößerungen das ganze Bild wieder?
b) Gib, falls möglich, den Vergrößerungsfaktor an.

Vermischte Aufgaben

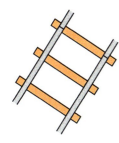

9
Schon 1830 wurden die 5,10 m langen Schienen der Eisenbahn ähnlich dem heutigen Prinzip gebaut. Zeichne im Maßstab 1 : 25 diese Schiene in der Draufsicht, wenn sie auf sieben Schwellen von je 2,28 m Länge und 24,5 cm Breite genagelt wurden (Spurweite 1435 mm). Beachte, dass die Schienen auf der ersten und der letzten Schwelle nur halb auflagen.

10
a) Zeichne die Umlaufbahnen der Planeten unseres Sonnensystems (mit der mittleren Entfernung von der Sonne als Radius) im Maßstab 1 : 60 000 000 000 000.
Entnimm die Radien dem Tafelwerk.
b) Zeichne die Planetenquerschnitte der Planeten unseres Sonnensystems im Maßstab 1 : 1 000 000 000. Entnimm die Planetendurchmesser dem Tafelwerk.

11 ▭➔
Ein Modellhaus im Maßstab 1 : 50 hat ein Volumen von 4048 cm³.
a) Wie viel Kubikmeter umbauten Raum hat das Haus?
b) Welches Volumen hätte das Modell im Maßstab 1 : 100?

12
Die Talsperre in Tambach-Dietharz hat eine Größe von 80 ha. Welche Fläche hat sie im Maßstab 1 : 10 000?

Talsperre Tambach-Dietharz

13
Zeichne den SMD-Transistor BC 846 B im Maßstab 15 : 1. Entnimm die Maße der Skizze (alle Maße in mm).

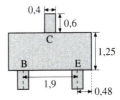

14
Welche der folgenden Figuren sind immer ähnlich?
a) gleichseitige Dreiecke; spitzwinklige Dreiecke; kongruente Dreiecke.
b) Kreise; Rechtecke; Quadrate; Drachen.

15
Zeichne ein Dreieck mit a = 6 cm, b = 7 cm und c = 8 cm. Konstruiere die Höhen h_a und h_b.
a) Zeige, welche Teildreiecke zueinander ähnlich sind.
b) Zeige, dass sich die Längen der beiden Höhen h_a und h_b umgekehrt verhalten wie ihre zugehörigen Seiten a und b.
Miss nach.

16
In einem Trapez wird eine Parallele zur Grundseite gezeichnet. Zeige, dass das kleine Trapez dem großen ähnlich ist.

Vermischte Aufgaben

17
Bei Familie Bertram haben die Wandfliesen im Badezimmer die Maße 20 cm × 30 cm, die Bodenfliesen 30 cm × 45 cm.
a) Sind die Fliesen ähnlich? Begründe.
b) In welchem Verhältnis stehen die Umfänge beider Fliesensorten?
c) In welchem Verhältnis stehen die Flächen beider Fliesensorten?

18
Teile zeichnerisch die Strecke a = 14 cm jeweils im Verhältnis 3 : 7; 10 : 3; 1 : 2.

19
Löse zeichnerisch und prüfe rechnerisch nach.
a) 5 : 7 = c : 17,5   b) 1 : 4 = 3 : x
c) y : 3,9 = 10,5 : 15,6   d) 4 : h = 10 : 2,5

20
Es gilt a : b = c : x.
Bestimme zeichnerisch die Länge der Strecke x.
a) a = 3 cm; b = 4,5 cm; c = 2,8 cm
b) a = 1,5 dm; b = 22 cm; c = 120 mm
c) a = 4 cm; b = 0,7 dm; c = 38 mm

21
Ein Kegel mit dem Radius r_1 = 7,4 cm und der Höhe h_1 = 18,5 cm soll so geschnitten werden, dass die Schnittfläche den Radius r_2 = 2,6 cm besitzt.
In welcher Höhe h_2 muss der Kegel geschnitten werden?

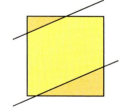

22
Zeichne mithilfe der Strahlensätze das Dreieck ABC mit a = 4 cm, b = 5 cm und c = 7 cm
a) im Maßstab 2 : 1,
b) im Maßstab 1 : 2,
c) im Maßstab 5 : 2.

23
Bei einem Quadrat schneiden zwei parallele Geraden wie in der Skizze zwei Dreiecke ab. Begründe, warum die beiden Dreiecke zueinander ähnlich sind.

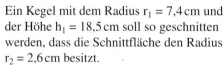

24
Ein Schornstein wirft einen 52,7 m langen Schatten. Rolf hat bei einer Körperlänge von 1,78 m einen 1,18 m langen Schatten. Wie hoch ist der Schornstein?

25
Berechne die Strecke x. Runde, wenn nötig, auf Zehntel.

a) 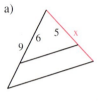   b)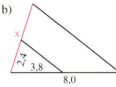

c) 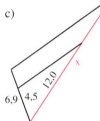   d)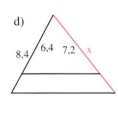

e) 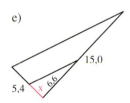   f)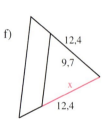

26
Berechne die Strecke x. Runde, wenn nötig, auf Zehntel.

a) 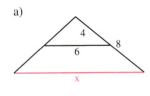   b)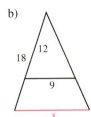

27
Wenn man eine Seite des Trapezes in geeigneter Weise verschiebt, kann man die Strecke x berechnen.
a)
b)
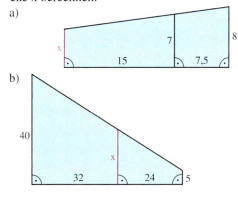

28
In das rechtwinklige Dreieck bzw. in das Trapez ist ein Quadrat einbeschrieben. Berechne seine Seitenlänge.
a)
b)
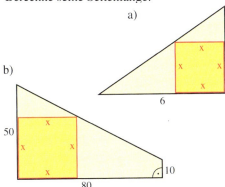

29
Bestimme x und y.
a)
b)
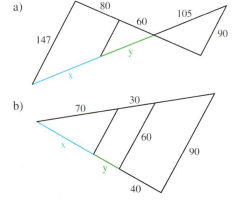

30
Um die unzugängliche Strecke $\overline{AB}$ zu bestimmen misst man die Strecken $\overline{BC}$, $\overline{AE}$ und $\overline{DE}$.
Berechne die Strecke $\overline{AB}$.
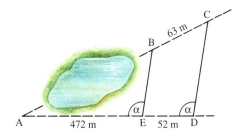

31
Um die Breite eines Flusses zu bestimmen werden die Strecken a = 280 m, b = 45 m und c = 210 m gemessen.
Bestimme die Flussbreite x.
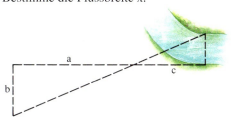

32
Petra bestimmt auf der Karte 1:25000 die Entfernung zu einer Staumauer mit 7,3 cm. Mit drei Daumenbreiten zu je 2 cm deckt sie bei einer Armlänge von 61 cm die Staumauer ab.
a) Welche Länge hat die Staumauer?
b) Mit wie viel Daumensprüngen bei einem Augenabstand von 6 cm könnte Petra die Staumauer abdecken?

33
a) Ein 75 m hoher Kirchturm soll bei einer Entfernung von 360 m 1,4 cm groß durch eine Lochkamera abgebildet werden. Wie lang muss das Gehäuse der Lochkamera sein?
b) Anke ist 1,64 m groß und soll mit einer Kleinbildkamera (24 mm × 36 mm) möglichst groß fotografiert werden. Wie weit entfernt muss Anke von der Kamera mit einer Brennweite von 35 mm stehen?

Vermischte Aufgaben

34
a) Stelle ein Nomogramm zur Umrechnung von Reaumurgrad in Celsiusgrad auf (80 °R = 100 °C).
Wie viel °C sind: 64 °R; 13 °R; 135 °R?
Wie viel °R sind: 75 °C; 120 °C; 36 °C?
b) Stelle ein Nomogramm zur Umrechnung von Knoten in km/h auf
(1 kn = 1,852 km/h).
Wie viel km/h sind: 14 kn; 19,6 kn; 23 kn?
Wie viel kn sind: 12 km/h; 32 km/h; 50 km/h?
c) Stelle ein Nomogramm zur Berechnung der Zinsen auf.
Bestimme für 252 €, 635 € und 948 € die Zinsen für einen Zinssatz von 4,5 % und 8,3 %.
Ermittle, welches Kapital bei diesen Zinssätzen 32 € bzw. 57 € Zinsen ergibt.

35
a) Die Hauptfahrstrecken der Eisenbahn dürfen höchstens eine Steigung von 2,5 % haben. Welche horizontale Länge ist notwendig um einen Höhenunterschied von 230 m zu überwinden?
b) Die steilste Zahnradbahn ist mit 48 % Steigung die Pilatusbahn in der Schweiz (1886–1888 erbaut). Sie führt von Alpnachstad (450 m ü. M.) zum Hotel Pilatuskulm (2070 m ü. M.). Wie lang ist ihre Strecke auf einer Karte im Maßstab 1 : 25 000?

36
Der Turm des Ulmer Münsters ist 161 m hoch. Er soll mit einer Kamera mit f = 50 mm (100 mm) aufgenommen werden. Die Bildgröße darf nicht mehr als 36 mm betragen.
Wie weit muss sich die Fotografin vom Turm entfernen?

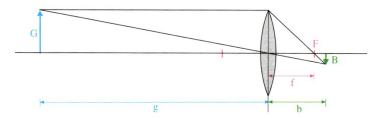

37

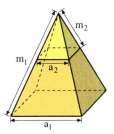

Von einer quadratischen Pyramide mit der Grundkante $a_1 = 40$ cm und der Mantelkante $m_1 = 50$ cm wird die Spitze abgeschnitten, deren Mantelkante $m_2 = 18$ cm beträgt. Wie lang ist die Kante a_2 der Deckfläche des verbleibenden Pyramidenstumpfes?

38
Ein Dreiecksprisma liegt auf einer Seitenfläche mit den Kanten $a_1 = 90$ cm und $a_2 = 200$ cm. Parallel zu dieser Fläche wird ein Dreiecksprisma abgeschnitten. Die Höhe h_1 der ursprünglichen Frontfläche beträgt 126 cm, die Höhe h_2 der trapezförmigen Frontfläche des Restkörpers beträgt 42 cm. Wie lang ist dessen Kante a_3?

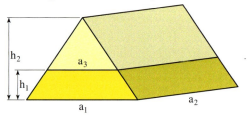

39
Ein keilförmiger Körper über quadratischem Grundriss wird von zwei gleichschenkligen Dreiecken und zwei gleichschenkligen Trapezen begrenzt. Durch einen Schnitt parallel zur Grundfläche wird ein Teil abgeschnitten.
Berechne die Kanten x und y.

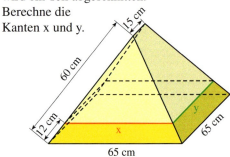

DER GOLDENE SCHNITT

1

Leonardo da Vinci (1452–1519) war der Meinung, dass die Proportionen des menschlichen Körpers im Idealfall an einigen Stellen den Regeln des Goldenen Schnitts entsprechen. So soll das Knie das Bein oder der Nabel den ganzen Körper im Goldenen Schnitt teilen.
Miss die angegebenen Strecken an deinem Körper und prüfe die Vorstellungen von Leonardo da Vinci. Bedenke jedoch, dass es sich bei diesen Proportionen um eine Idealvorstellung handelt, der wohl kein Körper voll entspricht.
Findest du noch andere solche Verhältnisse an deinem Körper?

Efeublatt

Glockenblume

Heckenrose

Akeleiblüte

2

Besonders in der Architektur finden sich viele Beispiele für den Goldenen Schnitt. Prüfe, ob die Einteilungen des korinthischen Kapitells in Athen diesen Regeln folgen.

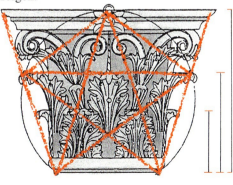

Schon seit Euklid (ca. 300 v. Chr.) wurde in der Kunst (Malerei, Bildhauerei, Architektur usw.) versucht, mathematische Regeln zu finden, die Bilder oder Gebäude besonders schön erscheinen lassen. Lange Zeit, etwa bis Ende des 19. Jahrhunderts herrschte die Meinung vor, Figuren seien dann von idealer Schönheit, wenn einzelne Teile der Figur in einem bestimmten Verhältnis, dem Goldenen Schnitt, stünden.
Eine Strecke s ist im Goldenen Schnitt geteilt, wenn sich der kürzere Abschnitt a zum längeren b so verhält wie der längere Abschnitt b zur ganzen Strecke s.

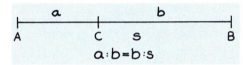

Dieses Verhältnis beträgt ungefähr 0,618 und lässt sich näherungsweise durch die Quotienten 3:5; 5:8 oder 31:50 beschreiben. Rechne nach.
Eine solche Teilung lässt sich beliebig oft fortsetzen, das Prinzip der stetigen Teilung.

3

Auch in der Botanik sind Gesetzmäßigkeiten zu sehen, die Bezüge zum Goldenen Schnitt nahelegen. Die auf dem Rand abgebildeten Blüten enthalten regelmäßige Fünfecke. Die Diagonalen schneiden sich darin im Verhältnis des Goldenen Schnitts. Prüfe dies nach, indem du ein regelmäßiges Fünfeck in einem großen Kreis mithilfe des Winkelmessers konstruierst und anschließend alle Diagonalen einzeichnest.
Dabei entsteht in der Mitte wieder ein regelmäßiges Fünfeck, in das du wieder die Diagonalen einzeichnen kannst. Setze das so lange wie möglich fort.

4

Suche in der Natur, Technik und Geometrie weitere Streckenverhältnisse, die im Goldenen Schnitt stehen.

Rückspiegel

1
Zeichne zwei Strecken im Verhältnis:
a) 2:5 mit der kleinen Strecke 4,8 cm
b) 1:3 mit der größeren Strecke 9,6 cm
c) 2,6:9,1 mit der größeren Strecke 1,4 dm
d) 6:9 mit der kleineren Strecke 36 mm

2
Bestimme die Länge der Strecke s.
a) $4\,dm : s = s : 16\,dm$
b) $s : 5\,m = 45\,m : s$
c) $3\,mm : s = s : 0,3\,cm$

3
Zeichne ein gleichschenkliges Dreieck, bei dem sich die Grundseite a zu den Schenkeln wie 5:8 verhält.

4
Berechne die fehlenden Werte.

Maßstab	2:7	1:20000	18:1		
Bildlänge		6,4 cm		2,4 cm	2,5 cm
Original-länge	21 cm		0,3 mm	7,2 km	0,1 mm

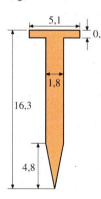

5
Zeichne den Längsschnitt des abgebildeten Dachpappennagels (alle Maße in mm) im Maßstab 4:1.

6
In welchen Fällen wird „ähnlich" im mathematischen Sinne gebraucht?
a) Die Tochter ist der Mutter ähnlich.
b) Regelmäßige Sechsecke sind ähnlich.
c) Rhombus und Quadrat sind ähnlich.
d) Kohlmeise und Blaumeise sind ähnlich.
e) Gleichseitige Dreiecke sind ähnlich.

7
Vervollständige die Tabelle. (Maße in cm)

	a_1	a_2	b_1	b_2	c_1	c_2
a)	9	6	12			8
b)	8	4		6		5
c)	5	8		4		2,4
d)	6,3		6,3		4,1	4,1
e)		18	7,5		81	45

8
Vervollständige die Tabelle. Runde auf Zehntel. (Maße in cm)

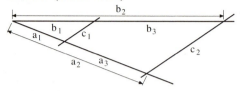

	a_1	a_2	b_1	b_2	c_1	c_2	a_3	b_3
a)	2	5		5		6		
b)	4,6	13,2	2,5		6			
c)		7,6	5,1		9,1	13,6		
d)	5	8	4		6			
e)	4		6			4,1		2
f)		10		4	6	7,5		

9
Teile die Strecke s zeichnerisch in n gleich lange Abschnitte auf.

	a)	b)	c)	d)	e)
s in cm	7	9	8,7	10	3,1
Anzahl n	3	5	4	9	8

10
Zeichne ein Nomogramm zur Umrechnung von US-Gallone in Liter (1 gal ≈ 3,8 l). Bestimme:
Wie viel Liter sind: 3,5 gal; 9,2 gal; 15,1 gal?
Wie viele Gallonen sind: 42 l; 28,5 l; 10 l?

11
Ein 69 m langes Gebäude kann mit einem Daumensprung (Augenabstand a = 6 cm, Armlänge l = 58 cm) zu $\frac{2}{3}$ abgedeckt werden. Wie weit ist das Gebäude entfernt?

12
Der Schatten eines Kastanienbaumes ist 8,3 m lang. Ein 1,5 m langer Stab hat einen 1,2 m langen Schatten. Wie hoch ist der Baum?

13
Ein Kegel mit dem Radius r = 9 cm wird in $\frac{3}{4}$ der Höhe abgeschnitten. Welchen Radius hat die Deckfläche des Kegelstumpfes?

II Satzgruppe des Pythagoras

Der bekannteste aller mathematischen Sätze ist nach einem Mann benannt, von dem nur wenig bekannt ist. Man weiß nicht einmal, ob Pythagoras „seinen" Satz überhaupt entdeckt hat!
Pythagoras wurde 600 v. Chr. (auch 570 v. Chr. wird angenommen) auf der Insel Samos geboren. Auf langen Reisen nach Babylon und Ägypten machte er sich in Mathematik und Philosophie kundig. Nach seiner Rückkehr gründete er im damals griechischen Unteritalien eine religiöse Gemeinschaft, die sich um ein Leben nach den Gesetzen der inneren Harmonie bemühte. Erst nach einer Probezeit durften die Jünger die Stimme des hinter einem Vorhang verborgenen Meisters hören und erst nach weiteren Jahren durften sie ihn sehen und mit ihm sprechen.

Der Satz des Pythagoras findet sich erstmals im großen Lehrbuch des Euklid, der etwa von 340 bis 270 v. Chr. lebte. Seine Wirkungsstätte war die berühmte Bibliothek in Alexandria. Sein Werk ist in vielen Handschriften und Drucken überliefert.

Die Abbildung unten stellt einen Beweisansatz für den Satz des Pythagoras am Dreieck mit den Seiten 3, 4, 5 dar. Wenn man genau hinsieht, erkennt man chinesische Schriftzeichen. Die Abbildung stammt nämlich aus einem altchinesischen Mathematikbuch, das aus der Zeit Euklids stammt. Vielleicht haben die Chinesen den Satz des Pythagoras selbst entdeckt, vielleicht haben sie ihn, wie vermutlich Pythagoras, von den Babyloniern erfahren.

Bei der Entdeckung des Satzes spielte sicher das Dreieck mit den Seiten 3, 4, 5 die entscheidende Rolle. Es ist das einfachste rechtwinklige Dreieck mit ganzzahligen Seiten. Solche Dreiecke heißen pythagoreisch. Schon Euklid wusste, wie man unendlich viele solcher Dreiecke systematisch finden kann.

Pythagoras in mittelalterlichen Darstellungen auf einem Relief am Dom von Florenz und beim Experimentieren mit Glocken und Gläsern

Erste gedruckte Ausgaben des Mathematikbuchs von Euklid in deutscher Sprache (1555)

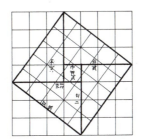

41

1 Kathetensatz

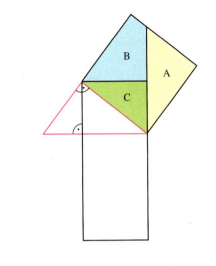

1
Schneide zwei kongruente rechtwinklige Dreiecke aus. Teile eines davon längs der Höhe in zwei rechtwinklige Teildreiecke. Vergleiche die Form der drei Dreiecke.

2
Übertrage die gesamte nebenstehende Figur ins Heft. Verwende für das rote Dreieck die Maße 6 cm, 8 cm und 10 cm.
Zeichne das eingefärbte Quadrat nochmal auf ein Blatt und zerschneide es in die drei Einzelteile. Probiere, ob du die Puzzleteile in das untere Rechteck einpassen kannst.

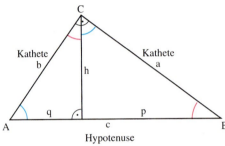

Im rechtwinkligen Dreieck bezeichnet man die beiden Seiten, die den rechten Winkel einschließen, als **Katheten**.
Die Seite, die dem rechten Winkel gegenüberliegt, heißt **Hypotenuse**.
Die dazugehörige Höhe teilt die Hypotenuse in die zwei **Hypotenusenabschnitte** p und q.
Die Zerlegung ergibt zwei rechtwinklige Teildreiecke. Alle drei sind zueinander ähnlich, weil sie in den entsprechenden Winkeln übereinstimmen. Deshalb gilt:

$$\frac{a}{p} = \frac{c}{a} \quad \text{und} \quad \frac{b}{q} = \frac{c}{b}.$$

Durch Umformen erhält man
$$a^2 = c \cdot p \quad \text{und} \quad b^2 = c \cdot q.$$

Diese Beziehung zwischen Kathete, Hypotenuse und Hypotenusenabschnitt in einem rechtwinkligen Dreieck nennt man **Kathetensatz**.

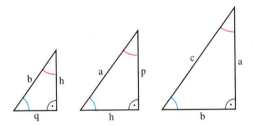

> **Kathetensatz:** Im rechtwinkligen Dreieck ist das Quadrat über einer Kathete flächengleich mit dem Rechteck aus der Hypotenuse und dem anliegenden Hypotenusenabschnitt.
> $a^2 = c \cdot p$ und $b^2 = c \cdot q$

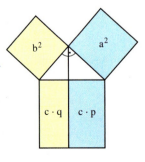

Bemerkung: Das Wort Kathete hat griechischen Ursprung und kommt von senkrecht aufeinander stehen (griech. kathetein). Hypoteinusa kommt ebenfalls aus dem Griechischen und heißt „die darunter gespannte Linie".

Der Kathetensatz wird auch als Satz des Euklid bezeichnet.

Kathetensatz

Beispiele

a) Aus der Länge der Hypotenuse c = 8,5 cm und dem Hypotenusenabschnitt p = 3,6 cm kann die Kathete a berechnet werden.

$a^2 = c \cdot p$ $\quad a = \sqrt{8,5 \cdot 3,6}$ cm
$a = \sqrt{c \cdot p}$ $\quad a = 5,5$ cm

b) Wenn die Kathete b = 5,9 cm und der zugehörige Hypotenusenabschnitt q = 2,8 cm bekannt sind, kann durch Umformen die Hypotenuse c berechnet werden.

$b^2 = c \cdot q \quad |:q \quad c = \dfrac{5,9^2}{2,8}$ cm
$\dfrac{b^2}{q} = c$ $\quad c = 12,4$ cm

c) Mit dem Kathetensatz kann ein Quadrat zeichnerisch in ein flächeninhaltsgleiches Rechteck bei einer entsprechend vorgegebenen Seite umgewandelt werden und umgekehrt.

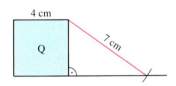
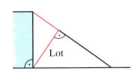
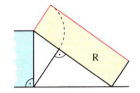

Aufgaben

3

Formuliere den Kathetensatz für die Figur.

a)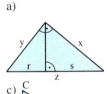

b)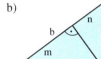

c)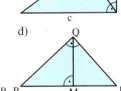

d) (siehe Figur)

4

Berechne im Dreieck ABC ($\gamma = 90°$)
a) die Kathete a bzw. die Kathete b
aus c = 9,2 cm und p = 3,5 cm;
aus c = 15,8 cm und q = 8,6 cm.
b) die beiden Katheten a und b
aus p = 5,9 cm und q = 7,3 cm;
aus p = 27,4 cm und q = 51,8 cm.
c) die Hypotenuse c
aus a = 4,3 cm und p = 1,9 cm;
aus b = 7,4 cm und q = 6,2 cm;
aus a = 11,25 m und p = 3,65 m.
d) die Hypotenusenabschnitte p und q
aus a = 9,3 cm und c = 14,7 cm;
aus b = 11,4 m und c = 54,2 m;
aus a = 0,35 m und c = 1,82 m.

5

Berechne die Länge der Strecke x. (Maße in cm)

a)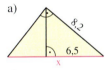

b)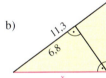

c)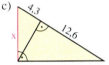

d)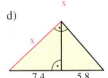

6

a) Ein Quadrat mit der Seitenlänge 4 cm ist gegeben. Konstruiere mithilfe des Kathetensatzes ein flächengleiches Rechteck, dessen eine Seite 5 cm lang ist. Überprüfe deine Konstruktion durch Rechnung.
b) Ein Rechteck mit den Seitenlängen 9 cm und 4 cm soll in ein flächengleiches Quadrat umgewandelt werden. Löse zeichnerisch mithilfe des Kathetensatzes.

7

Unter Verwendung des Kathetensatzes lassen sich Quadratwurzeln als Strecken konstruieren. Zeichne Strecken der Länge $\sqrt{10}$ cm; $\sqrt{40}$ cm; $\sqrt{27}$ cm und $\sqrt{63}$ cm.

2 Höhensatz

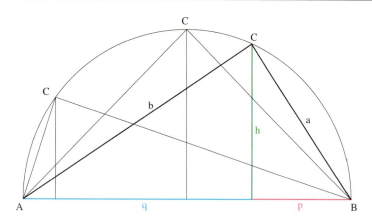

1
Zeichne in einen Halbkreis mit Radius 6 cm verschiedene rechtwinklige Dreiecke. Miss jeweils die Höhe und ergänze die Tabelle.

p (cm)	1	2	3	4	5	6	7
q (cm)							
h (cm)							
h·h (cm²)							
p·q (cm²)							

2
Wie muss man ein rechtwinkliges Dreieck zeichnen um eine möglichst große Höhe über der Hypotenuse zu bekommen?

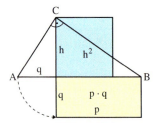

Die Höhe teilt ein rechtwinkliges Dreieck in zwei zueinander ähnliche, rechtwinklige Teildreiecke.
Somit kann man eine Verhältnisgleichung zwischen der Höhe und den beiden Hypotenusenabschnitten aufstellen.

$\frac{h}{p} = \frac{q}{h}$ oder $h^2 = p \cdot q$

Diesen Zusammenhang im rechtwinkligen Dreieck nennt man **Höhensatz**.

> **Höhensatz:** Im rechtwinkligen Dreieck ist das Quadrat über der Höhe flächengleich mit dem Rechteck aus den beiden Hypotenusenabschnitten. $h^2 = p \cdot q$

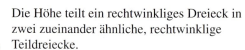

Bemerkung: Die Wurzel aus dem Produkt zweier Zahlen wird als geometrisches Mittel bezeichnet. Die Höhe in einem rechtwinkligen Dreieck ist also das geometrische Mittel der beiden Hypotenusenabschnitte.
$h = \sqrt{p \cdot q}$

Beispiele
a) Aus den beiden Hypotenusenabschnitten p = 4,5 cm und q = 6,5 cm kann man die Höhe berechnen.

$h^2 = p \cdot q$ $\qquad$ $h^2 = 4,5 \cdot 6,5 \, cm^2$
$h = \sqrt{p \cdot q}$ $\qquad$ $h = 5,4 \, cm$

b) Durch Umformen kann man aus h = 7,2 cm und p = 4,9 cm den Hypotenusenabschnitt q berechnen.

$h^2 = p \cdot q \quad |:p \qquad q = \frac{7,2^2}{4,9} \, cm$
$\frac{h^2}{p} = q \qquad\qquad\quad q = 10,6 \, cm$

c) Mit dem Höhensatz kann ein Rechteck zeichnerisch in ein flächeninhaltsgleiches Quadrat umgewandelt werden und umgekehrt.

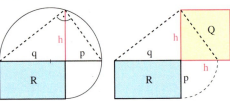

Aufgaben

3
Formuliere den Höhensatz für die Figur.

a)  b)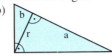

c) 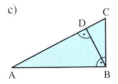 d)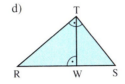

4
Berechne im Dreieck ABC ($\gamma = 90°$)
a) die Höhe h
aus p = 5,3 cm und q = 8,4 cm;
aus p = 11,4 m und q = 64,2 m;
aus c = 10,8 cm und p = 3,4 cm;
aus c = 9,45 m und q = 2,25 m;
aus p = 5,2 dm und q = 1,4 m.
b) den zweiten Hypotenusenabschnitt und die Hypotenuse c
aus p = 8,2 cm und h = 5,9 cm;
aus q = 2,1 cm und h = 4,7 cm;
aus p = 0,49 m und h = 1,35 m.

5
Berechne im Dreieck ABC ($\gamma = 90°$) die fehlenden Größen mit dem Höhensatz oder Kathetensatz.

	a)	b)	c)	d)	e)	f)
a		5,9 cm				
b			11,8 m			
c		12,3 cm		37 m		9,4 m
p	8,3 cm				12,4 cm	
q	5,2 cm		2,5 m	14 m		6,2 cm
h					15,1 cm	

6

Hier haben sich in den Aufgaben für das rechtwinklige Dreieck Fehler eingeschlichen. Wie kannst du die Maßzahlen ändern um rechnen zu können?
a) h = 9 cm und c = 16 cm
b) a = 4 cm und p = 5 cm.

7
Berechne die Länge der Strecke x. (Maße in cm)

a) 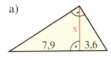 b)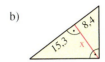

c) 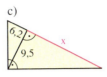 d)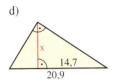

8
Welchen Flächeninhalt hat das Quadrat?

a) b)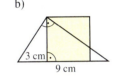

9
Wie hoch ist das Pultdach der Fabrikhalle?
$\overline{AB} = 6{,}80$ m;
$\overline{BC} = 3{,}40$ m

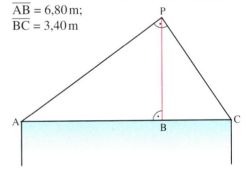

10
a) Konstruiere mit dem Höhensatz ein Rechteck, das zu einem Quadrat mit der Seitenlänge 5 cm flächengleich ist und von dem eine Seitenlänge mit 4 cm bekannt ist.
b) Konstruiere mithilfe des Höhensatzes ein Quadrat, das zu einem Rechteck mit den Seiten 7 cm und 3,5 cm flächengleich ist.
c) Mit dem Höhensatz lassen sich Wurzeln als geometrisches Mittel konstruieren. Zeichne Strecken der Länge $\sqrt{32}$ cm; $\sqrt{20}$ cm; $\sqrt{48}$ cm und $\sqrt{13}$ cm.

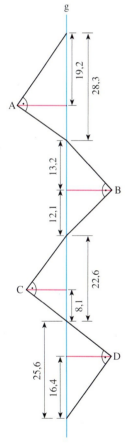

Wie weit sind die Punkte A, B, C und D jeweils von g entfernt?

3 Satz des Pythagoras

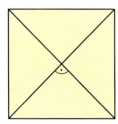

1
Aus den vier Teilen des Quadrats lassen sich zwei kleinere Quadrate zusammensetzen. Wie lang ist die Diagonale eines kleinen Quadrats?

2
Nach der alljährlichen Überschwemmung des Nils mussten die Felder neu vermessen werden. Die Vermessungsbeamten hießen Seilspanner. Sie benutzten bei ihrer Arbeit ein Dreieck aus Seilen mit Seiten von 3, 4 und 5 Einheiten.
Stelle selbst ein Seildreieck her und miss den Winkel zwischen den kurzen Seiten.

Wenn man die vier flächengleichen, rechtwinkligen Dreiecke des linken Quadrats anders anordnet, erhält man die rechte Figur.

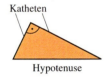

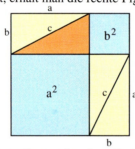

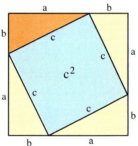

Diese Darstellung zeigt, dass die Summe der beiden Quadrate über den Katheten a und b mit dem Quadrat über der Hypotenuse c flächengleich ist. Diesen Zusammenhang zwischen den beiden Katheten und der Hypotenuse in einem rechtwinkligen Dreieck bezeichnet man als **Satz des Pythagoras**.

> **Satz des Pythagoras:** Im rechtwinkligen Dreieck ist die Summe der beiden Kathetenquadrate flächengleich mit dem Quadrat über der Hypotenuse.
> $$a^2 + b^2 = c^2$$

Beweis des Satzes des Pythagoras

(1) $a^2 = p \cdot c$
(Kathetensatz)
(2) $b^2 = q \cdot c$
(Kathetensatz)
Aus (1) und (2):
(3) $a^2 + b^2 = pc + qc$
$ = c(p + q)$
$ = c \cdot c$
$a^2 + b^2 = c^2$

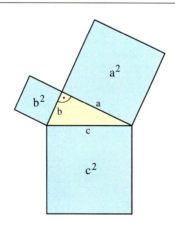

Bemerkung: Rechtwinklige Dreiecke, deren Seitenlängen ganzzahlig sind, bezeichnet man als pythagoreische Dreiecke.

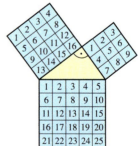

Satz des Pythagoras

Beispiele

a) In einem rechtwinkligen Dreieck ABC ($\gamma = 90°$) kann aus den beiden Katheten $a = 6,5\,\text{cm}$ und $b = 3,8\,\text{cm}$ die Hypotenuse berechnet werden.

$c^2 = a^2 + b^2$ \qquad $c = \sqrt{6,5^2 + 3,8^2}\,\text{cm}$
$c = \sqrt{a^2 + b^2}$ \qquad $c = 7,5\,\text{cm}$

b) Durch Umformen kann aus $c = 12,1\,\text{cm}$ und $a = 4,3\,\text{cm}$ die Kathete b berechnet werden.

$a^2 + b^2 = c^2$
$b^2 = c^2 - a^2$ \qquad $b = \sqrt{12,1^2 - 4,3^2}\,\text{cm}$
$b = \sqrt{c^2 - a^2}$ \qquad $b = 11,3\,\text{cm}$

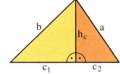

c) Durch das Einzeichnen einer Höhe erhält man zwei rechtwinklige Teildreiecke, in denen der Satz von Pythagoras angewendet werden kann. Aus den beiden Seiten $a = 8,2\,\text{cm}$ und $b = 9,8\,\text{cm}$ sowie der Höhe $h_c = 7,8\,\text{cm}$ kann man die Teilstrecken c_1 und c_2 der Seite c berechnen.

$c_1^2 + h_c^2 = b^2$ \qquad $c_1 = \sqrt{9,8^2 - 7,8^2}\,\text{cm}$ \qquad $c_2^2 + h_c^2 = a^2$ \qquad $c_2 = \sqrt{8,2^2 - 7,8^2}\,\text{cm}$
$c_1^2 = b^2 - h_c^2$ \qquad $c_1 = 5,9\,\text{cm}$ \qquad $c_2^2 = a^2 - h_c^2$ \qquad $c_2 = 2,5\,\text{cm}$

Bemerkung: Wenn in einem Dreieck die Summe der Quadrate über den beiden kurzen Seiten gleich dem Quadrat über der längsten Seite ist, so hat das Dreieck einen rechten Winkel. Dies nennt man **Umkehrung des Satzes des Pythagoras**. Bei spitzwinkligen Dreiecken ist das Quadrat über der längsten Seite kleiner, bei stumpfwinkligen Dreiecken größer als die Summe der beiden anderen Quadrate.

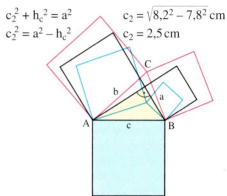

d) Das Dreieck mit den Seiten $a = 6,5\,\text{cm}$, $b = 15,6\,\text{cm}$ und $c = 16,9\,\text{cm}$ ist rechtwinklig, da die Gleichung $\quad 6,5^2 + 15,6^2 = 16,9^2$
und somit $\quad\quad\quad\quad\quad 285{,}61 = 285{,}61 \quad$ gilt.

Aufgaben

3
Zeichne verschiedene rechtwinklige Dreiecke, miss die Seitenlängen und bestätige durch Rechnung den Satz des Pythagoras.

4
Formuliere den Satz des Pythagoras für die Figur.

a) 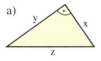 \qquad b)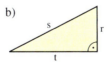

c) 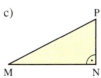 \qquad d)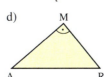

5
Berechne im Dreieck ABC ($\gamma = 90°$)
a) die Hypotenuse c
aus $a = 6,2\,\text{cm}$ und $b = 8,4\,\text{cm}$;
aus $a = 4,25\,\text{m}$ und $b = 5,82\,\text{m}$;
aus $a = 117\,\text{m}$ und $b = 236\,\text{m}$;
aus $a = 1,2\,\text{cm}$ und $b = 9,4\,\text{cm}$.
b) die Kathete a oder die Kathete b
aus $b = 5,3\,\text{cm}$ und $c = 8,9\,\text{cm}$;
aus $a = 4,3\,\text{cm}$ und $c = 6,2\,\text{cm}$;
aus $b = 12,7\,\text{m}$ und $c = 15,8\,\text{m}$;
aus $a = 2,43\,\text{m}$ und $c = 9,41\,\text{m}$.

6
Warum kann die Summe der beiden Katheten nicht ebenso groß wie die Hypotenuse sein?

Satz des Pythagoras

7
Berechne die Länge der Strecke x.
(Maße in cm)

a)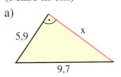
b)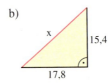
c)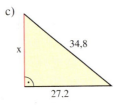
d)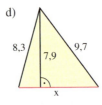

8
Formuliere den Satz des Pythagoras in allen vorkommenden rechtwinkligen Dreiecken.

a)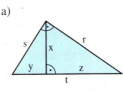
b)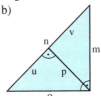
c)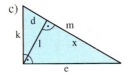
d)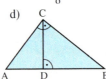

9
Berechne im Kopf die fehlende Seite x.

a)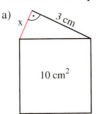
b)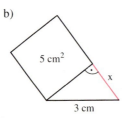
c)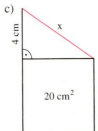
d)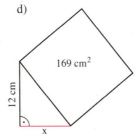

10
Wenn Punkte im Koordinatensystem angegeben sind, kann man ihre Entfernung nach dem Satz des Pythagoras berechnen.
Beispiel: A(3;2); B(10;6)

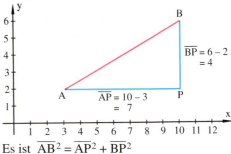

Es ist $\overline{AB}^2 = \overline{AP}^2 + \overline{BP}^2$
$\overline{AB} = \sqrt{7^2 + 4^2}$ Längeneinheiten
$\overline{AB} = 8,06$ Längeneinheiten

a) Berechne die Entfernung zwischen
C(2;4) und D(8;9); E(1;3) und F(10;10)
G(0;0) und H(12;7); I(−2;−3) und K(5;7).
b) Kannst du die Formel für die Entfernung von zwei Punkten
$P_1P_2 = \sqrt{(x_2 - x_1)^2 + (y_2 - y_1)^2}$
erklären?

11
Zeichne das Dreieck ABC und berechne seinen Umfang.
a) A(1;1); B(10;2); C(6;8)
b) A(−5;−2); B(5;1); C(0;9)

12
Das Dreieck mit den Seiten 3 cm, 4 cm und 5 cm ist rechtwinklig. Man nennt die drei Maßzahlen ein pythagoreisches Zahlentripel. Prüfe durch Rechnung, ob pythagoreische Zahlentripel vorliegen.
a) 9, 40, 41   b) 10, 24, 25
c) 28, 45, 53   d) 9, 12, 15

13
Prüfe durch Rechnung, ob das Dreieck spitzwinklig, stumpfwinklig oder rechtwinklig ist.

	a)	b)	c)	d)	e)
1. Seite	8 cm	24,0 m	3,9 cm	40 cm	18,5 m
2. Seite	15 cm	26,5 m	8,9 cm	55 cm	70,0 m
3. Seite	17 cm	9,2 m	8,0 cm	65 cm	68,2 m

Pythagoras von A bis Z

Benachbarte Punkte sind jeweils 5 cm voneinander entfernt. Berechne die unterschiedlichen Entfernungen der Punkte voneinander. Es gibt 14 verschieden lange Strecken.

Satz des Pythagoras

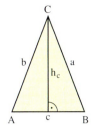

Dreieck

14
a) Berechne die Seite a und den Umfang u des gleichschenkligen Dreiecks (a = b) aus c = 12,6 cm und h_c = 9,2 cm.
b) Berechne die Höhe h_c des Dreiecks aus a = b = 15,8 cm und c = 7,4 cm.

15
Berechne die Höhe h_c und den Flächeninhalt des gleichschenkligen Dreiecks ABC (a = b).
a) a = b = 6,0 cm und c = 8,0 cm
b) a = b = 19,5 cm und c = 32,4 cm
c) a = b = 25,4 m und c = 42,2 m
d) a = b = 0,72 m und c = 1,08 m

16
a) Berechne die Höhe und den Flächeninhalt des gleichseitigen Dreiecks mit der Seitenlänge 12 cm.
b) Wie lang ist die Seite eines gleichseitigen Dreiecks mit der Höhe 10 cm?

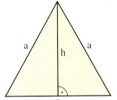

17
a) Berechne den Umfang und den Flächeninhalt eines rechtwinklig-gleichschenkligen Dreiecks (a = b), wenn die Katheten jeweils 8,5 cm lang sind.
b) Ein rechtwinklig-gleichschenkliges Dreieck hat die Höhe h = 8,0 cm.
Berechne die Seitenlängen und den Umfang des Dreiecks.

18
a) Von einem Dreieck ABC sind die Seiten a = 9,5 cm und b = 7,2 cm sowie die Höhe h_c = 6,8 cm gegeben. Berechne die Länge der Seite c, den Umfang u und den Flächeninhalt A des Dreiecks.
b) Berechne in einem Dreieck ABC mit der Höhe h_c = 92 cm, der Seitenhalbierenden s_c = 95 cm und der Seite c = 128 cm die Längen der Seiten a und b.
c) In einem Dreieck ABC sind die Seiten c = 7,5 cm und b = 8,3 cm gegeben. Wie lang ist die Seite a, wenn die Höhe h_c des Dreiecks eine Länge von 7,8 cm hat?

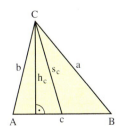

Trapez

19
Berechne die Höhe und den Flächeninhalt des gleichschenkligen Trapezes.

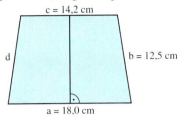

20
a) Wie lang ist die Seite c eines gleichschenkligen Trapezes mit a = 10,4 cm; b = d = 6,5 cm und h = 5,2 cm?
b) Berechne die Länge der Schenkel b und d eines gleichschenkligen Trapezes mit a = 25,3 cm, c = 15,7 cm und h = 11,4 cm.
c) Wie lang ist die Grundseite a eines gleichschenkligen Trapezes mit b = d = 9,5 cm, c = 6,2 cm und h = 4,1 cm?
d) Berechne die Länge der Diagonalen in einem gleichschenkligen Trapez mit den Grundseiten a = 19,4 cm und c = 11,8 cm sowie der Höhe h = 13,1 cm.

21
Berechne den Umfang und den Flächeninhalt des Trapezes.

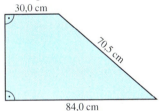

22
Wie groß ist der Umfang dieses allgemeinen Trapezes?

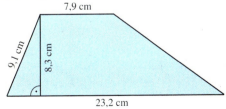

Satz des Pythagoras

Vierecke, Vielecke und zusammengesetzte Figuren

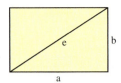

23
Berechne die Diagonale eines Rechtecks mit den Seiten
a) a = 8,0 cm und b = 5,0 cm
b) a = 28,0 m und b = 15,4 m
c) a = 2 b = 18,0 cm.

24
Berechne den Umfang und den Flächeninhalt eines Rechtecks mit
a) a = 6,5 cm   b) b = 13,4 cm
   e = 8,0 cm   e = 17,8 cm.

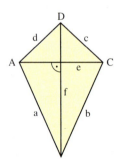

25
Die beiden Diagonalen eines Rhombus sind 12,0 cm und 9,6 cm lang. Berechne den Umfang des Rhombus.

26
Von einem Rhombus sind die Seitenlänge a = 5,1 cm und die Länge der Diagonale e = 4,5 cm gegeben. Berechne die Länge der Diagonale f und den Flächeninhalt.

27
Von einem Drachen sind die Diagonalen e = 15,8 cm, f = 24,4 cm und die Seiten a = b = 18,4 cm bekannt.
Wie groß ist der Umfang des Drachens?

28
Ein regelmäßiges Sechseck hat die Seitenlänge 4,0 cm. Zeichne das Sechseck und zerlege es geschickt in Teilfiguren, damit du den Flächeninhalt berechnen kannst.

29
Wenn du ein regelmäßiges Achteck in ein Quadrat, vier Rechtecke und vier Dreiecke zerlegst, kannst du mit der Seitenlänge 5 cm den Flächeninhalt berechnen.

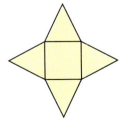

30
Einem Quadrat mit 5,0 cm Seitenlänge sind auf allen vier Seiten 5,0 cm hohe gleichschenklige Dreiecke aufgesetzt. Berechne den Umfang des entstehenden Sterns.

31
Berechne den Umfang und den Flächeninhalt der zusammengesetzten Figur (Maße in cm).

a) 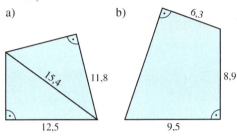 b)

c) 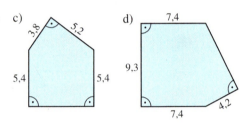 d)

e) 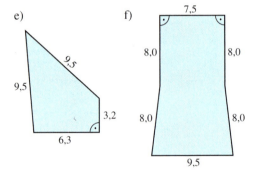 f)

g)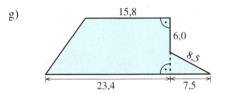

h)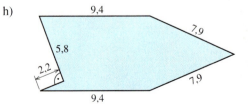

Satz des Pythagoras

32
Mithilfe des Satzes von Pythagoras können Wurzeln aller natürlichen Zahlen als Strecken konstruiert werden. Es entsteht eine „pythagoreische Schnecke".

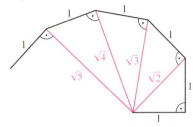

a) Zeichne die Schnecke, bis sich die Dreiecke überschneiden.
b) Zeichne eine zweite Schnecke, bei der jede neu hinzukommende Kathete um 1 cm länger ist, bis sich die Dreiecke schneiden. Berechne die Länge der Hypotenusen.
Beginne so:

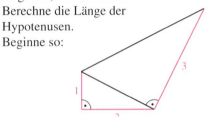

33
Einem Quadrat mit der Seitenlänge 8 cm werden weitere Quadrate derart einbeschrieben, dass jeweils die Seitenmitten zum neuen Quadrat verbunden werden. Berechne die Umfänge der ersten fünf Quadrate.

34
Berechne Umfang und Flächeninhalt der Figur, wenn die längste Quadratseite 10 cm misst.

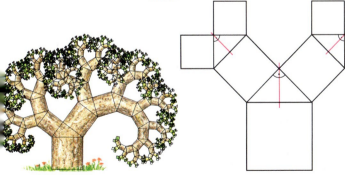

Puzzle mit Pythagoras
Zeichne die Figuren zuerst ab und schneide sie aus. Zerschneide die nummerierten Teilflächen der Kathetenquadrate und lege sie so in das Hypotenusenquadrat, dass dies vollständig bedeckt ist.

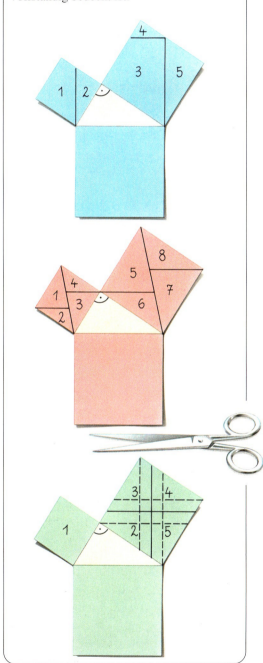

4 Rechnen mit Formeln

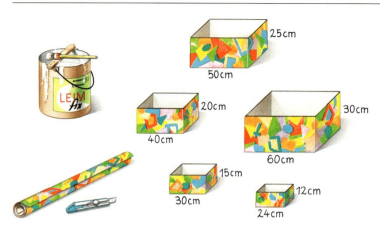

1
Firma Huber stellt offene Schachteln her. Die Grundflächen sind quadratisch, die Höhe ist halb so groß wie die Quadratseite. Berechne den Materialverbrauch (ohne Verschnitt) für die verschiedenen Größen. Kann man besonders geschickt vorgehen?

2
Warum muss bei der Berechnung von Umlaufbahnen für Satelliten mit einer größeren Genauigkeit gearbeitet werden als beim Bau eines Schranks?

Für die Berechnung von ähnlichen Figuren oder Körpern kann man Formeln aufstellen. So lässt sich zum Beispiel im gleichseitigen Dreieck eine Formel zur Berechnung der Höhe h oder des Flächeninhalts A in Abhängigkeit von der Seitenlänge a aufstellen.

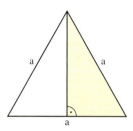 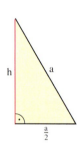

In dem rechtwinkligen Teildreieck gilt der Satz von Pythagoras.

$h^2 + \left(\frac{a}{2}\right)^2 = a^2 \qquad | - \left(\frac{a}{2}\right)^2$

$h^2 \quad = a^2 - \left(\frac{a}{2}\right)^2$

$h^2 \quad = a^2 - \frac{a^2}{4}$

$h^2 \quad = \frac{3}{4}a^2$

$h \quad = \frac{a}{2}\sqrt{3}$

Für den Flächeninhalt ergibt sich daraus: $A = \frac{a^2}{4}\sqrt{3}$.

> Bei Rechenvorgängen, die sich ständig wiederholen, ist das Arbeiten mit Formeln vorteilhaft.

Bemerkung: In Formeln werden Ausdrücke wie $\sqrt{3}$ so lange wie möglich beibehalten. Erst beim Anwenden der Formeln setzt man Zahlenwerte mit geeigneter Genauigkeit ein.

Diagonale im Quadrat $a\sqrt{2}$
Höhe im gleichseitigen Dreieck $\frac{a}{2}\sqrt{3}$

Beispiele

a) Die Länge der Diagonale in einem Quadrat ist von der Seitenlänge abhängig. Man kann eine Formel zur Berechnung aufstellen.
Im rechtwinkligen Teildreieck gilt der Satz des Pythagoras.

$e^2 = a^2 + a^2$
$e^2 = 2a^2$
$e = \sqrt{2a^2}$
$e = a\sqrt{2}$

b) Den Flächeninhalt eines gleichseitigen Dreiecks kann man bei bekannter Seitenlänge a mit der Formel $A = \frac{a^2}{4}\sqrt{3}$ berechnen. Wenn der Flächeninhalt $50{,}0\,cm^2$ sein soll, kann die dafür nötige Seitenlänge berechnet werden.

$\frac{a^2}{4} \cdot \sqrt{3} = 50{,}0$

$a^2 = \frac{4 \cdot 50{,}0}{\sqrt{3}}$

$a = 10{,}7$

Die Seite muss ungefähr 10,7 cm lang sein.

Rechnen mit Formeln

Aufgaben

3
Stelle eine Formel zur Berechnung der Diagonalen mit der Variablen a auf.

a)   b)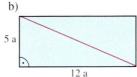

4
Berechne mithilfe der Diagonalenformel des Quadrats die Seitenlänge a.
a) $e = 12{,}0\,\text{cm}$ b) $e = 1{,}00\,\text{m}$
c) $e = 25{,}8\,\text{dm}$ d) $e = 14{,}1\,\text{cm}$

5
Berechne Umfang und Flächeninhalt des Rechtecks in Abhängigkeit von a.

a)   b)

6
Wie lang ist die Seitenlänge a eines gleichseitigen Dreiecks, dessen Höhe $h = 8{,}0\,\text{cm}$ beträgt? Rechne mit der Formel.

7
Zeichne die Figur ab und setze sie bis M fort.
Berechne mithilfe einer Formel die Strecke $\overline{BZ}, \overline{CZ}, \ldots, \overline{MZ}$.

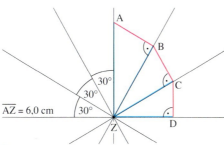

8
Erstelle die Formel für den Flächeninhalt eines regelmäßigen Sechsecks.

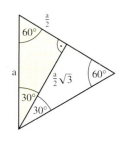

9
Stelle Formeln für Umfang und Flächeninhalt des Trapezes in Abhängigkeit von a auf.

a) b)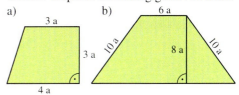

c)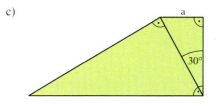

d)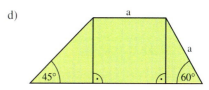

10
a) Stelle Formeln für den Umfang und den Flächeninhalt der Figur mit der Variablen e auf.

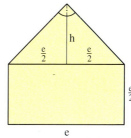

b) Wie groß muss e gewählt werden, damit der Umfang 20,0 cm ergibt?
c) Wie groß ist e, wenn der Flächeninhalt der Figur 75,0 cm² beträgt?

11
Ein besonderer Rhombus setzt sich aus zwei gleichseitigen Dreiecken mit der Seitenlänge a zusammen. Stelle eine Formel für den Flächeninhalt in Abhängigkeit von a auf. Bestimme die Länge der Diagonalen in Abhängigkeit von a.

5 Anwendungen

Im Alltag

1
Ist es möglich, eine 5,20 m lange und 2,10 m breite, rechteckige Holzplatte durch eine Tür zu transportieren, die 2 m hoch und 80 cm breit ist?

2
Wie hoch reicht eine 4,50 m lange Leiter, wenn sie mindestens 1,50 m von der Wand entfernt aufgestellt werden muss?

3
Wie hoch reicht eine Klappleiter von 2,50 m Länge, wenn für einen sicheren Stand eine Standbreite von 1,20 m vorgeschrieben ist?

4
Kann man einen 2,30 m hohen und 45 cm tiefen Wandschrank wie in der Skizze in einem 2,40 m hohen Raum aufstellen?

5
Ein Tapezierer will nachprüfen, ob die Zimmerdecke rechtwinklig ist. Er misst die Länge mit 4,50 m, die Breite mit 3,50 m und die Diagonale mit 5,70 m.

6
Kann das mittlere Auto noch ausparken? Es ist 4,80 m lang und 1,80 m breit; der Abstand zum vorderen und hinteren Fahrzeug beträgt jeweils 30 cm.

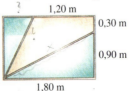

7
Der Rand und die Trennfugen des Zierfensters sollen in Blei gefasst werden. Berechne die Gesamtlänge der Fassungen.

Messungen im Freien

8
Volker und Lea lassen einen Drachen steigen. Sie stehen 80 m voneinander entfernt. Die Drachenschnur ist 100 m lang. Lea steht direkt unter dem Drachen. Sie möchte wissen, wie hoch er fliegt.

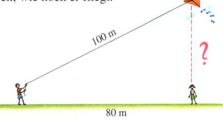

9
Eine Seiltänzergruppe will für ihre Vorführung von der Spitze eines 55 m hohen Turmes ein 280 m langes Drahtseil zur Erde spannen. Wie groß muss der Platz vor dem Turm mindestens sein?

10
Um wie viel km ist der direkte Weg von A nach B kürzer als über C, D und E? Wie viel Prozent Ersparnis sind das?

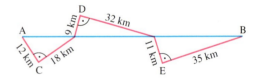

11
André behauptet, dass er die Strecke bis zu Dora durch das Haus hindurch berechnen kann.

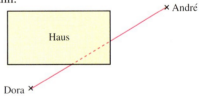

Welche Idee hat er wohl? Wie muss er messen und rechnen? Probiere es selbst einmal. Wenn ihr kontrollieren wollt, ob die Methode klappt, könnt ihr es im Klassenzimmer über Tische hinweg versuchen und dann die Strecke nachmessen.

Anwendungen

Im Kreis

12
Ein kreisförmiger Brunnenschacht hat einen inneren Durchmesser von 1,80 m. Er soll mit einer quadratischen Holzplatte abgedeckt werden, die 1,40 m lang ist.
Ist die Platte groß genug?

13
Wie hoch schwingt das Pendel aus?

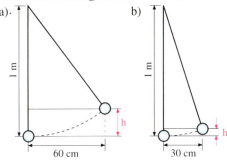

14
Wie lang ist das Pendel?

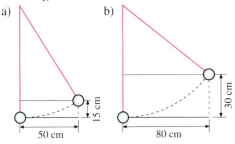

15
Wie weit kann man von einem 45 m hohen Leuchtturm sehen? Stelle dir die Erde als Kugel vor und verwende bei der Berechnung für den Erdradius 6370 km.

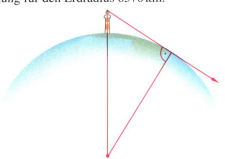

Historische Aufgaben

16
Der abgebrochene Bambusstab.

Ein Bambusstab von der Länge 5 m wird abgeknickt. Das Ende erreicht den Boden in einer Entfernung von 2 m vom Fuß des Stängels. Wo wurde der Stab geknickt?

17
Von den Babyloniern (um 2000 v. Chr.):
Ein Rohr, das senkrecht an einer Mauer steht, rutscht um 3 Ellen herunter. Dadurch ist der Fuß des Rohrs 9 Ellen von der Mauer entfernt. Wie lang ist das Rohr?

18
Aus dem „liber abbaci" von Leonardo di Pisa:
Zwei Stäbe stehen 21 Fuß voneinander senkrecht auf dem Boden. Der eine Stab ist 35 Fuß, der andere 40 Fuß lang.
Wo trifft der kleinere Stab, wenn er umfällt, den größeren? Wo trifft der größere beim Umfallen den kleineren?

19
Aus der Arithmetik des Chinesen Chin-Chin Shao (13. Jh. n. Chr.):
5 Fuß vom Ufer eines Teiches entfernt ragt ein Schilfrohr einen Fuß über das Wasser empor. Zieht man seine Spitze an das Ufer, so berührt sie gerade den Wasserspiegel.
Wie tief ist der Teich?

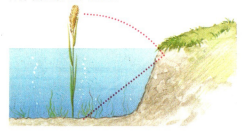

Anwendungen

Verschiedenes

Der Handwerker benutzt einen Anschlagwinkel. Die Seiten des Dreiecks haben die Längen 60 cm, 80 cm und 100 cm. Welcher Winkel ergibt sich daher in der rechten oberen Ecke?

20
Die Frontseite eines Hauses soll neu verputzt werden. Für einen Quadratmeter werden 35 € berechnet. Bei der Berechnung werden die Türen und Fenster mitgerechnet, weil dadurch der Mehraufwand an Arbeit ausgeglichen wird.

21
Berechne die Länge der Balken in dem symmetrischen Fachwerk. Die Dicke der Balken soll unberücksichtigt bleiben.

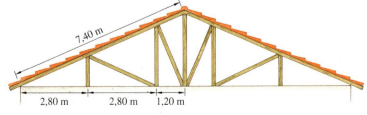

22
Wie tief ist der Graben?

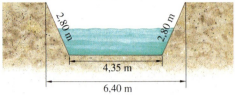

23
Der Querschnitt eines Damms hat die Form eines gleichschenkligen Trapezes. Die Dammkrone ist 8,50 m, die Dammsohle 16,80 m breit und der Damm ist 3,20 m hoch. Wie lang ist die Böschungslinie und welchen Flächeninhalt hat der Querschnitt?

24
Die längsten Strecken in den Tennisspielfeldern sind die Diagonalen. Einzel- und Doppelfeld sind 23,77 m lang. Die Breite beim Einzel beträgt 8,23 m, beim Doppel 10,97 m. Wie lang sind die Diagonalen?

25
Für Fußballexperten
Wie weit ist es jeweils bis zur Mitte des Tores, wenn der Spieler bei A, B, C, D oder E steht?
Wie weit ist es bis zum Torpfosten, der am nächsten liegt bzw. zum entfernten Torpfosten? Vergleiche.

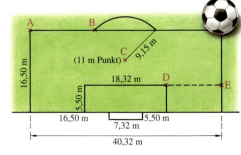

Anwendungen

Im Raum

Würfelturm

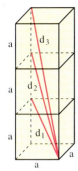

Findest du eine Gesetzmäßigkeit?

26
a) Berechne die Länge der Raumdiagonale eines Würfels mit der Kantenlänge 8 cm; 10 cm; 15 cm.
b) Stelle eine Formel auf, mit der du bei gegebener Kantenlänge die Diagonale berechnen kannst.
c) Berechne mit der in b) gefundenen Formel, welche Kantenlänge ein Würfel hat, dessen Raumdiagonale 10 cm lang ist.

27
Berechne die Länge der Raumdiagonale eines Quaders mit den Kanten $a = 32$ cm, $b = 7$ cm und $c = 4$ cm. (Du erhältst ein ganzzahliges Ergebnis.)

28
Ein Klassenzimmer ist 9,30 m lang, 8,50 m breit und 3,30 m hoch.
a) Bestimme die längsten Strecken an den Wänden und an der Decke.
b) Welches ist die längste Strecke im Raum?
c) Miss und rechne in deinem Klassenzimmer. Schätze, bevor du rechnest.

29
a) Durch einen Diagonalschnitt wird ein Würfel mit der Kantenlänge 10 cm in zwei Dreiecksprismen zerlegt. Berechne die Oberfläche eines dieser Prismen.
b) Halbiert man den Würfel so, dass zwei Trapezprismen entstehen, ändern sich die Oberflächen der Prismen je nach Teilung der Würfelkante. Teile einmal mit 8 cm und 2 cm, dann mit 6 cm und 4 cm und vergleiche die Oberflächen der Prismen.

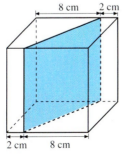

30
Das Dach eines Kirchturms hat die Form einer Pyramide mit quadratischer Grundfläche. Die unteren Kanten sind 6,50 m und die Seitenkanten 9,20 m lang. Das Dach soll neu gedeckt werden. Welchen Flächeninhalt hat die zu deckende Fläche? Wie hoch ist das Dach?

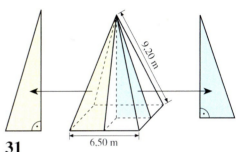

31
Einem Würfel ist eine Pyramide aufgesetzt. Berechne die Länge der roten Strecke.

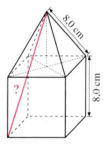

32
Hausdächer mit dieser Form nennt man Walmdächer.

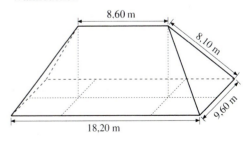

a) Berechne die Höhen der dreieckigen und der trapezförmigen Dachflächen.
b) Das Dach soll neu gedeckt werden. Wie viel Quadratmeter sind zu decken?
c) Wie hoch ist der Dachboden?

6 Vermischte Aufgaben

1 Berechne im Dreieck ABC mit γ = 90° die fehlende Größe.

	a)	b)	c)	d)	e)
a	4,2 cm	8,6 cm		54 cm	0,34 m
b	6,4 cm		9,1 m	1,32 m	
c		12,7 cm	9,8 m		147 cm

2 Formuliere den Satz des Pythagoras für alle rechtwinkligen Dreiecke, die im Rechteck ABCD zu finden sind.

a)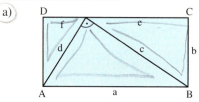

b) 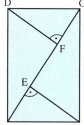   c)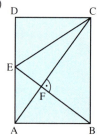

3 Berechne die fehlende Strecke x.

a)   b)

c) 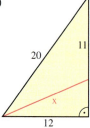   d)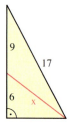

„Ein besonderes Dreieck"
Überprüfe durch Rechnung, ob die Teildreiecke rechtwinklig sind.

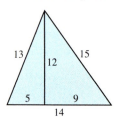

4 In einem Quadrat mit der Seitenlänge 10,0 cm sind weitere Strecken eingezeichnet. Berechne die Längen von a, b, c, d und e.

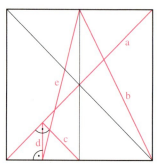

5 Zeichne das gleichseitige Dreieck mit der Seitenlänge 10,0 cm. Berechne die Längen von a, b, c, d, e, f und miss zum Vergleich in der Zeichnung.

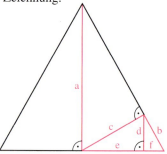

6 Berechne die fehlenden Strecken, wenn e = 5 cm gilt.

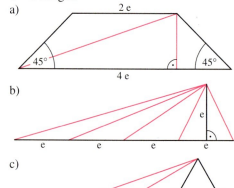

Vermischte Aufgaben

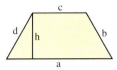

7
Berechne die fehlenden Größen des gleichschenkligen Trapezes.

	a)	b)	c)	d)	e)	f)
a	12,0 cm	15,3 cm		8,3 m	21,5 m	
b		12,7 cm	9,1 cm		12,5 m	8,4 m
c	8,0 cm	8,3 cm	24,0 cm			7,6 m
h	4,0 cm		7,5 cm	11,2 m	10,8 m	
u					37,2 m	
A				99,8 m²		

8
Berechne den Umfang und den Flächeninhalt der Figur (Maße in cm).

a)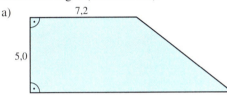

b)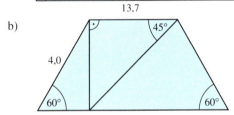

c)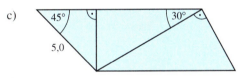

9
Zum Knobeln.
Wie lang ist x?

a)   b)

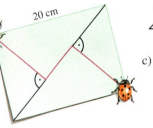

Wie lang ist der rote Weg?

c)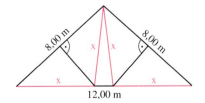

Kathetensatz, Höhensatz und Satz des Pythagoras (Aufgabe 10 bis 14)

10
Stelle die Formeln im Dreieck ABC und in den Teildreiecken auf.

a) 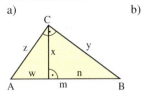   b)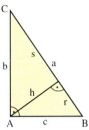

11
Berechne im Dreieck ABC ($\gamma = 90°$) die fehlenden Größen.

	a)	b)	c)	d)	e)	f)
a	5,2 cm	11,1 m				
b	7,3 cm		17,3 cm			
c			25,2 cm	8,3 m		
p		4,7 m			1,4 m	9,2 cm
q				2,8 m		4,1 cm
h					3,5 m	

12
Die Diagonale e = 9,0 cm und der Schenkel b = 6,0 cm eines gleichschenkligen Trapezes bilden einen rechten Winkel. Berechne die Höhe und den Flächeninhalt des Trapezes.

13
Von einem Drachen ABCD mit $\alpha = 90°$ und $\gamma = 90°$ sind die Seite a = 7,2 cm und die Diagonale e = 8,5 cm gegeben.
Berechne den Umfang und den Flächeninhalt des Drachens.

14
Berechne Umfang und Flächeninhalt (Maße in cm).

a) 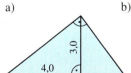   b)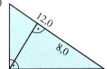

Vermischte Aufgaben

15
Eine Bergbahn überwindet auf einer Fahrtlänge von 2,6 km einen Höhenunterschied von 540 m. Wie lang ist die Strecke, die auf einer Landkarte mit dem Maßstab 1 : 50 000 eingetragen wird?

16
Auf einer Karte mit Maßstab 1 : 25 000 ist die Strecke von A nach B 4 cm lang. Wie lang ist die Strecke in Wirklichkeit, wenn eine gleichmäßige Steigung vorausgesetzt wird? (Achte auf die Höhenlinien.)

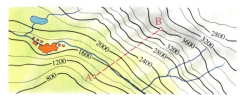

17
Die Strecke von B nach C kann wegen des Teichs nicht gemessen werden. Statt dessen wurden $\overline{AB}$ = 235 m und $\overline{AC}$ = 370 m gemessen. Wie lang ist dann die Strecke $\overline{BC}$?

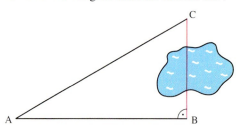

18
Aus einem Holzstamm mit einem Mindestdurchmesser von 42 cm soll ein möglichst großer Balken mit quadratischem Querschnitt geschnitten werden.
a) Berechne die Querschnittsfläche des Balkens.
b) Wie viel wiegt der Balken, wenn er 5 m lang ist und 1 cm³ Holz 0,9 g wiegt?

19
Ein Fahnenmast soll durch vier Seile zusätzlich befestigt werden. Die Seile werden in einer Höhe von 3,2 m angebracht und jedes Seil ist 4,0 m lang.
Wie weit sind die Pflöcke vom Fahnenmast entfernt?

20
Berechne den Radius des Kreises.

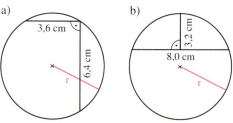

21
Der Umfang eines gleichseitigen Dreiecks, eines Quadrats und eines regelmäßigen Sechsecks beträgt jeweils 1 m.
Berechne die Flächeninhalte und vergleiche.

22
Wie lang muss man in dem Parallelogramm ABCD die Strecke $\overline{PB}$ zeichnen, damit die Strecken $\overline{PD}$ und $\overline{PC}$ gleich lang sind?
Warum erscheint die Strecke $\overline{PD}$ dennoch länger?

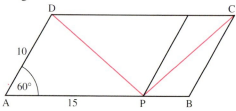

Vermischte Aufgaben

23
Berechne in dem Quader mit $\overline{AB} = 8\,\text{cm}$; $\overline{AD} = 5\,\text{cm}$ und $\overline{AE} = 9\,\text{cm}$ die Flächendiagonalen $\overline{AC}$, $\overline{CF}$ und $\overline{CH}$ sowie die Raumdiagonale $\overline{DF}$.

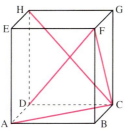

Pythagoras nicht nur mit Quadraten
$A_1 + A_2 = A_3$

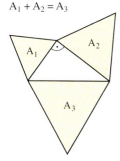

24
Wie lang ist die rote Strecke?
a) $a = 5{,}0\,\text{cm}$
   $h = 10{,}0\,\text{cm}$

b) $a = 6{,}0\,\text{cm}$
   $b = d = 4{,}0\,\text{cm}$
   $c = 3{,}0\,\text{cm}$
   $h = 8{,}0\,\text{cm}$

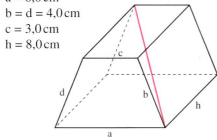

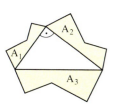

25
In einem allgemeinen Viereck, in dem die Diagonalen senkrecht aufeinander stehen, gilt: $a^2 + c^2 = b^2 + d^2$.
Zeige mit dem Satz des Pythagoras, dass dies richtig ist.

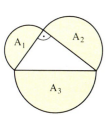

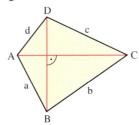

26
Ein 6,0 cm hohes Fünfecksprisma hat diese Grundfläche.

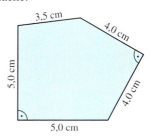

Stelle ein Modell dieses Körpers her. Nun soll ein möglichst kurzer Wollfaden um das Prisma gelegt werden (siehe Abb.). Klebe den gespannten Faden fest und wickle das Prisma wieder in die Ebene ab. Jetzt kannst du die Länge des Fadens berechnen.

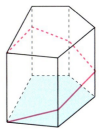

27
Die Zahlen 39 und 89 gehören zu einem pythagoreischen Zahlentripel. Wie heißt die dritte Zahl?
Berechne auch die dritte Zahl für die Paare 112 und 113 sowie 31 und 480.

28
Interessante Zahlen!
$21^2 + 220^2 = 221^2$
$201^2 + 20200^2 = 20201^2$
$2001^2 + 2002000^2 = 2002001^2$
$\vdots$

$41^2 + 840^2 = 841^2$
$401^2 + 80400^2 = 80401^2$
$4001^2 + 8004000^2 = 8004001^2$
$\vdots$

$69^2 + 260^2 = 269^2$
$609^2 + 20600^2 = 20609^2$
$6009^2 + 2006000^2 = 2006009^2$
$\vdots$

Vermischte Aufgaben

29
Berechne den Umfang und den Flächeninhalt der Figur in Abhängigkeit von a.

a)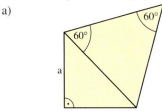

b)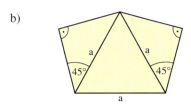

c)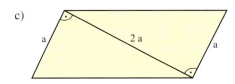

d)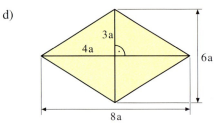

e)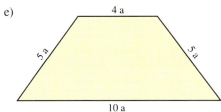

f)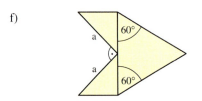

30
Berechne für einen Quader mit den Kantenlängen 2a, 2a und a die Länge der Flächendiagonalen und der Raumdiagonalen in Abhängigkeit von a.

31
Berechne die Größe der blauen Schnittfläche und die Oberfläche eines Trapezprismas, das entsteht, wenn man einen Würfel so halbiert.

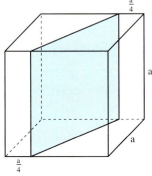

32
Ein Dreiecksprisma mit einem gleichseitigen Dreieck als Grundfläche hat gleich lange Kanten der Länge a.
Stelle Formeln für die Oberfläche und das Volumen des Körpers in Abhängigkeit von a auf.

33
Von einem Würfel mit der Kantenlänge a werden zwei Teile wie abgebildet abgeschnitten.
Berechne den Umfang und den Flächeninhalt der beiden Schnittflächen in Abhängigkeit von a.

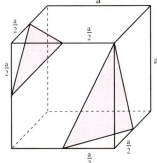

PYTHAGOREISCHES ZAHLENTRIPEL

Die Nilüberschwemmungen im alten Ägypten machten eine jährliche Landvermessung notwendig. Das wichtigste Messinstrument war dabei eine Knotenschnur mit dreizehn Knoten im gleichen Abstand.

Damit konnten rechte Winkel abgesteckt werden. Begründe.
Noch heute verwenden Maurer das so genannte Maurerdreieck.

1

Ein Dreieck mit den Seiten von 3, 4 und 5 Längeneinheiten ist rechtwinklig. Die Zahlen 3, 4 und 5 bilden deshalb ein so genanntes **pythagoreisches Zahlentripel** (3, 4, 5). Kannst du aus diesem Zahlentripel andere pythagoreische Zahlentripel entwickeln?

2

Die Zahlen des pythagoreischen Zahlentripels (a, b, c) erfüllen die Gleichung $a^2 + b^2 = c^2$.
Zeige allgemein, dass aus jedem pythagoreischen Zahlentripel (a, b, c) ein neues durch Vervielfachen mit einer natürlichen Zahl k entsteht (k a, k b, k c).
Findest du auch pythagoreische Zahlentripel, die nicht Vielfache von (3, 4, 5) sind?

3

Schon die Babylonier kannten pythagoreische Zahlentripel, wie ein 1945 entdeckter altbabylonischer Keilschrifttext erkennen lässt.
Um solche pythagoreischen Zahlentripel zu finden, gibt es schon seit der Antike Formeln.
Wähle zwei beliebige natürliche Zahlen x und y (x > y). Dann ist:

$a = x^2 - y^2; \; b = 2xy; \; c = x^2 + y^2$

Bestimme mit diesen Formeln zwei beliebige Zahlentripel und prüfe nach.
Kannst du sie auch beweisen?

4

Lege eine Tabelle an:

x	y	(a, b, c)
		(3, 4, 5)
2	1	
3	1	
3	2	
4	1	
4	2	
4	3	
5	1	
5	2	
5	3	
5	4	
6	1	
6	2	

In der Tabelle sind einige Zahlentripel lediglich Vielfache anderer. Welche Bedingungen müssen für x und y erfüllt sein, damit man nur teilerfremde Zahlentripel erhält?
Betrachte dazu die Ergebnisse in deiner Tabelle.
Ergänze die Tabelle bis x = 12 derart, dass nur teilerfremde Zahlentripel berechnet werden.

Rückspiegel

1
Formuliere den Satz von Pythagoras in allen vorkommenden rechtwinkligen Dreiecken.
a) b)

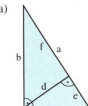

2
Berechne die Länge der Strecke x (Maße in cm).
a) b)

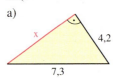 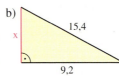

c) d)

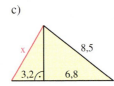 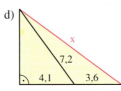

3
Berechne im Dreieck ABC ($\gamma = 90°$) die fehlende Seite.

	a)	b)	c)
a	9,8 cm	36,5 m	
b	7,9 cm		116 m
c		84,2 m	234 m

4
a) Berechne den Umfang und den Flächeninhalt eines gleichschenkligen Dreiecks ABC (a = b) mit der Schenkellänge a = 8,1 cm und der Höhe h_c = 6,8 cm.
b) Berechne den Flächeninhalt eines gleichschenkligen Dreiecks ABC (a = b), dessen Basis c = 12,0 cm lang ist und dessen Umfang 40,0 cm beträgt.

5
Berechne den Umfang und den Flächeninhalt eines gleichschenkligen Trapezes (b=d) mit a=12,6 cm, b=7,2 cm und h=6,4 cm.

6
Wie lang ist die Diagonale e eines gleichschenkligen Trapezes mit
a = 9,5 cm, b = d = 6,8 cm und c = 5,7 cm?

7
Berechne Umfang und Flächeninhalt der Figur (Maße in cm).
a) b)

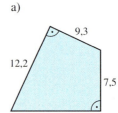 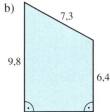

8
Die Leichtathletikgruppe durchläuft zum Aufwärmen die vorgezeichnete Strecke auf dem Sportplatz fünfmal. Wie viel Meter sind das, wenn der Platz 95 m lang und 65 m breit ist?

 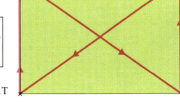

9
Berechne die Länge der Raumdiagonale eines Quaders, der 15 cm lang, 12 cm breit und 9 cm hoch ist.

10
Stelle Formeln für Umfang und Fläche der Figur in Abhängigkeit von a auf.

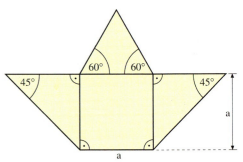

III Arbeiten mit Variablen. Gleichungen

Vom Wort zum Buchstaben und zur Gleichung

In den Anfängen der Mathematik war es bei den Babyloniern und Ägyptern üblich, Rechnungen, Formeln und Lehrsätze in Worten aufzuschreiben. Das war natürlich aus heutiger Sicht sehr umständlich und nur schwer zu lesen.

Dies zeigt ein Buch aus dem Jahr 1481. Das Zeichen ℥ ist ein Zusatz zu gewöhnlichen Zahlen; in heutiger Notation kann man es einfach weglassen. Die Zeichen ꝫ und ℈ stehen für x und x^2. Die Worte „minner" und „stund" bedeuten „minus" und „mal". Ausgerechnet wird also $(4x - 5) \cdot (2x - 3)$. Das Ergebnis ist $8x^2 + 15 - 22x$.
Allmählich ging man zu festen Abkürzungen über. So benutzten die Griechen schon im 5. Jahrhundert v. Chr. große Buchstaben zur Bezeichnung von Flächen, Linien und Punkten.

François Vièta (1540–1603)

Der Franzose François Viète (1540–1603) erkannte, dass das Rechnen mit Symbolen und Buchstaben mit seinen Möglichkeiten weit über das Rechnen mit Zahlen hinausging. Er hat durch seine Arbeit die Entwicklung der Algebra deutlich weitergebracht. Bei ihm tauchen nun auch Klammern auf um zusammengehörige Ausdrücke zusammenzufassen. Dies wurde häufig ebenso durch Überstreichen angezeigt, so schrieb man z. B. $3 \cdot \overline{5 + x} + 2x$ statt $3 \cdot (5 + x) + 2x$. Mit der Entwicklung der Buchdruckkunst setzte sich die Klammerschreibweise durch, denn sie war für den Schriftsetzer leichter zu handhaben.

Ein Kaufmann aus Pisa reist mit Ware nach Lucca. Dort verdoppelt er sein Kapital durch gute Verkäufe, gibt aber 12 Denare aus. Er reist weiter nach Florenz, verdoppelt dort wieder sein Kapital und gibt wieder 12 Denare aus. Zum dritten Mal verdoppelt er sein Kapital und gibt 12 Denare aus, nachdem er wieder in Pisa angekommen ist. Danach bleibt ihm – nichts. Wie viel besaß er zu Anfang?
Mit solchen Aufgaben schulte und unterhielt der Mathematiker und Kaufmann Leonardo di Pisa um 1200 die Leser seines Lehrbuchs.
Wir würden die Aufgabe mithilfe der Gleichung $2(2(2x - 12) - 12) - 12 = 0$ lösen. Leonardo schrieb die Gleichung in Worten: x heißt bei ihm res (lateinisch Ding, Sache).

1 Bruchterme

1
Der Flächeninhalt eines Rechtecks beträgt 36 cm². Berechne die Breite b des Rechtecks, wenn es 9 cm lang ist.
Die Länge des Rechtecks wird um x cm verkürzt, der Flächeninhalt bleibt jedoch gleich.
Bilde einen Term, mit dem die neue Rechtecksbreite bestimmt werden kann.

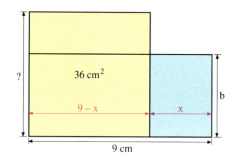

2
Setze die gewürfelte Augenzahl in die Terme ein. Für welche Zahlen erhält man jeweils den größten bzw. kleinsten Wert? Für welche der einzusetzenden Zahlen kann der Term nicht berechnet werden? Fertige selbst weitere Kärtchen dieser Art an.

Terme, bei denen im Nenner eine Variable vorkommt, nennen wir **Bruchterme**. Setzt man in den Bruchterm Zahlen ein, kann man dessen Wert berechnen. Erhält man durch die Einsetzung im Nenner den Wert Null, lässt sich der Wert des Bruchterms allerdings nicht bestimmen, da durch Null nicht dividiert werden kann.
So lässt sich zum Beispiel der Bruchterm $\frac{1+x}{x-2}$ für $x = 2$ nicht berechnen, denn im Nenner erhält man $2 - 2 = 0$.
Deshalb gibt man einen **Definitionsbereich** (Definitionsmenge) an, bei dem die Zahlen, für deren Einsetzung der Nenner den Wert Null annimmt, ausgeschlossen sind.
Ist beispielsweise die Zahl 2 die einzige aller reellen Zahlen, die ausgeschlossen wird, verwenden wir die Schreibweise: $D = \mathbb{R} \setminus \{2\}$. Man sagt: Der Definitionsbereich ist die Menge aller reellen Zahlen ohne die Zahl 2.

> Terme, die im Nenner eine Variable enthalten, heißen **Bruchterme**.
> Der **Definitionsbereich** eines Bruchterms enthält alle Zahlen, die beim Einsetzen in den Bruchterm im Nenner nicht den Wert Null ergeben.

Beispiele

a) Berechnen von Bruchtermen
In den Term $\frac{2}{x-3}$ können beispielsweise die Zahlen –2; –1; 0; 1; 2... eingesetzt werden,

x	–2	–1	0	1	2	3	4
$\frac{2}{x-3}$	$-\frac{2}{5}$	$-\frac{1}{2}$	$-\frac{2}{3}$	–1	–2	!	2

für $x = 3$ lässt sich der Term nicht berechnen, denn im Nenner erhält man $3 - 3 = 0$.
Deshalb gilt: $D = \mathbb{R} \setminus \{3\}$.

b) Bestimmung des Definitionsbereiches
Setzt man den Nenner gleich Null, kann man die auszuschließenden Zahlen bestimmen.

$\frac{x-3}{4x+2}$ Nebenrechnung: $4x + 2 = 0$ Somit gilt: $D = \mathbb{R} \setminus \left\{-\frac{1}{2}\right\}$
$\phantom{\frac{x-3}{4x+2}}$ $4x = -2$
$\phantom{\frac{x-3}{4x+2}}$ $x = -\frac{1}{2}$ Kurzschreibweise: $x \neq -\frac{1}{2}$

c) Steht im Nenner ein Produkt, so ist zu beachten: Hat ein Faktor den Wert Null, dann nimmt das Produkt den Wert Null an.

$\frac{2-x}{x(x-5)}$ Nebenrechnung: $x \cdot (x-5) = 0$ Somit gilt: $D = \mathbb{R} \setminus \{0; 5\}$
$\phantom{\frac{2-x}{x(x-5)}}$ $x = 0$ oder $x - 5 = 0$ Kurzschreibweise: $x \neq 0;\ x \neq 5$
$\phantom{\frac{2-x}{x(x-5)}}$ $x = 0$ oder $ x = 5$

Beachte:
Durch Null kann man nicht teilen!

Bruchterme

d) Steht im Nenner eine Summe oder Differenz, so kann der Definitionsbereich häufig durch Faktorisieren (Ausklammern) bestimmt werden.

$$\frac{1-x}{3x^2+6x}$$
$$= \frac{1-x}{3x(x+2)}$$

Nebenrechnung: $3x \cdot (x+2) = 0$
$3x = 0$ oder $x + 2 = 0$
$x = 0$ oder $x = -2$

$D = \mathbb{R} \setminus \{-2; 0\}$

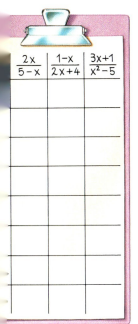

Aufgaben

3
Berechne die Werte der Terme im Kopf. Lehrer oder Partner wählen einen Term aus und nennen dir dazu ganze Zahlen im Bereich von −10 bis 10.

$\frac{1}{2x}$	$\frac{1}{2+x}$	$3 + 3x$	$\frac{1+x}{2x}$
$\frac{x+1}{2}$	$\frac{1-x}{x}$	$\frac{1+x}{x-1}$	$\frac{x^2+1}{x}$
$\frac{x+1}{x-2}$	$\frac{2x-1}{x^2-1}$	$\frac{2x}{3x+1}$	$\frac{3x+5}{2x}$
$x^2 - 2x$	$\frac{3-x}{5+x}$	$\frac{1-2x}{2-x}$	$x(x+4)$
$\frac{8x}{2} - x$	$2x - x^2$	$\frac{x+2}{1-x}$	$\frac{10-2x}{2}$

4
Die Kärtchen sind durcheinander geraten. Ordne sie.

Term	eingesetzte Zahl	Wert des Terms
	1	$\frac{1}{2}$
	2	1
	3	2
	4	0
	5	−1
	6	−2

Kärtchen: $\frac{x-8}{8-x}$, $\frac{x^2-4}{2-3x}$, $\frac{x+2}{2x}$, $\frac{8-2x}{x+1}$, $\frac{5-x}{2x-5}$, $\frac{x^2}{3-x}$

5
Welche Zahlen wurden für die Variable x eingesetzt um den angegebenen Wert zu erhalten? Löse durch Probieren.

a) $\frac{4}{x}$ 4; 2; 1; −4; −2; −1

b) $\frac{3}{x+1}$ $\frac{3}{5}$; $\frac{3}{8}$; $\frac{3}{11}$; 2; 3; 6

c) $\frac{x}{x+2}$ $\frac{1}{3}$; $\frac{1}{2}$; $\frac{2}{3}$; 0; −1; 2; 3

d) $\frac{6}{2x-2}$ 1; −3; −1; −6; 2

6
Bestimme den Definitionsbereich.

a) $\frac{2}{x-2}$ b) $\frac{3x}{x+5}$ c) $\frac{x-1}{5x}$

d) $\frac{2x}{1+x}$ e) $\frac{x+3}{10-x}$ f) $\frac{4x+1}{3}$

g) $\frac{50x}{x-100}$ h) $\frac{5-x}{20x}$ i) $\frac{100x}{1000+x}$

7
a) $\frac{5}{2x-4}$ b) $\frac{1}{3x-12}$ c) $\frac{x}{5x+10}$

d) $\frac{x+1}{8x-48}$ e) $\frac{1-x}{100+20x}$ f) $\frac{3}{4x-1}$

8
a) $\frac{1}{x(x-1)}$ b) $\frac{3}{x(x+3)}$ c) $\frac{x+1}{(x-1)\cdot x}$

d) $\frac{1}{(x-4)(x+4)}$ e) $\frac{4x-3}{3x(2x+2)}$ f) $\frac{5x-2}{(8x-4)(3x+9)}$

9
Zerlege den Nenner zunächst in ein Produkt und bestimme den Definitionsbereich.

a) $\frac{1}{2x^2-4x}$ b) $\frac{x-2}{3x^2+6x}$ c) $\frac{2x+1}{5x-10x^2}$

d) $\frac{2}{9x^2+4,5x}$ e) $\frac{1}{x^2+x}$ f) $\frac{1-x}{x^3-x^2}$

10
Gib einen Bruchterm mit dem vorgegebenen Definitionsbereich an.

a) $D = \mathbb{R} \setminus \{1\}$ b) $D = \mathbb{R} \setminus \{-1\}$
c) $D = \mathbb{R} \setminus \{0; 2\}$ d) $D = \mathbb{R} \setminus \{0; -3\}$

11
Faktorisiere den Nenner mithilfe der binomischen Formeln und ermittle den Definitionsbereich.

a) $\frac{1}{x^2+2x+1}$ b) $\frac{x}{x^2-4x+4}$ c) $\frac{1}{x^2-1}$

d) $\frac{x+1}{x^2-9}$ e) $\frac{x^2+1}{6x+9+x^2}$ f) $\frac{x-3}{4x^2+16x+16}$

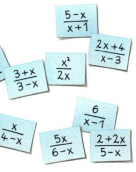

Ein Würfelspiel:
Die gewürfelte Augenzahl wird in einen der Bruchterme eingesetzt und der Wert berechnet. Jeder Term darf nur einmal verwendet werden.
Wer hat nach 4 Würfen die größte (kleinste) Summe der berechneten Termwerte?
Erhält der von dir gewählte Bruchterm durch die Einsetzung im Nenner den Wert Null, erhältst du keinen Punkt.

2 Erweitern und Kürzen von Bruchtermen

1
Berechne den Wert des Bruchterms für x = 11.

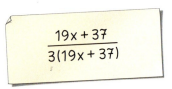

$$\frac{19x+37}{3(19x+37)}$$

2
Kopfrechenübung für Zwei.
Übertrage die Tabelle ins Heft.
Ein Partner berechnet die Werte der Terme in der grün unterlegten Spalte, während der andere Partner die rot unterlegten Terme bearbeitet.
Was stellt ihr fest?

	$\frac{x}{x(x+3)}$	$\frac{1}{x+3}$	$\frac{4x}{2x(x-4)}$	$\frac{2}{x-4}$
2				
3				
−1				
−2				

Beim Einsetzen von Zahlen in Bruchterme entstehen Brüche. Deshalb lassen sich Bruchterme wie Brüche erweitern oder kürzen. Zähler und Nenner müssen hierzu mit demselben Term multipliziert oder dividiert werden.

Erweitern mit x

$$\frac{2}{x-1} = \frac{2 \cdot x}{(x-1)\cdot x} = \frac{2x}{x^2-x}$$

Kürzen mit 2x

$$\frac{8x}{10x^2} = \frac{8x : 2x}{10x^2 : 2x} = \frac{4}{5x}$$

> Beim **Erweitern** eines Bruchterms werden Zähler und Nenner mit demselben Term multipliziert.
> Beim **Kürzen** eines Bruchterms werden Zähler und Nenner durch denselben Term (außer Null) dividiert.

Beispiele

a) Erweitern des Bruchterms $\frac{x}{x-1}$ mit x + 1

$$\frac{x}{x-1} = \frac{x \cdot (x+1)}{(x-1)\cdot(x+1)}$$
$$= \frac{x^2+x}{x^2-1}$$

b) Kürzen des Bruchterms $\frac{x-1}{4x(x-1)}$ mit x − 1

$$\frac{x-1}{4x(x-1)} = \frac{(x-1):(x-1)}{4x(x-1):(x-1)}$$
$$= \frac{1}{4x}$$

c) Zähler und Nenner werden vor dem Kürzen in Produkte verwandelt.

$$\frac{x^2-x}{5x-5} = \frac{x \cdot (x-1)}{5 \cdot (x-1)}$$
$$= \frac{x}{5}$$

d) Der Nenner wird vor dem Kürzen in ein Binom verwandelt.

$$\frac{6x+2}{9x^2+6x+1} = \frac{2(3x+1)}{(3x+1)^2} = \frac{2 \cdot (3x+1)}{(3x+1)\cdot(3x+1)}$$
$$= \frac{2}{3x+1}$$

Bemerkung: Der Definitionsbereich des erweiterten oder gekürzten Bruchterms kann vom ursprünglichen Definitionsbereich verschieden sein.

Für $\frac{1}{x}$ gilt: $D = \mathbb{R} \setminus \{0\}$

Erweitert man mit x + 2, erhält man:

$$\frac{1}{x} = \frac{1 \cdot (x+2)}{x \cdot (x+2)}$$
$$= \frac{x+2}{x^2+2x}$$

Der erweiterte Bruchterm besitzt den Definitionsbereich $D = \mathbb{R} \setminus \{-2; 0\}$

Für $\frac{3x}{9x^2+6x}$ gilt: $D = \mathbb{R} \setminus \left\{-\frac{2}{3}; 0\right\}$

Kürzt man mit 3x, erhält man:

$$\frac{3x}{9x^2+6x} = \frac{3x : 3x}{3x(3x+2) : 3x}$$
$$= \frac{1}{3x+2}$$

Der gekürzte Bruchterm besitzt den Definitionsbereich $D = \mathbb{R} \setminus \left\{-\frac{2}{3}\right\}$.

Erweitern und Kürzen von Bruchtermen

Aufgaben

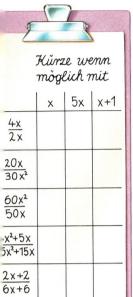

3 Kürze die Bruchterme.

a) mit 3: $\dfrac{15x}{12x}; \dfrac{-12}{21a}; \dfrac{3}{9x}; \dfrac{33x^2}{-18x}; \dfrac{42x}{69x^2}$

b) mit 5: $\dfrac{25}{-35x}; \dfrac{-55y}{-85y^2}; \dfrac{5}{10x}; \dfrac{-65}{95a}; \dfrac{125}{180y}$

4 Kürze die Bruchterme ($x \neq 0$).

a) mit x: $\dfrac{3x}{5x}; \dfrac{x}{x^2}; \dfrac{-x^2}{2x}; \dfrac{x}{-2x}; \dfrac{5x^3}{3x^2}$

b) mit 2x: $\dfrac{4x}{10x}; \dfrac{12x^2}{8x}; \dfrac{18x}{-10x}; \dfrac{-42x^2}{22x}; \dfrac{-2x}{2x^2}$

c) mit x^2: $\dfrac{x^2}{3x^2}; \dfrac{3x^2}{4x^3}; \dfrac{x^3}{2x^2}; \dfrac{2x^3}{5x^2}; \dfrac{4x^2}{x^3}$

5 Mit welchem Term wurde gekürzt?

a) $\dfrac{6x}{8x^2} = \dfrac{3}{4x}$ b) $\dfrac{28y}{35y} = \dfrac{4}{5}$ c) $\dfrac{42x^2}{28x} = \dfrac{3x}{2}$

d) $\dfrac{-45x}{25x^2} = \dfrac{-9}{5x}$ e) $\dfrac{-12a^2}{18a} = \dfrac{2a}{-3}$ f) $\dfrac{-25x^2}{-75x^3} = \dfrac{1}{3x}$

6 Kürze.

a) $\dfrac{6(x-3)}{18(x-3)}$ b) $\dfrac{(x+2)\cdot 2}{(x+2)\cdot x}$ c) $\dfrac{x+1}{3(x+1)}$

d) $\dfrac{10x^2(x-1)}{(x-1)\cdot 15x}$ e) $\dfrac{5\cdot(x+4)^2}{x+4}$ f) $\dfrac{4(a-3)}{(a-3)^2 \cdot 2}$

7 Klammere aus um kürzen zu können.

Beispiel: $\dfrac{8x+4}{12x+6} = \dfrac{4(2x+1)}{6(2x+1)}$
$= \dfrac{4}{6} = \dfrac{2}{3}$

a) $\dfrac{3x+6}{4x+8}$ b) $\dfrac{21}{7x-14}$ c) $\dfrac{4-6x}{2}$

d) $\dfrac{10x+5x^2}{6+3x}$ e) $\dfrac{3x+3}{x+1}$ f) $\dfrac{60x^2-60x}{12x^2+12x}$

8 ▶

Faktorisiere zunächst mit den binomischen Formeln und kürze danach.

Beispiel: $\dfrac{x-5}{x^2-10x+25} = \dfrac{x-5}{(x-5)^2}$
$= \dfrac{1}{x-5}$

a) $\dfrac{x+1}{x^2+2x+1}$ b) $\dfrac{y-1}{1-2y+y^2}$ c) $\dfrac{x^2-6x+9}{x-3}$

d) $\dfrac{x^2-9}{x+3}$ e) $\dfrac{2x-1}{4x^2-1}$ f) $\dfrac{16x^2-9}{16x^2-24x+9}$

9 Erweitere.

a) $\dfrac{1}{x}$ mit x b) $\dfrac{3}{x}$ mit 2x

c) $\dfrac{2}{3x}$ mit $-3x$ d) $\dfrac{1}{2-x}$ mit x

e) $\dfrac{3x+1}{2x-1}$ mit $-x$ f) $\dfrac{1-x}{x^2+1}$ mit $-2x$

10 Mit welchem Term wurde erweitert?

a) $\dfrac{2}{7a} = \dfrac{6}{21a}$ b) $\dfrac{3}{5x} = \dfrac{18}{30x}$ c) $\dfrac{2}{x} = \dfrac{20}{10x}$

d) $\dfrac{4}{5x} = \dfrac{20x}{25x^2}$ e) $\dfrac{-x}{7x} = \dfrac{-9x}{63x}$ f) $\dfrac{4}{x} = \dfrac{4x^2}{x^3}$

11 Erweitere auf den vorgegebenen Nenner.

a) $\dfrac{1}{2x}; \dfrac{3x}{4}; \dfrac{5}{6x^2}; \dfrac{7}{12x}$ Nenner: $12x^2$

b) $\dfrac{2}{3x}; \dfrac{x}{6}; \dfrac{-3x}{5x^2}; \dfrac{7x^2}{-15x}$ Nenner: $30x^2$

c) $\dfrac{4}{7x}; \dfrac{-3x}{14x^2}; \dfrac{11x^2}{-21x}; \dfrac{-15x}{-28x^2}$ Nenner: $84x^3$

12 Ergänze die fehlenden Zähler und Nenner.

a) $\dfrac{x^2}{6x} = \dfrac{\square}{18x}$ b) $\dfrac{x}{4} = \dfrac{2x^2}{\square}$

c) $\dfrac{\square}{49a^2} = \dfrac{3}{7a}$ d) $\dfrac{36x^2}{\square} = \dfrac{4}{9}$

e) $\dfrac{5x}{4x^2} = \dfrac{\square}{80x^3}$ f) $\dfrac{\square}{-144x^2} = \dfrac{-13}{24x}$

13 Bringe auf die angegebenen Nenner.

a) $\dfrac{2}{x+1}$ Nenner: x^2+x

b) $\dfrac{x}{1-x}$ Nenner: $x-x^2$

c) $\dfrac{x-1}{2x+3}$ Nenner: $2x^2+3x$

14 ▶

Welche der Terme lassen sich durch Erweitern oder Kürzen ineinander überführen?

$\dfrac{5}{1-x}$ $\dfrac{5x}{x^2-x}$ $\dfrac{3x-9}{x^2-x-6}$

$\dfrac{3}{x+2}$

$\dfrac{5x+5}{x^2-1}$ $\dfrac{25}{5x-5}$

$\dfrac{12x}{4x^2+8x}$ $\dfrac{15}{3x-3}$ $\dfrac{6x}{2x^2+4x}$

3 Rechnen mit Bruchtermen

Gottfried Wilhelm Leibniz
(1646–1716)

Leibniz war einer der letzten Universalgelehrten der Geschichte. Er beschäftigte sich vor allen Dingen mit Mathematik, Physik und Philosophie. Das oben rechts abgebildete Dreieck bezeichnete er als harmonisches Dreieck.

1
Bilde die Differenz zweier diagonal untereinander stehender Brüche wie beispielsweise $\frac{1}{3} - \frac{1}{12}$. Welches Ergebnis erhält man? Probiere mit weiteren Zahlen. Erweitere auf diese Weise das Zahlendreieck um eine weitere Zeile.
Welches Ergebnis erhält man, wenn zwei nebeneinander stehende Brüche addiert werden?

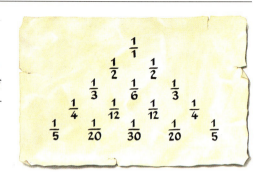

2
Team-Arbeit macht's leichter!
Berechnet die Wertetabelle für die vorgegebenen Zahlen. Was fällt euch auf?

x	1	2	3	4
$\frac{x^2}{x+1} \cdot \frac{x+1}{x}$				
$\frac{6x}{x+2} : \frac{3}{x+2}$				

Addieren und Subtrahieren von Bruchtermen
Bruchterme können wie Brüche addiert oder subtrahiert werden. Bei verschiedenen Nennern bildet man zunächst den **Hauptnenner**.

$\frac{3}{7} + \frac{2}{7} = \frac{3+2}{7} = \frac{5}{7}$ $\quad\quad$ $\frac{3}{x} + \frac{2}{x} = \frac{3+2}{x} = \frac{5}{x}$ $\quad\quad$ $\frac{4}{3x} + \frac{1}{2x} = \frac{4 \cdot 2}{3x \cdot 2} + \frac{1 \cdot 3}{2x \cdot 3} = \frac{8+3}{6x} = \frac{11}{6x}$

Multiplizieren und Dividieren von Bruchtermen
Auch beim Multiplizieren und Dividieren wird in bekannter Weise gerechnet.

$\frac{3}{4x} \cdot \frac{x+1}{x} = \frac{3 \cdot (x+1)}{4x \cdot x} = \frac{3x+3}{4x^2}$ $\quad\quad\quad$ $\frac{5}{8x^2} : \frac{3}{4x} = \frac{5}{8x^2} \cdot \frac{4x}{3} = \frac{5 \cdot 4x}{8x^2 \cdot 3} = \frac{5}{6x}$

Multiplikation mit dem Reziproken

> Für das Rechnen mit Bruchtermen gelten dieselben Regeln wie für das Rechnen mit gebrochenen Zahlen.

Beispiele
Addition und Subtraktion

a) Gleiche Nenner

$\frac{4x}{15x^2} + \frac{6-7x}{15x^2} = \frac{4x+6-7x}{15x^2} = \frac{6-3x}{15x^2}$

b) Achte auf die Minusklammer.

$\frac{3x}{5x^2} - \frac{2x+1}{5x^2} = \frac{3x-(2x+1)}{5x^2} = \frac{3x-2x-1}{5x^2} = \frac{x-1}{5x^2}$

c) Verschiedene Nenner

$\frac{x+1}{3x^2} + \frac{1}{12x}$
$= \frac{(x+1) \cdot 4}{3x^2 \cdot 4} + \frac{1 \cdot x}{12x \cdot x}$
$= \frac{4x+4+x}{12x^2}$
$= \frac{5x+4}{12x^2}$

Bestimmung des Hauptnenners:
$3x^2 = \quad\quad 3 \cdot x \cdot x$
$12x = 2 \cdot 2 \cdot 3 \cdot x$
HN: $2 \cdot 2 \cdot 3 \cdot x \cdot x = 12x^2$

d) Verschiedene Nenner

$\frac{1}{6x+4} - \frac{1}{9x+6}$
$= \frac{1 \cdot 3}{(6x+4) \cdot 3} - \frac{1 \cdot 2}{(9x+6) \cdot 2}$
$= \frac{3}{18x+12} - \frac{2}{18x+12}$
$= \frac{1}{18x+12}$

Bestimmung des Hauptnenners:
$6x+4 = 2 \cdot (3x+2)$
$9x+6 = \quad 3 \cdot (3x+2)$
HN: $2 \cdot 3 \cdot (3x+2) = 18x+12$

$\frac{a}{b} \cdot \frac{c}{d} = \frac{a \cdot c}{b \cdot d}$

$\frac{a}{b} : \frac{c}{d} = \frac{a}{b} \cdot \frac{d}{c}$

Multiplikation und Division

e) $\frac{4}{3x} \cdot \frac{9}{10x} = \frac{4 \cdot 9}{3x \cdot 10x} = \frac{2 \cdot 3}{x \cdot 5x} = \frac{6}{5x^2}$

f) $\frac{8}{9x^2} : \frac{4}{15x} = \frac{8}{9x^2} \cdot \frac{15x}{4} = \frac{8 \cdot 15x}{9x^2 \cdot 4} = \frac{2 \cdot 5}{3x \cdot 1} = \frac{10}{3x}$

Multiplikation mit dem Reziproken

Beachte: Kürze vor dem Ausmultiplizieren, wenn möglich.

Rechnen mit Bruchtermen

Vervollständige das magische Quadrat.

	x	$\frac{x^2+x+2}{x}$
$\frac{2}{x}+x$	$\frac{x^2+x+1}{x}$	
$x+1$		

Aufgaben

3
Rechne und kürze.
a) $\frac{1}{4x}+\frac{3}{4x}$ b) $\frac{7}{2a}-\frac{3}{2a}$
c) $\frac{3}{5x}+\frac{4}{5x}+\frac{8}{5x}$ d) $\frac{11}{4x}+\frac{7}{4x}-\frac{2}{4x}$

4
Verwende die Klammerschreibweise beim Zusammenfassen.
Beispiel: $\frac{3x+1}{x-2}-\frac{2x-2}{x-2}=\frac{(3x+1)-(2x-2)}{x-2}$
$=\frac{x+3}{x-2}$

a) $\frac{x+1}{x}+\frac{x+2}{x}$ b) $\frac{a+1}{a}-\frac{a-2}{a}$
c) $\frac{y-1}{y+1}+\frac{3+y}{y+1}$ d) $\frac{3x}{2-x}-\frac{1+2x}{2-x}$
e) $\frac{2a+5}{a-1}-\frac{a-5}{a-1}$ f) $\frac{6x-5}{5x-6}+\frac{6-5x}{5x-6}$

5
Bestimme zunächst den Hauptnenner.
a) $\frac{2}{3b}+\frac{7}{9b}$ b) $\frac{1}{2x}-\frac{x}{4x^2}$
c) $\frac{1}{6x}+\frac{5}{8x}$ d) $\frac{5}{6a}+\frac{7}{10a}$
e) $\frac{13}{14a}-\frac{20}{21a}$ f) $\frac{11}{18y}+\frac{22}{27y}$
g) $\frac{7}{15y}-\frac{3y}{25y^2}$ h) $\frac{19x}{28x^2}+\frac{13}{42x}$
i) $\frac{21x}{39x^2}+\frac{11}{26x}$ k) $\frac{39}{54a}-\frac{49a}{72a^2}$

6
Zerlege zur Bestimmung des Hauptnenners die Nenner in Faktoren.
a) $\frac{1}{3x+6}+\frac{1}{4x+8}$ b) $\frac{3}{2x+2}-\frac{1}{x+1}$
c) $\frac{5}{4x-2}+\frac{2}{2x-1}$ d) $\frac{4}{6x-3}+\frac{7}{10x-5}$
e) $\frac{2x-1}{4x+6}+\frac{x-x^2}{2x^2+3x}$ f) $\frac{1}{25x^2-15x}-\frac{1}{20x-12}$

7
Multipliziere.
a) $\frac{2}{x}\cdot\frac{3}{2x}$ b) $\frac{4}{a}\cdot\frac{1}{a}$
c) $\frac{1}{2}\cdot\frac{7}{x}$ d) $\frac{x+1}{x}\cdot\frac{1}{x}$
e) $\frac{1}{x}\cdot\frac{3}{x-1}$ f) $\frac{4}{3x}\cdot\frac{5-x}{x-2}$
g) $\frac{2}{x-1}\cdot\frac{x+1}{x}$ h) $\frac{x}{x+2}\cdot\frac{x-1}{2x}$
i) $\frac{x+1}{x-2}\cdot\frac{x+2}{x-1}$

8
Kürze wenn möglich vor dem Ausmultiplizieren.
a) $\frac{21}{4x}\cdot\frac{8}{7x}$ b) $\frac{4x}{15x^2}\cdot\frac{25x}{12}$
c) $\frac{14}{39x^2}\cdot\frac{13x}{21}$ d) $\frac{36}{7x^2}\cdot\frac{10x^2}{24x}$
e) $\frac{17}{72a}\cdot\frac{96}{51a}$ f) $\frac{56y^2}{81y}\cdot\frac{54}{49y}$

9
Multipliziere und vereinfache.
a) $\frac{x-4}{2x}\cdot\frac{6}{x-4}$ b) $\frac{2x+1}{3x^2}\cdot\frac{6x}{2x+1}$
c) $\frac{11}{12(x+1)}\cdot\frac{4(x+1)}{33x}$ d) $\frac{5(x-9)}{25x}\cdot\frac{4}{x-9}$
e) $\frac{5(y-1)}{7(3-y)}\cdot\frac{42(3-y)}{(y-1)\cdot10}$ f) $\frac{3(x+5)}{4(6-x)}\cdot\frac{(12-2x)\cdot12}{(x+5)\cdot9}$

10
Faktorisiere vor dem Multiplizieren.
a) $\frac{4x+6}{12x}\cdot\frac{4x}{6x+9}$ b) $\frac{21-3x}{6-3x}\cdot\frac{20-10x}{35-5x}$
c) $\frac{6a+12}{4x-2}\cdot\frac{2x-1}{12a+24}$ d) $\frac{16x-8x^2}{8x^2-24x}\cdot\frac{4x^2-6x}{4x-2x^2}$

11 ▯→
Achte auf die binomischen Formeln.
a) $\frac{x^2-1}{2}\cdot\frac{30}{5x-5}$ b) $\frac{(x-1)^2}{x^2+1}\cdot\frac{(x+1)^2}{x^2-1}$
c) $\frac{3x+3}{7x}\cdot\frac{21x^2}{x^2-1}$ d) $\frac{(x-2)^2}{x^2+x}\cdot\frac{4x^2-4}{7x-14}$

12
Dividiere. Achte auf das Kürzen.
a) $\frac{4}{9x}:\frac{2}{3x}$ b) $\frac{18}{5x^2}:\frac{9}{25x}$ c) $\frac{28}{15x}:\frac{42}{25x^2}$
d) $\frac{32y^2}{35y}:\frac{24}{25y}$ e) $\frac{54}{85a^3}:\frac{63}{68a^2}$ f) $\frac{91x}{72x^2}:\frac{39x^2}{28x}$

13
Dividend oder Divisor ist kein Bruchterm.
a) $\frac{9x}{x+1}:3x$ b) $\frac{35y}{1-y}:5y$ c) $10a:\frac{25}{8a}$
d) $15x^2:\frac{6x^3}{2x-1}$ e) $\frac{x^2-1}{x}:(x+1)$ f) $\frac{2x+2}{4x}:(x^2-1)$

14
Faktorisiere zunächst. Rechne dann.
a) $\frac{3y+1}{2y}:\frac{6y+2}{10y}$ b) $\frac{12x-12}{3}:\frac{2x-2}{9}$
c) $\frac{x^2+3x}{5x-5}:\frac{2x+6}{10}$ d) $\frac{12a-8}{5+a}\cdot\frac{36a-24}{5a+a^2}$

Welche der auf den Kärtchen abgebildeten Rechenzeichen kann man in die Lücke einsetzen?

+   −
:   ·

$\frac{5}{3x}\,\square\,\frac{5}{2x}=\frac{25}{6x}$
$\frac{49}{12a}\,\square\,\frac{7}{4a}=\frac{7}{3a}$
$\frac{4}{15y}\,\square\,\frac{2}{5y}=\frac{2}{3y}$

71

4 Einfache Bruchgleichungen

1
Vergrößert man das 8fache des Reziproken einer Zahl um 3, erhält man die Zahl 5. Stelle die zugehörige Gleichung auf. Setze einstellige ganze Zahlen ein und suche die Lösung durch Probieren.

2
Die Buskosten für den Wintersporttag einer Klasse betrugen 200 €. Die Liftkarten kosteten insgesamt 50 €, wobei die Anzahl aller Schüler doppelt so hoch war wie die der Skifahrer.
Der Preis für Busfahrt und Liftkarte zusammen betrug pro Person 15 €.
Wie viele Personen nahmen teil?

Gleichungen, die Bruchterme enthalten, nennen wir **Bruchgleichungen**.

Wie bei Gleichungen, in denen Brüche auftreten, multipliziert man auch bei Bruchgleichungen zunächst beide Seiten mit dem Hauptnenner. Durch Kürzen erhält man dann eine Gleichung ohne Bruchterme. Vorher wird der Definitionsbereich bestimmt.

$$\frac{9}{2x} + \frac{6}{x} = \frac{7}{2}$$
$$\frac{9}{2x} + \frac{6}{x} = \frac{7}{2} \quad | \cdot 2x$$
$$\frac{9}{2x} \cdot 2x + \frac{6}{x} \cdot 2x = \frac{7}{2} \cdot 2x$$
$$9 + 12 = 7x$$
$$21 = 7x$$
$$x = 3$$

Die Zahl 0 darf für x nicht eingesetzt werden, also $D = \mathbb{R} \setminus \{0\}$.

Aus den Nennern 2x, x und 2 ergibt sich der Hauptnenner 2x.

Durch Kürzen erhält man eine Gleichung ohne Bruchterme.

Die Zahl 3 gehört zum Definitionsbereich D, also gilt: $L = \{3\}$.

Lösungsschritte für das Lösen einer Bruchgleichung:
1) Definitionsbereich festlegen
2) Hauptnenner bestimmen
3) Mit Hauptnenner multiplizieren
4) Durch Kürzen eine lineare Gleichung herstellen
5) Lineare Gleichung durch Term- und Äquivalenzumformungen lösen
6) Bei der Angabe der Lösung den Definitionsbereich beachten

Beispiele

a) $\frac{7}{30x} - \frac{1}{24} = \frac{3}{20x} \quad D = \mathbb{R} \setminus \{0\}$

$\frac{7}{30x} - \frac{1}{24} = \frac{3}{20x} \quad | \cdot 120x$

$\frac{7}{30x} \cdot 120x - \frac{1}{24} \cdot 120x = \frac{3}{20x} \cdot 120x$

$28 - 5x = 18$
$-5x = -10$
$x = 2$; da 2 zu D gehört, gilt: $L = \{2\}$

Bestimmung des Hauptnenners:
$30x = 2 \cdot 3 \cdot 5 \cdot x$
$24 = 2 \cdot 2 \cdot 2 \cdot 3$
$20x = 2 \cdot 2 \cdot 5 \cdot x$
HN: $\quad 2 \cdot 2 \cdot 2 \cdot 3 \cdot 5 \cdot x = 120x$

Einfache Bruchgleichungen

b) $\quad \frac{4x+3}{3x} + 2 = \frac{7}{2x} \quad D = \mathbb{R} \setminus \{0\}$ 　　　Bestimmung des Hauptnenners
$\quad \frac{(4x+3) \cdot 6x}{3x} + 2 \cdot 6x = \frac{7 \cdot 6x}{2x} \quad | \cdot 6x$ 　　　$2x = 2 \cdot x$
$\quad (4x+3) \cdot 2 + 12x = 21$ 　　　$\underline{3x = 3 \cdot x}$
$\quad 8x + 6 + 12x = 21$ 　　　HN: $2 \cdot 3 \cdot x = 6x$
$\quad 6 + 20x = 21 \quad | -6$
$\quad 20x = 15 \quad | : 20$
$\quad x = \frac{15}{20} = \frac{3}{4}$

Da $\frac{3}{4}$ zu D gehört, gilt: $L = \left\{\frac{3}{4}\right\}$.

Aufgaben

3
Löse die Gleichungen im Kopf.
a) $\frac{35}{x} = 7$ 　　b) $\frac{48}{2x} = 8$
c) $\frac{36}{3x} = 6$ 　　d) $-\frac{24}{2x} = 3$
e) $\frac{15}{3x} = -1$ 　　f) $\frac{50}{x} - 1 = 4$
g) $\frac{10}{x} + 10 = 12$ 　　h) $\frac{20}{5x} = \frac{1}{2}$

4
Bestimme das Lösungswort.
a) $\frac{30}{x} + 22 = 57$ 　　b) $\frac{56}{2x} = 4$
c) $-\frac{36}{x} = -3$ 　　d) $\frac{30}{x} = 6$
e) $\frac{32}{2x} = -8$ 　　f) $\frac{40}{2x} = -4$
g) $\frac{45}{5x} = 10$ 　　h) $3 = \frac{36}{6x}$

$\frac{-2}{B}$	$\frac{9}{S}$	$\frac{4}{E}$	$\frac{-6}{K}$
$\frac{3}{L}$	$\frac{1}{H}$	$\frac{12}{N}$	$\frac{2}{L}$
$\frac{5}{D}$	$\frac{0}{U}$	$\frac{6}{F}$	$\frac{-4}{T}$
$\frac{8}{S}$	$\frac{-5}{A}$	$\frac{7}{A}$	$\frac{-12}{B}$

5
Multipliziere erst mit dem Hauptnenner.
a) $\frac{3}{2x} + \frac{3}{x} = \frac{9}{8}$ 　　b) $\frac{1}{3x} - \frac{2}{3} = \frac{1}{x}$
c) $\frac{1}{4x} = \frac{1}{2} + \frac{1}{5x}$ 　　d) $\frac{7}{3x} = \frac{5}{6x} - \frac{1}{4}$
e) $\frac{5}{6x} - \frac{7}{15x} = \frac{1}{3}$ 　　f) $\frac{11}{4x} + \frac{11}{12x} = \frac{11}{9}$

6
Wie heißt der Hauptnenner?
Bestimme die Lösungsmenge.
a) $\frac{1}{16x} + \frac{x}{24x} = \frac{1}{12x}$
b) $\frac{x}{42x} = \frac{1}{14x} + \frac{1}{28x}$
c) $\frac{x}{24x} - \frac{1}{36x} = \frac{7}{18x}$
d) $\frac{1}{8} + \frac{17}{24x} = \frac{13}{16x}$

7
Gib die Lösungsmenge an. Achte auf den Definitionsbereich.
a) $\frac{21}{x} - 3 = \frac{6}{2x}$ 　　b) $\frac{8}{12x} + 1 + \frac{4}{3x} = 3$
c) $7 + \frac{2x-10}{x} = 14$ 　　d) $\frac{x+9}{x} + 4 = 2$
e) $\frac{x+9}{2x} = \frac{x-3}{x} - 8$ 　　f) $\frac{4x-4}{x} = \frac{2x-2}{2x} - 3$
g) $\frac{x+6}{2x} + 3 = \frac{x+8}{x}$ 　　h) $\frac{x+2}{3x} = 9 - \frac{2x-4}{x}$

8
a) $\frac{3}{x} + 1 = \frac{5}{x}$ 　　b) $\frac{5}{2x} - \frac{1}{2} = \frac{6}{2x}$
c) $\frac{4}{x} + 2 = \frac{6}{x} + 3$ 　　d) $\frac{36}{x+1} - 1 = \frac{30}{x+1}$
e) $\frac{9}{2x} - 4 = \frac{3}{2x} + 2$ 　　f) $10 - \frac{1}{3x} = -\frac{62}{6x}$

9
Die Lösungen lauten: –4; –3; –2; –1; 1; 2; 3 und 4.
a) $\frac{6}{x} - 2 = \frac{2}{x}$ 　　b) $\frac{9}{x} + \frac{6}{2x} = -4$
c) $\frac{3}{4x} + \frac{3}{6x} = -\frac{5}{8}$ 　　d) $\frac{18}{5x} + \frac{6}{15x} = 1$
e) $\frac{1}{3} - \frac{4}{5x} = \frac{x-1}{10x}$ 　　f) $\frac{2}{3x} - \frac{1}{6} = \frac{1}{2x}$
g) $\frac{7}{3} - \frac{7}{x} + \frac{1-12x}{3x} = 0$ 　　h) $\frac{25}{28x} + \frac{7}{12} = \frac{13}{42x}$

10
Achte auf die Binome.
a) $\frac{3}{x-2} = \frac{15}{x^2-4}$
b) $\frac{4}{x+4} = \frac{8}{x^2-16}$
c) $\frac{7}{x+5} = \frac{7}{x^2+10x+25}$
d) $\frac{3}{x-8} = \frac{2x}{x^2-16x+64}$

5 Gleichungen mit Klammern

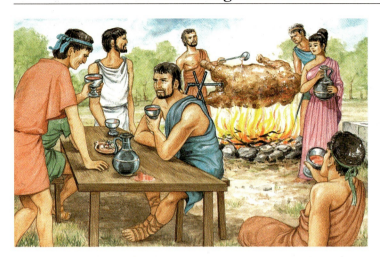

1
Eine aus dem Altertum überlieferte Aufgabe: Ein reicher Athener ließ zu einem Gastmahl 13 Ochsen und 31 Schafe schlachten. Der Preis für alle Schlachttiere betrug 166 Drachmen. Ein Ochse ist um 6 Drachmen teurer als ein Schaf.
Wie viel Drachmen kostet ein Schaf und wie viel ein Ochse?

2
Subtrahiere von einer gesuchten Zahl 5, verdreifache das Ergebnis und addiere anschließend 8. Als Ergebnis erhält man das Doppelte der ursprünglichen Zahl.

Kommen in einer Gleichung Terme mit Klammern vor, werden diese zuerst mithilfe von Termumformungen vereinfacht.

$5(4x - 5) = 23 - (12x - 16)$ | Klammer ausmultiplizieren (Termumformung)
$20x - 25 = 23 - (12x - 16)$ | Minusklammer auflösen (Termumformung)
$20x - 25 = 23 - 12x + 16$ | Zusammenfassen (Termumformung)
$20x - 25 = 39 - 12x$ | $+ 12x$
$32x - 25 = 39$ | $+ 25$
$32x = 64$ | $: 32$
$x = 2$

> Eine Gleichung löst man mithilfe von Äquivalenzumformungen:
> 1. Vereinfachen der Terme auf beiden Seiten.
> 2. Ordnen der Summanden mit Variablen auf der einen Seite und der Summanden ohne Variablen auf der anderen Seite.
> 3. Dividieren beider Seiten durch den Zahlfaktor der Variablen.

Beispiele

a) Addition und Subtraktion von Summen.
$-(4x + 20) + (3 - 6x) = (x + 6) - (x - 7)$
$-4x - 20 + 3 - 6x = x + 6 - x + 7$
$-17 - 10x = 13$ | $+ 17$
$-10x = 30$ | $: (-10)$
$x = -3$

b) Multiplikation von Summen.
$12(2x + 1) - 15(x + 3) = 30$
$24x + 12 - 15x - 45 = 30$
$9x - 33 = 30$ | $+ 33$
$9x = 63$ | $: 9$
$x = 7$

c) Durch Multiplikation mit dem Hauptnenner werden Brüche beseitigt.

$3 - \frac{5+x}{7} = 1 - \frac{9-x}{14}$ | $\cdot 14$
$3 \cdot 14 - \frac{5+x}{7} \cdot 14 = 1 \cdot 14 - \frac{9-x}{14} \cdot 14$
$42 - (5 + x) \cdot 2 = 14 - (9 - x)$
$42 - 10 - 2x = 14 - 9 + x$
$32 - 2x = 5 + x$ | $- x$
$32 - 3x = 5$ | $- 32$
$-3x = -27$ | $: (-3)$
$x = 9$

Probe:
linker Term:
$3 - \frac{5+9}{7}$
$= 3 - \frac{14}{7}$
$= 3 - 2$
$= 1$

rechter Term:
$1 - \frac{9-9}{14}$
$= 1 - \frac{0}{14}$
$= 1 - 0$
$= 1$

Gleichungen mit Klammern

Bemerkung: Gleichungen, die für jede Zahl des Variablengrundbereiches erfüllt sind, nennt man **allgemein gültig**. Erfüllt **keine** Zahl aus der Grundmenge die Gleichung, nennt man diese **nicht erfüllbar**.

d) $\quad 4x + 8 = 4(x + 2)$
$\quad\quad 4x + 8 = 4x + 8 \quad | -8$
$\quad\quad\quad\quad 4x = 4x \quad\quad | :4$
$\quad\quad\quad\quad\; x = x$
$\quad G = \mathbb{R}: \; L = \mathbb{R}$

e) $\quad 5x + 1 = 5 \cdot (x + 1)$
$\quad\quad 5x + 1 = 5x + 5 \quad | -1$
$\quad\quad\quad\quad 5x = 5x + 4 \quad | -5x$
$\quad\quad\quad\quad\; 0 = 4$
$\quad G = \mathbb{R}: \; L = \{\;\}$

Aufgaben

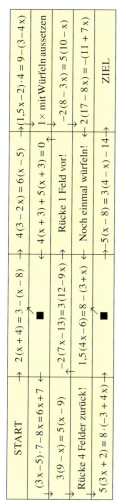

Spiel für 3 Personen. Zwei Spieler würfeln abwechselnd mit einem Würfel und es wird entsprechend der Augenzahl eine Figur in Richtung der Pfeile weitergesetzt. Je nachdem, wo die Figur zum Stehen kommt, muss eine Aufgabe gelöst bzw. eine Anweisung ausgeführt werden. Eine dritte Person kontrolliert die Ergebnisse (s. S. 201). Wurde falsch gerechnet, so tauschen Spieler und „Kontrolleur" ihre Rollen.

3
Löse die Gleichung.
a) $(4 - 5x) + (10 + 6x) = 8$
b) $9x + 33 - (45 - 15x) = 15 - 3x$
c) $4x + (15 + 3x) + (25 + x) = 88 - 4x$
d) $12 = (25 - x) - (19 - 2x)$

4
a) $6x - (8x - 10) = 87 - (21 + 10x)$
b) $(19x - 17) - (3x - 72) = -13 + (13x + 83)$
c) $(17x + 22) - (5x + 9) = (11x + 15) - (22 - 21x)$
d) $(42x + 37) - (26 - 34x) = 26x + 211$

5
Gib die Lösung an.
a) $3(5 + 2x) = -3$ b) $15(24 - 2x) = 15x$
c) $6(3x - 7) = 6x - 6$ d) $2(3y + 9) = 15y - 45$
e) $43y + 4 = 15(5y - 4)$ f) $5y - 4(5y - 6) = 9$

6
Ordne die Lösung richtig zu.
a) $0,8(2u - 3) = (2u + 4) \cdot 0,6$ $\quad | \quad 3$
b) $0,3(u + 1) + 6u = 4,9 + 4u$ $\quad | \quad 2$
c) $0,5(1 - 2u) = 2,5 - 0,6u$ $\quad | \quad -5$
d) $0,6 - 3(0,5 - 0,5w) - w = 0,6$ $\quad | \quad 12$

7
Löse die Gleichung.
a) $4(2x + 3) = 3(3x + 2)$
b) $(12 - 3x) \cdot 2 = 9(7x + 18)$
c) $(2 - 3y) \cdot 5 + (8 - y) \cdot (-4) = 0$
d) $22 - 2(4 - y) = (7 - 3y) \cdot (-10)$

8
a) $4(x + 3) - 15 = 2(x + 7) - 15x$
b) $3(2x - 18) - 4 = 3x - 4(3x - 8)$
c) $7(4a - 3) - (2a + 1) \cdot 9 = 2(a - 11)$

9
Gib die Lösungsmenge an. Beachte dabei die Grundmenge G.
a) $(4x - 7) \cdot 5 = (12x - 1) \cdot 3;$ $\quad G = \mathbb{Z}$
b) $2(49 + 7x) = (19 - 9x) \cdot 3;$ $\quad G = \mathbb{N}$
c) $7(8x + 3) - 8(7x - 3) = 0;$ $\quad G = \mathbb{R}$

10
Multipliziere mit dem Hauptnenner.
a) $\frac{x-4}{2} = \frac{x-1}{3}$ b) $\frac{x-5}{2} = \frac{x+5}{3}$
c) $\frac{x}{3} - \frac{2x}{5} + \frac{x}{2} = \frac{13}{50}$ d) $\frac{2x}{3} + \frac{5x}{6} + \frac{1}{3} = \frac{x}{6}$
e) $\frac{1}{2} - \left(\frac{x}{3} - x\right) = \frac{5}{3} - \frac{1}{2}x$
f) $3 + \frac{1}{2}(2 + 3y) = -2(-y)$

11
Welche Gleichung ist allgemein gültig, welche nicht erfüllbar?
a) $4x = x + 3x$ b) $x - 2 = x + 2$
c) $\frac{1}{2}x = \frac{1}{2}$ d) $x - \frac{1}{2}x = \frac{1}{2}x$

12
Hat die Gleichung eine, keine oder unendlich viele Lösungen? $(G = \mathbb{R})$
a) $2x - 1 + 6(2x + 1) = 16x - (2x - 7)$
b) $3(x - 1) = 9x - 3(2x + 1)$
c) $x + \frac{1}{3} - \frac{3x+2}{15} = 1$

13
Löse die Gleichung nach x auf.
a) $x + a = 3a + 1$
b) $3x + 9b = x + b$
c) $2c + x = c + 2$
d) $4(5a - x) = 4(4a - 1)$
e) $3(a - x) = 2(3x + 6a)$

6 Umstellen von Formeln

1
Bei ihrer Fahrt durch die USA möchte Melanie Temperaturwerte von °Fahrenheit (Variable y) in °Celsius (Variable x) mit folgender Formel umrechnen:

$$y = \frac{9x}{5} + 32$$

Berechne die Celsiusangaben für 50 °F, 77 °F und 212 °F.

2
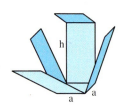

Die Oberfläche eines quadratischen Prismas lässt sich mit der Formel $A_O = 2a^2 + 4ah$ berechnen. Wie hoch ist ein quadratisches Prisma mit $A_O = 448\,cm^2$ und $a = 8\,cm$? Welche Umformungsschritte sind notwendig um die Formel nach h umzustellen?

In vielen Bereichen der Mathematik und den Naturwissenschaften ist es zweckmäßig, häufig zu berechnende Größen durch eine **Formel** auszudrücken.
Sind in der Formel bis auf eine Größe alle anderen Werte bekannt, lässt sich diese unbekannte Größe berechnen. Dazu muss die Formel oftmals zunächst umgeformt werden.

Bei einer gleichförmigen Bewegung gilt: $\quad v = \frac{s}{t} \qquad | \cdot t$

Geschwindigkeit = $\frac{\text{Weg}}{\text{Zeit}}$ oder $v = \frac{s}{t}$ $\qquad v \cdot t = s \qquad | : v$

Diese Formel soll nach t aufgelöst werden. $\qquad t = \frac{s}{v}$

> Beim Umformen einer Formel nach einer bestimmten Größe wird diese wie die Lösungsvariable einer Gleichung behandelt.

Beispiele
a) Die Formel für den Umfang eines Parallelogramms wird nach a umgeformt.

$$\begin{aligned} u &= 2a + 2b & | -2b \\ u - 2b &= 2a & | : 2 \\ a &= \frac{u - 2b}{2} \end{aligned}$$

b) Bestimmung des Grundwerts G aus der Formel für den Prozentwert.

$$\begin{aligned} P &= G \cdot \frac{p}{100} & | \cdot 100 \\ P \cdot 100 &= G \cdot p & | : p \\ G &= P \cdot \frac{100}{p} \end{aligned}$$

Aufgaben

3
Für den Flächeninhalt eines Rechtecks gilt: $A = a \cdot b$.
Löse die Formel nach a und nach b auf und berechne.

a	17 cm		3 dm		
b		4,5 m		50 m	200 m
A	85 cm²	31,5 m²	16,2 dm²	87,5 a	18 km²

4
Das Volumen eines Quaders berechnet man mit $V = a \cdot b \cdot c$. Bestimme die fehlenden Werte. Forme dazu vorher um.

a	3 cm		40 cm	3,4 cm	0,2 m
b		12 m	2 m		0,5 dm
c	5 cm	15 m		25 mm	
V	60 cm³	1440 m³	2 m³	8,5 cm³	70 ℓ

Was ist hier los?

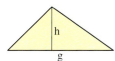

$A = \frac{1}{2} \cdot g \cdot h$
$A = \frac{g \cdot h}{2}$
$A = \frac{g}{2} \cdot h$
$A = g \cdot \frac{h}{2}$
...

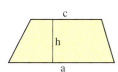

$A = \frac{1}{2} \cdot (a + c) \cdot h$
$A = \frac{a + c}{2} \cdot h$
$A = \frac{(a + c)}{2} \cdot h$
$A = (a + c) \cdot \frac{h}{2}$
...

5
Für die Kantenlänge K eines Quaders gilt die Formel $K = 4(a + b + c)$.
a) Berechne die fehlenden Werte der Tabelle.

a	3 cm	1,5 m		25 mm	1,4 m	0,85 m
b	4 cm	5 m	10 cm		0,8 m	0,25 m
c	5 cm	7,5 m	12 cm	5 mm		
K			120 cm	180 mm	10,4 m	7,4 m

b) Löse die Formel nach a, b und c auf.

6
Der Flächeninhalt der zusammengesetzten Fläche kann mit $A = a(b + c)$ berechnet werden. Löse die Formel nach c auf.

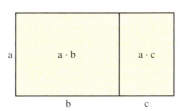

7
Die blauen Flächen besitzen die angegebenen Flächeninhalte.
Stelle die Flächenformeln nach der Variablen x um.

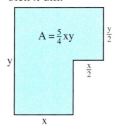 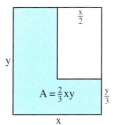

8
a) Das Volumen eines quadratischen Prismas berechnet man mit $V = a^2 \cdot h$. Löse die Formel nach der Höhe h auf.
b) Für die Oberfläche des Körpers gilt: $A_O = 2a^2 + 4ah$. Forme ebenfalls nach h um.
c) Berechne die fehlenden Werte der Tabelle.

a	5 cm	4,2 m	7 cm	8 mm	1,2 m	2,5 m
h						
V	175 cm³		147 cm³		21,6 m³	
A_O		60,5 m²		288 mm²		32,5 m²

9
In der Prozentrechnung verwendet man die Formel $\frac{P}{100} = \frac{P}{G}$. Dabei ist P der Prozentwert, G der Grundwert und $\frac{p}{100} = p\,\%$ der Prozentsatz.
a) Löse die Verhältnisgleichung jeweils nach den Variablen P und G auf.
b) Berechne mit den umgeformten Formeln die fehlenden Werte der Tabelle.

P	46 m		66 kg	48 m²		1,25 €
p %		20 %	30 %		17 %	0,4 %
G	184 m	94 €		87 m²	10,5 kg	

10
Forme die Formeln nach allen vorkommenden Variablen um.
a) $U = R \cdot I$ (ohmsches Gesetz)
b) $P = \frac{W}{t}$ (Leistung)
c) $\Delta l = \alpha \cdot l \cdot \Delta T$ (Längenausdehnung)
d) $W = F \cdot s$ (Arbeit)
e) $R = \varrho \cdot \frac{l}{A}$ (elektrischer Widerstand)
f) $\frac{F_1}{F_2} = \frac{a_1}{a_2}$ (Hebelgesetz)
g) $P = U \cdot I$ (elektrische Leistung)
h) $\varrho = \frac{m}{V}$ (Dichte)
i) $W = U \cdot I \cdot t$ (elektrische Arbeit)

11
Der Ersatzwiderstand R einer Parallelschaltung mit den Widerständen R_1 und R_2 lässt sich mit der Formel $\frac{1}{R} = \frac{1}{R_1} + \frac{1}{R_2}$ berechnen.

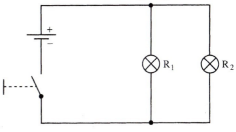

a) Forme die Gleichung so um, dass die Größe R alleine steht.
Multipliziere dazu mit dem Hauptnenner $(R \cdot R_1 \cdot R_2)$ durch.
b) Löse die Formel nach R_1 bzw. R_2 auf.
c) Berechne den Ersatzwiderstand R für $R_1 = 15\,\text{Ohm}$ und $R_2 = 60\,\text{Ohm}$.

7 Textaufgaben. Anwendungen

1
Lauras große Schwester verteilt ihre Comic-Sammelbände. Jedes Kind soll 4 Hefte weniger bekommen als die Anzahl der Kinder beträgt. Da aber zwei Kinder keine Comics mögen, bekommen die übrigen je ein Comic-Heft mehr.
Wie viele Kinder und wie viele Comics waren es?

2
Die Quadrate von zwei aufeinander folgenden natürlichen Zahlen unterscheiden sich um 27.
Wie heißen die beiden Zahlen?

Beim Lösen von Textaufgaben muss man zuerst den Text in Terme übersetzen. Dabei helfen häufig Skizzen und Tabellen.

> Lösungsschritte bei Textaufgaben:
> 1. Lege für die gesuchte Größe eine Variable fest
> 2. Übersetze die Angaben aus dem Text in Terme
> 3. Stelle die Gleichung auf
> 4. Löse die Gleichung
> 5. Überprüfe das Ergebnis am Text
> 6. Schreibe das Ergebnis auf

Beispiel
Beim Schulfest nehmen die vier Klassen des 8. Schuljahres zusammen 900 € ein. Die Klasse 8a nahm 20 € mehr ein als Klasse 8c. Klasse 8b nahm 50 € mehr ein als Klasse 8a und die Klasse 8d wiederum $1\frac{1}{2}$-mal so viel wie Klasse 8c. Wie verteilen sich die Beträge?
Man kann auf verschiedene Weise lösen:

1. Einnahmen der Klasse 8c: x

2.
Klasse	8c	8a	8b	8d
Einnahmen	x	x+20	x+20+50	$\frac{3}{2}$x

3. Gleichung:
$$x + (x+20) + (x+20+50) + \frac{3}{2}x = 900$$
$$x + x + 20 + x + 70 + \frac{3}{2}x = 900$$
$$\frac{9}{2}x + 90 = 900$$
$$\frac{9}{2}x = 810$$

4. $\qquad x = 180$

5. Probe: $180 + 200 + 250 + 270 = 900$
$\qquad\qquad 900 = 900$

1. Einnahmen der Klasse 8a: y

2.
Klasse	8a	8c	8b	8d
Einnahmen	y	y−20	y+50	$\frac{3}{2}$(y−20)

3. Gleichung:
$$y + (y-20) + (y+50) + \frac{3}{2}(y-20) = 900$$
$$y + y - 20 + y + 50 + \frac{3}{2}y - 30 = 900$$
$$\frac{9}{2}y = 900$$

4. $\qquad y = 200$

5. Probe: $200 + 180 + 250 + 270 = 900$
$\qquad\qquad 900 = 900$

6. Die Klasse 8a erzielte 200 €, Klasse 8b 250 €, Klasse 8c 180 € und Klasse 8d 270 €.

Textaufgaben. Anwendungen

Aufgaben

Zahlenrätsel

Beispiel

Addiert man zum 3fachen einer Zahl das Doppelte der um 2 vergrößerten Zahl, so erhält man das 4fache der um 3 vergrößerten Zahl.
Wie heißt die Zahl?

Gesuchte Zahl: x
Terme: $3x$
                  $(x+2) \cdot 2$
                  $(x+3) \cdot 4$
Gleichung: $3x + (x+2) \cdot 2 = 4(x+3)$
            $3x + 2x + 4 = 4x + 12$
            $5x + 4 = 4x + 12$
            $x = 8$
Probe: $3 \cdot 8 + (8+2) \cdot 2$ $4(8+3)$
         $= 44$ $= 44$
Die gesuchte Zahl heißt 8.

3
Das 11fache einer Zahl, vermindert um das 8fache der um 2 vergrößerten Zahl, ergibt 56.

4
Dividiere die Summe aus einer Zahl und 7 durch 5. Man erhält dasselbe, wenn man die Differenz aus der Zahl und 7 mit 3 multipliziert.

5
Die Differenz der Quadrate von zwei aufeinander folgenden Zahlen beträgt 613.
Wie heißen die beiden Zahlen?

6
Zwei Zahlen unterscheiden sich um 12, ihre Quadrate um 840. Wie heißen die Zahlen?

7
a) Multipliziert man die um $\frac{1}{2}$ verminderte Zahl mit der um $\frac{3}{4}$ vermehrten Zahl, erhält man das Quadrat der Zahl.
Wie heißt die gesuchte Zahl?
b) Das Produkt von zwei aufeinander folgenden Zahlen ist genau so groß wie das Quadrat der ersten Zahl vermindert um 10.
Wie heißen die beiden Zahlen?

Altersrätsel

Beispiel
Thomas und seine Mutter sind heute zusammen 65 Jahre alt. Vor 10 Jahren war die Mutter genau viermal so alt wie ihr Sohn. Wie alt sind beide?

	heute	vor 10 Jahren
Alter der Mutter in Jahren	x	x − 10
Alter von Thomas in Jahren	65 − x	(65 − x) − 10

Gleichung: $x - 10 = 4[(65-x) - 10]$
             $x - 10 = 220 - 4x$
             $5x = 230$
             $x = 46$
Probe: Mutter heute 46, früher 36
        Thomas heute 19, früher 9.
Thomas ist heute 19, seine Mutter 46 Jahre alt.

8
Herr Clause ist heute dreimal so alt wie seine Tochter Tina. In 4 Jahren wird er 8-mal so alt sein, wie Tina vor 7 Jahren war.
Wie alt sind Tina und ihr Vater?

9
Die Tante ist heute 3-mal so alt wie ihre Nichte und viermal so alt, wie die Nichte vor 5 Jahren war.
Wie alt sind beide heute?

10
An ihrem 50. Geburtstag stellt Frau Niedermeier fest, dass ihre drei Kinder zusammen ebenso alt sind wie sie selbst. Die Tochter ist um 6 Jahre älter als der jüngste Sohn, der gerade halb so alt ist wie sein älterer Bruder.
a) Wie alt ist die Tochter von Frau Niedermeier?
b) Wie alt sind die beiden Söhne?

11
Zum Knobeln
How old is Jimmy? Tom ist 24 Jahre alt. Er ist doppelt so alt wie Jimmy war, als Tom so alt war, wie Jimmy jetzt ist.

Textaufgaben. Anwendungen

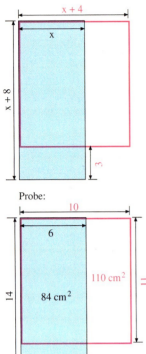

Probe:

Geometrie. Verschiedenes
Beispiel
Ein Rechteck ist um 8 cm länger als breit. Verlängert man die kürzere Seite um 4 cm und verkürzt gleichzeitig die längere um 3 cm, dann nimmt der Flächeninhalt um 26 cm² zu. Wie lang sind die Seiten des ursprünglichen Rechtecks?

Festlegung: Breite $\quad$ x
$\qquad\qquad$ Länge $\quad$ x + 8
$\qquad\qquad$ neue Breite $\quad$ x + 4
$\qquad\qquad$ neue Länge $\quad$ (x + 8) − 3 = x + 5

Gleichung: $(x + 4)(x + 5) = x \cdot (x + 8) + 26$
$\qquad\qquad x^2 + 9x + 20 = x^2 + 8x + 26$
$\qquad\qquad x = 6$

Das ursprüngliche Rechteck ist 6 cm breit und 14 cm lang.

12
Ein Rechteck ist $3\frac{1}{2}$-mal so lang wie breit. Verkürzt man die längere Seite um 5 m und verlängert man gleichzeitig die kürzere um 4 m, nimmt der Flächeninhalt um 34 m² zu. Berechne die ursprünglichen Seitenlängen.

13
a) Verkleinert man eine Seite eines Quadrats um 0,4 m, so entsteht ein um 7,76 m² kleineres Rechteck. Wie lang ist die Quadratseite?
b) Verlängert man eine Seite eines Quadrats um 1,6 dm und verkürzt die andere um 0,8 dm, entsteht ein Rechteck, dessen Flächeninhalt um 48 cm² größer ist als der des Quadrats.

14
Ein Rechteck ist $2\frac{3}{4}$-mal so lang wie breit. Verkürzt man die längere Seite um 29 m und verlängert man gleichzeitig die kürzere Seite um 15 m, so nimmt der Flächeninhalt um 6 m² zu. Wie lang sind die Seiten des ursprünglichen Rechtecks?

15
Die Kantenlängen eines Würfels werden um 3 cm verlängert. Damit nimmt die Oberfläche um 342 cm² zu. Berechne die Kantenlänge des ursprünglichen Würfels.

16
Wird bei einem Quader die Längsseite um 1 dm verkürzt, die Breite um 1 dm verlängert, so entsteht bei gleich bleibender Höhe ein Würfel. Dieser Würfel hat ein Fassungsvermögen, das um 2 Liter größer ist als das ursprüngliche Fassungsvermögen des Quaders.
a) Welche Kantenlänge hat der neu entstandene Würfel?
b) Gib die Kantenlängen des ursprünglichen Quaders an.
c) Um wie viel dm² unterscheiden sich die Oberflächen der beiden Körper?

17
Die Kanten eines Quaders, der doppelt so lang wie breit und $2\frac{1}{2}$-mal so hoch wie lang ist, werden jeweils um 1 cm verlängert. Die Oberfläche des neuen Quaders ist um 70 cm² größer geworden.
Berechne die Kantenlängen des ursprünglichen Quaders.

18
a) Eine Pumpe kann einen Wasserbehälter in 30 Minuten füllen. Eine zweite, leistungsfähigere Pumpe würde dazu nur 20 Minuten brauchen. Wie lange dauert das Füllen, wenn beide Pumpen gleichzeitig in Betrieb sind?
b) Ein Schwimmbecken kann durch 2 Zuflussröhren gefüllt werden. Die zweite Röhre würde zur Füllung doppelt so lang wie die erste benötigen. Zusammen brauchen sie 2 Stunden.
In wie vielen Stunden würde jede Röhre alleine das Becken füllen?

19
Zum Löschen eines Frachtkahns mit Getreide werden 3 Getreideheber eingesetzt. Würde man die Getreideheber einzeln einsetzen, dann würde der erste 50 Minuten, der zweite 45 Minuten und der dritte 30 Minuten zum Entladen benötigen.
Wie lange dauert das Löschen der Ladung, wenn alle drei Getreideheber gleichzeitig eingesetzt werden?

Textaufgaben. Anwendungen

Bewegungsaufgaben
Beispiel
Oliver und Katja, die 24 km voneinander entfernt wohnen, wollen sich ihre neuen Fahrräder vorführen. Beide fahren sich – nachdem sie gleichzeitig gestartet waren – entgegen. Oliver fährt mit einer Durchschnittsgeschwindigkeit von 16 km/h, Katja mit 20 km/h. Wann treffen sie sich?

Gemeinsam benötigte Fahrzeit: x Std.
Olivers Strecke: $16 \cdot x$ in km
Katjas Strecke: $20 \cdot x$ in km
Gleichung: $16x + 20x = 24$
$$36x = 24$$
$$x = \tfrac{2}{3}$$
Überprüfung: $16 \cdot \tfrac{2}{3} + 20 \cdot \tfrac{2}{3}$
$$= \tfrac{32}{3} + \tfrac{40}{3} = \tfrac{72}{3} = 24$$
Sie treffen sich nach 40 Minuten.

20
Ein Jumbo-Jet und eine Concorde starten in London und im 6250 km entfernten New York gleichzeitig. Sie fliegen dieselbe Route in entgegengesetzter Richtung. Wann und wo begegnen sie sich, wenn der Jumbo-Jet durchschnittlich 950 km/h, die Concorde 2050 km/h zurücklegt?

21
Um 10 Uhr fährt Miriam mit dem Rad in Rumdorf ab, eine dreiviertel Stunde später folgt ihr Jens mit dem Mofa. Miriam fährt mit einer Durchschnittsgeschwindigkeit von 16 km/h, Jens mit der 2,5fachen Geschwindigkeit. Wann wird Miriam von Jens eingeholt und wie weit ist der Treffpunkt von Rumdorf entfernt?

22
Der Interregio 2197 fährt um 13.17 Uhr in Stuttgart ab und braucht für die Strecke nach Ulm 62 Minuten. Der Eilzug 3419, der um 13.35 Uhr ab Stuttgart ebenfalls nach Ulm fährt, braucht für dieselbe Strecke 1 Std. 14 Minuten und ist durchschnittlich um $14\tfrac{3}{4}$ km/h langsamer als der Interregio. Berechne die Reisegeschwindigkeit beider Züge. Wie lang ist die Bahnstrecke?

Aufgaben nach Adam Ries (1492–1549)

Insgesamt 21 Personen, Männer und Frauen, haben in einem Wirtshaus eine Zeche von 81 Pfennigen gemacht.
Wie viele Männer beziehungsweise Frauen sind es gewesen, wenn jeder Mann 5 Pfennige, jede Frau 3 Pfennige bezahlen soll?

Jemand hat Äpfel gekauft. Er begegnet drei Mädchen und gibt dem ersten Mädchen von den Äpfeln die Hälfte und zwei Äpfel dazu. Von den restlichen Äpfeln gibt er dem zweiten Mädchen die Hälfte und zwei dazu. Ebenso gibt er dem dritten Mädchen von den noch verbliebenen Äpfeln die Hälfte und noch zwei dazu. Danach ist ihm genau ein Apfel geblieben.
Wie viele Äpfel hatte er gekauft?

Einer hat Geld, verspielt davon $\tfrac{1}{3}$. Von dem, was ihm übrig geblieben ist, verbraucht er 4 Gulden. Mit dem Rest handelt er und verliert ein Viertel. Es bleiben ihm 20 Gulden. Wie viel Gulden hat er anfänglich besessen?

Jemand legt sein Geld Gewinn bringend an, wodurch es sich verdoppelt. Nachdem er einen Gulden ausgegeben hat, legt er das restliche Geld wieder an, wodurch es sich abermals verdoppelt. Nachdem er zwei Gulden ausgegeben hat, legt er das restliche Geld noch einmal an, wodurch es sich erneut verdoppelt. Nachdem er drei Gulden ausgegeben hat, verbleiben ihm 10 Gulden.
Wie viele Gulden hatte er anfangs?

8* Ungleichungen

1
Für das diesjährige Seenachtfest will der Stadtjugendring eine Musikgruppe engagieren. Den Musikern werden für den fünfstündigen Auftritt zwei Vertragsangebote unterbreitet:
Entweder 1200 € Grundhonorar und pro Besucher zusätzlich 0,10 € oder aber nur 800 € Garantiehonorar und pro Besucher 0,25 €.
Wie sollen sich die Musiker entscheiden? Von welcher Besucherzahl gehen sie aus?

Seenachtsfest
Auf Grund des schlechten Wetters kamen anstatt der erwarteten 4000 Besucher nur 2500 Gäste.

Ungleichungen bestehen aus zwei Termen und einem Ungleichheitszeichen >, <, ≧ oder ≦. In Ungleichungen der Form x < 3 oder x ≧ −1 ist bei vorgegebenem Variablengrundbereich die Lösungsmenge sofort zu erkennen. Schwierigere Ungleichungen werden mithilfe von Äquivalenzumformungen vereinfacht.

$$2x + 11 > 3(x + 1) - 1$$
$$2x + 11 > 3x + 3 - 1$$

2x + 11 > 3x + 2	| − 2x		2x + 11 > 3x + 2	| − 3x
11 > x + 2	| − 2		−x + 11 > 2	| − 11
9 > x			−x > −9	| · (−1)
x < 9			x < 9	
für G = ℝ: L = {x; x < 9}			für G = ℝ: L = {x; x < 9}	

lies: „Menge aller x, für die x < 9 gilt."

> Ungleichungen werden mithilfe von Äquivalenzumformungen gelöst. Dabei darf man
> − auf beiden Seiten denselben Term addieren oder subtrahieren.
> − beide Seiten mit derselben **positiven** Zahl multiplizieren oder dividieren
> − beide Seiten mit derselben **negativen** Zahl multiplizieren oder dividieren, wenn das Ungleichheitszeichen umgekehrt wird.

Beispiele

a) 5(6 + 2x) < (3x − 5) · 8
   30 + 10x < 24x − 40 | − 10x
   30 < 14x − 40 | + 40
   30 + 40 < 14x
   70 < 14x | : 14
   5 < x
   x > 5
   G = ℕ: L = {6, 7, 8, ...}

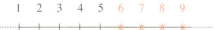

b) (2x + 3)(2 + 2x) ≧ (4x − 3)(x + 1)
   4x + 6 + 4x² + 6x ≧ 4x² − 3x + 4x − 3
   10x + 6 + 4x² ≧ 4x² + x − 3 | − 4x²
   10x + 6 ≧ x − 3 | − x
   9x + 6 ≧ −9 | − 6
   9x ≧ −9 | : 9
   x ≧ −1
   G = ℝ: L = {x; x ≧ −1}

Ungleichungen

Aufgaben

2
Gib für die Darstellungen die Ungleichung mit der zugehörigen Grundmenge an.

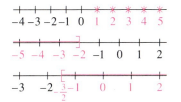
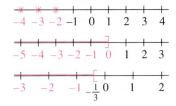

3
Stelle die Zahlenmenge an der Zahlengerade farbig dar. Nimm als Einheit 1 cm.
a) alle reellen Zahlen größer als −2
b) alle ganzen Zahlen kleiner als 0
c) alle positiven reellen Zahlen größer oder gleich +3
d) alle negativen reellen Zahlen
e) alle negativen ganzen Zahlen, die größer als −3 sind
f) alle positiven rationalen Zahlen, die höchstens so groß wie +1 sind.

4
Übertrage die Lösung auf die Zahlengerade. Nimm als Einheit 1 cm.
a) $x \geq 0$; $G = \mathbb{N}$ b) $x < -1$; $G = \mathbb{Z}$
c) $x > -3$; $G = \mathbb{R}$ d) $x \leq 2$; $G = \mathbb{R}$
e) $x \geq -2{,}5$; $G = \mathbb{N}$ f) $x \leq 8{,}1$; $G = \mathbb{Z}$
g) $3{,}5 < -x$; $G = \mathbb{Z}$ h) $-3\frac{1}{5} \leq x$; $G = \mathbb{Q}$

5
Drücke die Zahlenmenge in einer Ungleichung aus. Gib auch die Grundmenge G an.
Beispiel:
$\{-3; \ldots; -2; \ldots; -1; \ldots\}$ $x \geq 3$; $G = \mathbb{R}$
a) $\{2; 3; 4; \ldots\}$ b) $\{\ldots; -2; -1; 0\}$
c) $\{0; \ldots; 1; \ldots; 2; \ldots\}$
d) $\{\ldots; -1; \ldots; 0; \ldots; 1\}$

6
Gleiche oder unterschiedliche Lösungsmengen?
a) $x > 5$ b) $-x > 5$ c) $x < -1$
  $-5 > -x$ $x > -5$ $-1 > -x$
d) $2 \geq x$ e) $-4 \leq -x$ f) $-x \geq 3{,}5$
  $x \leq -2$ $x \geq 4$ $-3{,}5 \geq x$

7
Setze eines der Zeichen >, <, ≧, ≦ in die äquivalente Ungleichung richtig ein.
a) $2x > -2$ b) $-x < 3$ c) $-x \geq -7$
  $x \square -1$ $x \square -3$ $x \square 7$
d) $-3x \leq 6$ e) $0 > -2x$ f) $-\frac{1}{2}x \geq 4$
  $x \square -2$ $0 \square x$ $x \square -8$

8
Löse die Ungleichung.
a) $-5x > 3$ b) $-4x < 14$
c) $12x \geq -30$ d) $-9x \leq -29{,}7$
e) $-\frac{x}{3} < 4{,}8$ f) $-\frac{x}{8} \geq -3{,}2$
g) $-16{,}3x > -40{,}75$ h) $-4\frac{3}{10} \leq \frac{5}{4}x$
i) $-82{,}75x < -16{,}55$ k) $-\frac{4}{3}x \leq -2\frac{2}{3}$

9
a) $2x - 12 < 11x + 15$
b) $2x - 1 \geq 1 - 2x$
c) $x - (3 - x) > 5 - (5 - x)$
d) $3 - (x + 5) \leq 4x - (x - 2)$
e) $2x + 3 - (5 + 3x) < 3 - (2x - 1)$

10
a) $7(4x + 6) < 14x$
b) $2x + 5 \leq x - 1$
c) $7(x + 22) - 43 > 132$
d) $4(2x + 3) > 3(3x + 2)$
e) $5x - 15 \geq 8x + 12$
f) $4\left(\frac{1}{2}x - 1\right) - 2\left(8 - \frac{3}{2}x\right) \geq 0$

11
a) $(x + 1)(x - 14) - (x + 1)(x - 15) > 17$
b) $(x - 16)(3x + 1) - (3x - 1)(x - 15) \leq -35$
c) $(x - 3)^2 - x^2 < 3 - 3(x + 2)$
d) $(x + 2)^2 - (x - 4)^2 \geq 2(x - 4) + 9x$
e) $(x - 9)^2 - (x + 6)^2 < (x + 5)^2 - (x + 8)^2 + 84$

12
a) Das 4fache einer um 3 vermehrten Zahl ist kleiner, als wenn man die Summe aus der Zahl und 2 mit 5 multipliziert.
b) Wird eine um 3 verminderte Zahl verdoppelt, erhält man höchstens das 4fache der Zahl vermindert um 9.

9 Vermischte Aufgaben

$$\frac{60}{6-x} - \frac{24}{5-x} + \frac{6}{4-x}$$

Setze in den gesamten Term die natürlichen Zahlen von 1 bis 6 ein. Für welche der Zahlen erhält man das größte bzw. kleinste Ergebnis?

1
Setze alle ganzen Zahlen im Bereich von −4 bis 4 in den Bruchterm ein und berechne dessen Werte. Für welche Einsetzungen ist der Bruchterm nicht definiert?

a) $\frac{1}{x+2}$ b) $\frac{2}{x+1}$ c) $\frac{x}{3-x}$

d) $\frac{1-x}{x+4}$ e) $\frac{x+1}{2x-2}$ f) $\frac{1+x}{x^2-4}$

2
Für welche Einsetzungen aus der Grundmenge G ist der Bruchterm nicht definiert?

a) $\frac{x}{9-3x}$ G = {0; 1; 2; 3}

b) $\frac{x}{x^2-1}$ G = {−2; −1; 0; 1; 2}

c) $\frac{2x-7}{25x^2-10x+1}$ G = {−2; −1; −0,2; 0; 0,2; 1; 2}

3
Welcher Bruchterm gehört zu welcher Folge von Zahlen? Ordne zu.

a) $\frac{1}{3}; \frac{2}{4}; \frac{3}{5}; \frac{4}{6}; \frac{5}{7}; \ldots$ $\frac{2x}{x}$

b) $\frac{1}{1}; \frac{1}{2}; \frac{1}{3}; \frac{1}{4}; \frac{1}{5}; \ldots$ $\frac{x}{x+2}$

c) $\frac{2}{1}; \frac{4}{2}; \frac{6}{3}; \frac{8}{4}; \frac{10}{5}; \ldots$ $\frac{x-3}{2x}$

d) $\frac{-2}{2}; \frac{-1}{4}; 0; \frac{1}{8}; \ldots$ $\frac{1}{x}$

4
Gib den Definitionsbereich an.

a) $\frac{5}{2x-4}$ b) $\frac{1}{3x-12}$

c) $\frac{x}{5x+10}$ d) $\frac{x+1}{8x-48}$

e) $\frac{1-x}{100+20x}$ f) $\frac{3}{4x-1}$

5
Zerlege den Nenner zunächst in ein Produkt und bestimme den Definitionsbereich.

a) $\frac{1}{2x^2-4x}$ b) $\frac{x-2}{3x^2+9x}$

c) $\frac{2x+1}{5x-10x^2}$ d) $\frac{2}{9x^2+4,5x}$

e) $\frac{1}{x^2+x}$ f) $\frac{1-x}{x^3-x^2}$

6
Warum ist der Bruchterm für alle reellen Zahlen definiert?

a) $\frac{1}{x^2+1}$ b) $\frac{x-1}{7+2x^2}$ c) $\frac{x+1}{x^4+1}$

7
Bestimme den Definitionsbereich des Bruchterms jeweils für die Grundmengen $\mathbb{N}, \mathbb{Z}, \mathbb{R}$.

a) $\frac{3x}{7x-14}$ b) $\frac{1-x}{3x+15}$

c) $\frac{1}{24x-12}$ d) $\frac{1}{x(x+1)}$

e) $\frac{1+2x}{20x^2-4x}$ f) $\frac{3x}{x^2-\frac{1}{4}x}$

8
In eine Gemeinschaftskasse bezahlt jede Person 20 € ein. Aus der Kasse werden 300 € entnommen.
a) Wie viele Personen müssen mindestens eingezahlt haben?
b) Das Restgeld soll an alle, die eingezahlt haben, wieder ausbezahlt werden. Erstelle dazu einen Term für den Betrag pro Person.

9
Kürze die Bruchterme. Faktorisiere nötigenfalls vorher.

a) $\frac{10x}{25x^2}$ b) $\frac{60y}{96y^3}$ c) $\frac{2x+6}{(x+3)^2}$

10
Erweitere den Bruchterm mit dem angegebenen Term und vereinfache anschließend Zähler und Nenner.

a) $\frac{3}{5x}$ mit $4x^2$ b) $\frac{7}{13x^2}$ mit $2x$

c) $\frac{4}{x+2}$ mit x d) $\frac{1+x}{3x-1}$ mit $4x$

e) $\frac{5x}{8+2x}$ mit $x+1$ f) $\frac{3x+2}{4-2x}$ mit $5x-1$

11
Bestimme jeweils fehlende Zähler oder Nenner.

a) $\frac{3}{7x} = \frac{\square}{28x^2}$ b) $\frac{2x}{5x^2} = \frac{10x^2}{\square}$

c) $\frac{60y}{48y^2} = \frac{\square}{4y}$ d) $\frac{-51x}{85x^3} = \frac{-3}{\square}$

e) $\frac{x+5}{3x} = \frac{\square}{21x^2}$ f) $\frac{16x-24}{40-8x} = \frac{2x-3}{\square}$

12
Bringe die Bruchterme auf den gleichen Nenner.

a) $\frac{4}{9x}; \frac{5}{12x}$ b) $\frac{19}{24y^2}; \frac{17}{20y}$

c) $\frac{x+2}{x-2}; \frac{x-2}{x+2}$ d) $\frac{5x}{6x+4}; \frac{3x}{3x+2}$

Welcher der auf den Kärtchen abgebildeten Rechenzeichen kann man in die Lücke einsetzen?

$\frac{5}{3x} \square \frac{5}{2x} = \frac{25}{6x}$

$\frac{49}{12a} \square \frac{7}{4a} = \frac{7}{3a}$

$\frac{4}{15y} \square \frac{2}{5y} = \frac{2}{3y}$

13
Berechne den Wert des Terms für die in der Klammer stehenden Zahlen.
Vereinfache zuvor.

a) $\frac{4}{x} + \frac{7}{x} - \frac{2}{x}$ (3; 4; 5; 6)

b) $\frac{8}{x^2} + \frac{12}{x^2} + \frac{16}{x^2}$ (3; −3; 6; −6)

c) $\frac{8x-5}{x+2} + \frac{6-7x}{x+2}$ (1; −1; 2; −3)

14
Bestimme zuerst einen gemeinsamen Nenner.

a) $\frac{2}{3} + \frac{1}{x}$ b) $\frac{5}{x} - \frac{1}{2}$

c) $\frac{1}{4a} + \frac{3}{2a}$ d) $\frac{6}{5x} - \frac{11}{15x}$

e) $\frac{2}{3b} + \frac{7}{9b}$ f) $\frac{1}{2x} - \frac{x}{4x^2}$

g) $\frac{13}{14a} - \frac{20}{21a}$ h) $\frac{11}{18y} + \frac{22}{27y}$

i) $\frac{7}{15y} - \frac{3y}{25y^2}$ j) $\frac{19x}{28x^2} + \frac{13}{42x}$

k) $\frac{3}{8x} + \frac{6+x}{12x}$ l) $\frac{3y}{10y} - \frac{y+4}{15y}$

15
Multipliziere oder dividiere.

a) $\frac{3}{4x} : \frac{1}{2}$ b) $3x \cdot \frac{1}{6x}$

c) $15 : \frac{5a^2}{4}$ d) $\frac{5}{18y^2} \cdot 12y$

e) $\frac{19}{32x^3} : \frac{1}{16x^2}$ f) $69x^2 \cdot \frac{7}{23x}$

16
Welche der Terme sind gleichwertig?

$\frac{25x+10}{5x \cdot (2x-3)} \cdot \frac{2x}{x-1} - 1$ $\frac{20x+8}{6} \cdot \frac{3}{4x-6}$

$\frac{2x+2}{6x} : \frac{5x-5}{15x}$ $\frac{15x}{6x-9} + \frac{18}{18x-27}$

17
Vereinfache.

a) $\frac{2x-1}{3x+5} + \frac{x+6}{3x+5}$

b) $\frac{3x-8}{2x-5} - \frac{2-x}{2x-5}$

c) $\frac{3x+3}{x} \cdot \frac{x}{x+1}$

d) $\frac{3a-9}{6a+12} : \frac{a-3}{10a+20}$

18
Gib die Lösung der Verhältnisgleichung an.

a) $\frac{x}{20} = \frac{54}{45}$ b) $\frac{28}{42} = \frac{x}{27}$

c) $\frac{51}{x} = \frac{33}{44}$ d) $\frac{95}{57} = \frac{65}{x}$

e) $\frac{17}{29} = \frac{x}{87}$ f) $\frac{37}{103} = \frac{222}{x}$

19
Schreibe mit Brüchen und löse.

a) $77 : 63 = x : 36$ b) $x : 35 = 105 : 175$

c) $81 : x = 135 : 60$ d) $x : 90 = 48 : 36$

20
Bestimme die Lösungsmenge.

a) $\frac{35}{6x} = \frac{25}{30}$ b) $\frac{24}{55} = \frac{x}{165}$

c) $\frac{x+1}{7} = \frac{15}{21}$ d) $\frac{16}{36} = \frac{x-1}{9}$

e) $\frac{35}{2x} = \frac{65}{26}$ f) $\frac{39}{69} = \frac{3x-1}{46}$

21
Löse.

a) $\frac{7}{15x} + \frac{1}{3} = \frac{5}{6x}$ b) $\frac{3}{4x} - \frac{1}{2} = \frac{1}{x}$

c) $\frac{x-6}{5x} - \frac{x+3}{2x} = 0$ d) $\frac{4x-2}{6x} = \frac{5}{3x}$

e) $\frac{6x-9}{4x} = \frac{2x-3}{x}$ f) $\frac{5x+3}{2x} - 2 = \frac{3x-1}{x}$

22
Beim Umformen sind Fehler passiert.

a) $\frac{x}{2} = 8$ b) $x : 9 = 9$
    $x = 4$ $x = 1$

c) $\frac{x}{2} - \frac{x}{5} = 3$ d) $\frac{x}{2} = \frac{x+3}{4}$
    $5x - 2x = 13$ $2x = 2x + 6$

23
Die Lösungen zu diesen Aufgaben findest auf dem Rand.

a) $2(3x - 4) = 5x$

b) $-3(x - 5) = 15$

c) $6x = (5 - 2x) \cdot (-4)$

d) $6(4 - a) + 3a = 4a - 4$

e) $12(a - 1) = 52 - 14(a - 1)$

f) $6(4 + a) + 4(a - 18) = 12(2a + 3)$

g) $z - 2(z - 4) = 3z - (2 - z)$

h) $8(z + 3) + 7(z + 2) = 5z + 6(z + 1)$

i) $7z + 2(z - 12) = 2(z - 13) + 3(2z + 1)$

k) $7(4z - 11) - 5(1 + 2z) = 41 + 3(2z + 7)$

Vermischte Aufgaben

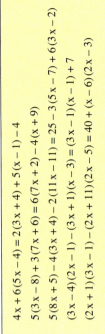

$4x + 6(5x - 4) = 2(3x + 4) + 5(x - 1) - 4$

$5(3x - 8) + 3(7x + 6) = 6(7x + 2) - 4(x + 9)$

$5(8x + 5) - 4(3x + 4) - 2(11x - 11) = 25 - 3(5x - 7) + 6(3x - 2)$

$(3x - 4)(2x - 1) - (3x + 1)(x - 3) = (3x - 1)(x - 1) + 7$

$(2x + 1)(3x - 1) - (2x + 11)(2x - 5) = 40 + (x - 6)(2x - 3)$

Für bärenstarke Rechner und Rechnerinnen!

24
Ordne die Lösungen zu.
a) $\frac{2}{3} - \left(9x - \frac{1}{3}\right) = \frac{5}{3} - 11x$
b) $1 - \left(3x + \frac{2}{5}\right) = x - \left(\frac{9}{10} + 3x\right)$
c) $\frac{1}{8} - \left(4x - \frac{1}{8}\right) = \frac{1}{2} - \left(x + \frac{3}{2}\right)$
d) $4x + \frac{1}{2} - \left(\frac{2}{3} + 2x\right) = 3x + \frac{1}{3}$

$\frac{5}{12}$
$-\frac{1}{2}$
$\frac{1}{3}$
$\frac{3}{2}$

25
Lange Aufgaben mit erstaunlich einfachen Lösungen.
a) $(x + 3)(3x - 1) - x(2x + 1) = x^2 + 4$
b) $(3y + 4)(3y - 4) - (3y - 1)(3y - 1) = -5$
c) $5(2x + 3)(3x + 4) = 15x(2x + 7)$
d) $(8 - x)(8 - x) = (7 - x)(7 - x) + 7$
e) $(4x + 1)(7x + 4) - (14x + 1)(2x - 1) = 180$

26
Für einen Quader kann man die Kantenlänge K, das Volumen V und die Oberfläche A_O mit folgenden Formeln berechnen:
V = abc
K = 4(a + b + c)
A_O = 2ab + 2ac + 2bc
a) Löse jeweils nach a auf.
b) Forme ebenso nach b und c um.
c) Berechne die fehlenden Werte.

a	6 cm		3,5 cm		3 dm	
b	8 cm	7 m		2,5 cm		12 m
c	5 cm	10 m	4,5 m	1,5 cm	7 dm	3,5 m
V		350 m³	189 ml			
K				32 cm		
A_O					142 dm²	254,5 m²

27
Formuliere eine Textaufgabe aus der Geometrie für die Gleichung.
a) $2x + 2(x + 3) = 66$
b) $x + (x - 4,5) + (x - 2,3) = 86,2$
c) $6(x + 3)^2 = 6x^2 + 198$

28
Das 18fache einer Zahl, vermehrt um das 5fache der um 1 vergrößerten Zahl, ergibt 97.
Wie heißt die Zahl?

29
Eine 6-köpfige Familie hat im Lotto 50 000 € gewonnen. Unter den 4 Geschwistern sollen 25 000 € so aufgeteilt werden, dass jedes folgende Kind 600 € mehr erhält als das ältere. Wie viel bekommt jedes Kind?

30
Wie alt wurde Frau Albrecht-Schöllhuber, wenn sie nach einem Drittel ihres Lebens Mutter wurde und dann 54 Jahre lang Mutter blieb?

31
Claudia ist heute 5-mal so alt wie ihr Bruder Stefan. In 9 Jahren ist Claudia nur noch doppelt so alt wie Stefan.
Wie alt ist Stefan heute?

*32
Ein Zeitungshändler rechnet mit 50 € festen Kosten pro Tag. Am Verkauf einer Zeitung verdient er 0,25 €. Wie viele Zeitungen muss er mindestens verkaufen, wenn er einen Gewinn erreichen möchte, der über 120 € liegt?

*33
a) Welche Rechtecke, deren Länge um 5 cm größer ist als ihre Breite, haben einen Umfang, der kleiner als 50 cm ist?
b) Welche Länge muss eine Quadratseite mindestens haben, damit der Umfang des Quadrates größer als 100 cm ist?

*34
Stelle die Lösungsmengen an der Zahlengeraden farbig dar.
a) $8 - 5x > 3$
b) $3x - (7x - 25) \leq 2x + 19$
c) $(x - 3)^2 > (x + 2)^2 - 15$

*35
a) Die Summe von drei aufeinander folgenden natürlichen Zahlen ist kleiner als 246. Bestimme diese Zahlen.
b) Die Summe aus einer Zahl und 3 ist kleiner als die Differenz aus dem 6fachen der Zahl und 80.

MOBILFUNK

Früher ging SMS schreiben ganz anders …

Es war schon immer ein großer Wunsch der Menschen, sich auch über weite Entfernungen verständigen zu können, und das besonders schnell. Lange Zeit dienten dafür das Telefon und das Telegramm. In den letzten Jahren kamen nacheinander weitere Dienste dazu wie Telefax, Bildschirmtext (BTX), Internet und Mobilfunk. Das führte dazu, dass Telegramme kaum noch genutzt wurden und der Bildschirmtext mittlerweile vollständig durch das Internet abgelöst wurde. Bei Jugendlichen spielt das Versenden von Kurznachrichten (SMS = Short Message Service) innerhalb des Mobilfunks, durch Internetanbieter und neuerdings auch im Festnetz eine sehr große Rolle.

1
Die monatlichen Kosten im „business"-Tarif kann man nach folgender Formel berechnen, wenn die Kosten den Mindestumsatz übersteigen:

$K = 2 \cdot 5{,}51\,€\, 6\, (T_1 \cdot 0{,}59\,€ +$
$\qquad\qquad T_2 \cdot 0{,}29\,€ +$
$\qquad\qquad T_3 \cdot 0{,}15\,€ +$
$\qquad\qquad M \cdot 0{,}29\,€ +$
$\qquad\qquad N \cdot 0{,}19\,€ - 5{,}51\,€).$

a) Erkläre die Formel. Was bedeutet T?
b) Wie sieht die Formel aus, wenn der monatliche Mindestumsatz, z. B. durch einen Auslandsaufenthalt ohne Mobilfunk, nicht erreicht wird?
c) Fertige eine Monatsabrechnung für den „business"-Tarif an, wenn in Hauptzeiten 224:30 min ins Festnetz bzw. in Fremdnetze und 84:00 min ins eigene Netz, in Nebenzeiten 68:30 min ins Festnetz bzw. in Fremdnetze und 115:00 min ins eigene Netz telefoniert wurde, insgesamt 23 Mailboxabfragen erfolgten und 14 SMS versendet wurden.
d) Stelle die Formel für die „student"-Tarif auf.
e) Wie viele Minuten könnte man im „student"-Tarif mit 25 € Guthaben ausschließlich ins eigene Netz telefonieren, wie viele SMS könnte man ausschließlich versenden?
f) Was würde der Monat aus c) im „student"-Tarif kosten?

Ein zweiter Anbieter wird in den Preisvergleich einbezogen. Der Anbieter „Weites Netz" hat einen Tarif „teens" entsprechend „students" und einen Tarif „job" entsprechend „business", die sich dadurch unterscheiden, dass GP und MU 4,49 €, AG 19,99 € betragen und alle Einzelpreise einen Cent höher sind außer dem 4 Cent günstigeren SMS-Tarif.

2
a) Erstelle einen Tarifauszug als Tabelle.
b) Berechne für diesen Anbieter das Monatsbeispiel 1 c) bzw. 1 f).
c) Diskutiert Anbieter- und Vertragswahl, wenn ihr alle vier Tarife in Betracht zieht.

EMOTICONS
(Gefühlsbilder – von rechts zu betrachten) – Auszüge –

:-)	lächelnd
'-)	ein Auge zukneifend
;-)	augenzwinkernd
:-)))	laut lachend
:-o	schreiend
:-I	unfreundlich
:-(	traurig
:(	sehr traurig
:[	deprimiert
:)	breit grinsend
:@	überrascht
:-*	Küsschen gebend
#-)	völlig fertig
:'-(	mit einer Träne im Auge
I-(	verkniffen
:-(	weinend
I-o	gelangweilt

Tarifauszug des Mobilfunkanbieters „DICHTES NETZ"
(Preise pro Minute bei Sekundenabrechnung)

Tarif	„student"	„business"
monatlicher Grundpreis (GP)	–	5,51 €
monatlicher Mindestgesprächsumsatz (MU)	–	5,51 €
einmalige Anschlussgebühr (AG)	25,51 €	25,51 €
Vertragslaufzeit	–	2 Jahre
Hauptzeit	7–20 Uhr	7–18 Uhr
eine Mailboxabfrage (M)	0,29 €	0,29 €
eine SMS (N)	0,19 €	0,19 €
in das Festnetz	0,89 €	0,59 €
in das eigene Netz	0,39 €	0,29 €
in ein Fremdnetz	0,89 €	0,59 €
Sonn- und Feiertage bzw. **Nebenzeit**	0–24 Uhr 20–7 Uhr	0–24 Uhr 18–7 Uhr
eine Mailboxabfrage (M)	0,29 €	0,29 €
eine SMS (N)	0,19 €	0,19 €
in das Festnetz	0,59 €	0,29 €
in das eigene Netz	0,29 €	0,15 €
in ein Fremdnetz	0,59 €	0,29 €

Rückspiegel

1
Erweitere den Bruchterm.

a) $\frac{3}{2x}$ mit $4x$ b) $\frac{6}{7x}$ mit $6x^2$

c) $\frac{3}{2x+6}$ mit $x-1$ d) $\frac{x}{5-3x}$ mit $2x-3$

2
Kürze so weit wie möglich.

a) $\frac{8x}{20x^2}$ b) $\frac{63y^2}{81y^3}$ c) $\frac{6x(x+4)}{(x+4)\cdot 8}$

d) $\frac{20x-15}{12x-9}$ e) $\frac{12x^2+6x}{4x+2}$ f) $\frac{50x^2-50x}{25x^2+25x}$

3
Vereinfache.

a) $\frac{1}{6x}+\frac{5}{8x}$ b) $\frac{5}{6a}-\frac{7}{10a}$ c) $\frac{6}{5x}-\frac{11}{15x}$

d) $3x \cdot \frac{1}{6x}$ e) $18a : \frac{6a^2}{5}$ f) $\frac{5}{18y^2} \cdot 12y$

4
Löse die Gleichung.

a) $\frac{1}{4x}+\frac{1}{21x}=\frac{2}{3}$

b) $\frac{8}{3x}-\frac{1}{12}=1-\frac{11}{4x}$

c) $\frac{5x-7}{4x}-\frac{1}{2}+\frac{1}{x}=0$

d) $\frac{x-5}{24x}+\frac{7-2x}{36x}=\frac{x+1}{18x}$

5
Gib die Lösungsmenge an. Beachte dabei den Variablengrundbereich.

a) $6(9u+1)=4(12u-3)$ $G=\mathbb{N}$
b) $25y-3(4-5y)=0$ $G=\mathbb{R}$
c) $(4x-9)(3x-6)=12x^2+3$ $G=\mathbb{Z}$
d) $20x^2+(-4x-3)(5x-4)=-16$ $G=\mathbb{N}$

6
Löse die Gleichung.

a) $3(x+2)-4(x-3)=5(2x-4)-(8x+4)$
b) $(x+2)^2+(x-3)^2=2x^2+5x-8$

7
Löse die Gleichung nach a auf, dann nach b und danach nach c.

a) $4a+3b=7c$
b) $14a-3c+5b=7c-4b$
c) $3(5a-2b)=4(3a+5b)$
d) $c=\frac{1}{2}a\cdot b$
e) $2a=(a+c)\cdot b$

8
Eine Tippgemeinschaft besteht aus 3 Personen. Wie muss ein Gewinn von 78 204,60 € aufgeteilt werden, wenn die Einsätze 2 €, 4 € und 6 € betragen?

9
In einem gleichschenkligen Dreieck ist der Winkel an der Spitze $\frac{1}{2}$-mal so groß wie ein Basiswinkel. Bestimme alle Winkel.

10
Frau Heimann ist dreimal so alt wie ihr Sohn Jens. Zusammen sind sie 56 Jahre alt.

11
Ein Frachtschiff verlässt seinen Hafen um 6 Uhr und fährt mit einer durchschnittlichen Geschwindigkeit von 10 Knoten. Ein Schnellboot, das $1\frac{1}{4}$ Stunden später startet, fährt mit einer Geschwindigkeit von 35 Knoten. Wann holt es das Frachtschiff ein?

12
Birgits Eltern wollen die Bohnenbeete neu anlegen. Dabei verkürzen sie ein quadratisches Beet von x m Seitenlänge in der Länge um 2 m und vergrößern zum Ausgleich die Breite um 2 m. Birgit stutzt und beklagt sich dann über die neue Beetgröße. Warum?

13
Die Flächeninhalte des gelben und des roten Rechtecks sind gleich groß. Berechne die unbekannte Länge.

Bestimme den Definitionsbereich.

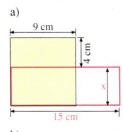

IV Lineare Gleichungssysteme

Chinesische Mathematiker

Isaac Newton (1643–1727)

Gabriel Cramer (1704–1752)

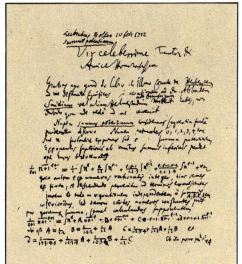
„ein Ort von einem fl" bedeutet ein Viertel von einem Gulden

Seite aus einem mathematischen Schriftstück von Leibniz

Das Problem der 100 Vögel
Eine in vielen Varianten überlieferte Rätselaufgabe erscheint zum ersten Mal in „Arithmetischen Handbüchern" des Chinesen Chang Chin-Chin (um 475 n. Chr.).

Für 100 Geldstücke sollen 100 Vögel gekauft werden. Ein Hahn kostet 5 Geldstücke, eine Henne 3 Geldstücke und 3 Küken 1 Geldstück. Wie viele Tiere sind es von jeder Sorte?

Diese Problemstellung findet man in vielen Kulturen, bei den Indern und den Arabern. Aber auch viele uns bekannte Mathematiker schufen häufig ihre persönliche Variante: Ein Beispiel zeigt das Bild aus dem Rechenbuch von Adam Ries (1492–1559).
Während man zwar viele dieser Aufgaben durch geschicktes Probieren lösen kann, ist ein solches Verfahren doch jedes Mal recht aufwändig. So war es seit jeher ein Bestreben der Mathematiker, ein allgemeines Lösungsverfahren zu entwickeln. Ein erster Ansatz ist in den oben genannten chinesischen Rechenbüchern zu finden.
Der Engländer Isaac Newton (1643–1727), der Schweizer Gabriel Cramer (1704–1752) und der Deutsche Gottfried Wilhelm Leibniz (1646–1716) haben die heute gebräuchlichen Verfahren entscheidend beeinflusst.

1 Lineare Gleichungen mit zwei Variablen

1
Ein Elefant wiegt 5 Tonnen, eine Maus 25 Gramm. Wie viele Elefanten und Mäuse wiegen zusammen 35 t 225 g?

2
a) Die Differenz zweier natürlicher Zahlen beträgt 10. Wie können die beiden Zahlen heißen?
b) Markiere im Koordinatensystem Punkte, deren Koordinatensumme 10 beträgt.
c) Der Umfang eines Rechtecks beträgt 20 cm. Wie lang sind die beiden Seiten?

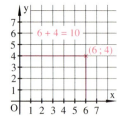
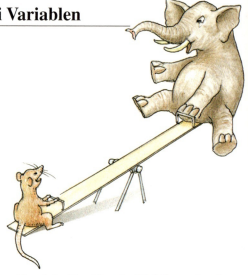

Gleichungen wie $4x + 6y = 10$ oder $3x + 6y - 12 = 0$ heißen **lineare Gleichungen mit zwei Variablen**. Wenn man als Grundmenge für beide Variablen die reellen Zahlen zugrunde legt, gibt es im Allgemeinen unendlich viele Zahlenpaare, die die Gleichung erfüllen.

Zum Beispiel hat die Gleichung
$2x + y = 8$ die Lösungen
$(-1; 10)$, $(0; 8)$, $(1; 6)$, $(2; 4)$, …

Man kann die Zahlenpaare auch in einer Wertetabelle darstellen.

x	–1	0	1	2	3	4	5 …
y	10	8	6	4	2	0	–2 …

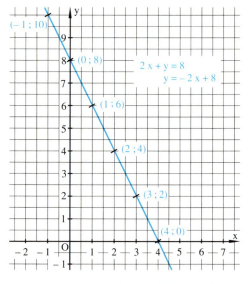

Alle **Lösungen** – als Punkte im Koordinatensystem – liegen auf einer Geraden.
Um die Gerade geschickt zeichnen zu können, stellt man die Gleichung nach y um und erhält die Funktionsgleichung der Form
$y = mx + n$.

> Eine Gleichung der Form $ax + by + c = 0$ heißt **lineare Gleichung mit zwei Variablen**.
> Lösungen dieser Gleichung sind Zahlenpaare, die die Gleichung erfüllen.
> Die zugehörigen Punkte liegen auf einer Geraden im Koordinatensystem.

Beispiel
Wenn die Differenz zweier Zahlen 5 beträgt, kann man dies mit der Gleichung $x - y = 5$ ausdrücken. In einer Wertetabelle kann man Zahlenpaare darstellen, die die Gleichung erfüllen.

x	10	8	5,5	5	3
y	5	3	0,5	0	–2

Löst man die Gleichung nach y auf, erhält man die Geradengleichung $y = x - 5$.
Alle Punkte der Geraden stellen Lösungen der Gleichung dar.

Lineare Gleichungen mit zwei Variablen

Aufgaben

3
Gib jeweils mehrere Lösungen an.
a) Für 6,00 € soll Eis gekauft werden. Es gibt große Kugeln zu 0,60 € und kleine zu 0,40 €.
b) Dora muss beim Einkaufen 52 € bezahlen. Sie bezahlt mit 10-€-Scheinen und 2-€-Stücken.
c) Auf einer Waage sollen mit 2-kg- und 5-kg-Wägestücken 44 kg zusammengestellt werden.
d) Andreas möchte in seine Kiste nicht mehr als 30 kg packen. Er hat Kartons mit 5 kg und 3 kg Masse.
Wie kann er sie zusammenstellen?

4
Stelle eine Gleichung mit zwei Variablen auf.
a) Die Summe zweier Zahlen beträgt 9.
b) Die Summe einer Zahl und dem Dreifachen einer zweiten Zahl beträgt 10.
c) Die Differenz aus dem Dreifachen einer Zahl und dem Doppelten einer anderen Zahl beträgt 7.
d) Das Fünffache einer Zahl, vermehrt um die Hälfte einer zweiten Zahl, ergibt 134.
e) Vermindert man das 4,5fache einer Zahl um den 3.Teil einer anderen Zahl, so erhält man 4.

5
Würfle mit zwei Würfeln. Setze die beiden Augenzahlen für □ ein.

□ · x + □ · y = 30

Suche für x und y Zahlenpaare, die die Gleichung erfüllen.

6
Gib drei Lösungen für die Gleichung an. Rechne im Kopf.
a) $3x + 4y = 12$
b) $2x - 3y + 4 = 0$
c) $y = 2x + 5$
d) $-x + 3 = y + 2$
e) $x - 2y = 1$

7
Ordne die Texte den Schaubildern zu.
(1) Die Summe zweier positiver Zahlen beträgt 8.
(2) Addiert man zwei Zahlen, so erhält man 8.
(3) Werden zwei natürliche Zahlen addiert, so erhält man 8.
(4) Werden zwei ganze Zahlen addiert, so erhält man 8.

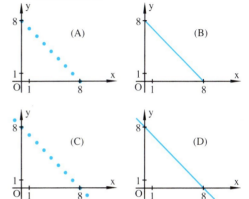

8
Stelle die Lösung zeichnerisch in einem Koordinatensystem dar.
Bestimme zwei Zahlenpaare. Prüfe mit einem weiteren Zahlenpaar.
a) $x + y = 7$ b) $2x + y = 9$
c) $x - 2y = 3$ d) $3x - y = 3$
e) $3x + 2y = 6$ f) $2x - 4y = 2$

9
Stelle die Gleichung um in die Form $y = mx + n$ und zeichne das Schaubild.
a) $y - 2x = 5$ b) $y - x = 3$
c) $y + 3x = 6$ d) $y + 2x = 2,5$
e) $y - 4 = x$ f) $y + 3 = \frac{1}{2}x$
g) $x - y = 5$ h) $2x - y = 3$

10
Prüfe durch Zeichnung und Rechnung, welche Zahlenpaare welche Gleichung erfüllen.
A (0; −3) (1) $y = \frac{1}{2}x + 1$
B (3; −2) (2) $y = 3x - 1$
C (1; 2)   (3) $y = \frac{3}{2}x - 3$
D (4; 3)   (4) $y = -2x + 4$

11
Ergänze so, dass die Zahlenpaare Lösung der Gleichung $y = -4x + 3$ sind.
a) $(1;\square)$ b) $(0;\square)$ c) $(-2;\square)$
d) $(\square;4)$ e) $(\square;-9)$ f) $(1,5;\square)$

12
Welche der Zahlenpaare sind Lösungen der Gleichung $3x - 2y + 1 = 0$?
a) $(0;0)$ b) $(3;1)$ c) $(1;-3)$
d) $(2;3,5)$ e) $(2,5;3)$ f) $(-1;-1)$
g) $\left(0;\frac{1}{2}\right)$ h) $\left(-\frac{1}{3};0\right)$ i) $(3;5)$

13
Forme die Gleichungen zunächst um. Zeichne und prüfe sowohl in der Zeichnung als auch durch Rechnung, welcher Punkt auf welcher Geraden liegt.
(1) $0 = -2x - 2y - 2$ A$(2;3)$
(2) $2x + 0,5y + 3,5 = 0$ B$(-2;1)$
(3) $4x - 2y = 2$ C$(-1;-3)$
(4) $2y - 4 = x$ D$(3;-4)$

14
Zum Knobeln.
Welche Zahlenpaare erfüllen die Gleichung $x + 2y - 12 = 0$, wenn
a) beide Zahlen gleich sind?
b) die erste Zahl doppelt so groß wie die zweite ist?
c) die zweite Zahl um 3 größer ist als die erste Zahl?
d) die erste Zahl um 3 größer ist als die zweite?

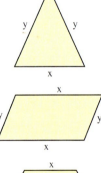
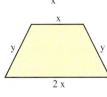
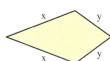

15
Stelle eine Gleichung auf und gib mindestens zwei Lösungen an.
a) Der Umfang eines gleichschenkligen Dreiecks beträgt 15 cm.
b) Der Umfang eines Parallelogramms beträgt 28 cm.
c) Der Umfang eines gleichschenkligen Trapezes beträgt 30 cm. Die untere Grundseite ist doppelt so lang wie die obere Grundseite.
d) Der Umfang eines Drachens beträgt 30 cm.

16
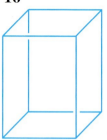
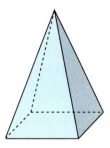

a) Aus einem Draht von 1 m Länge soll das Kantenmodell eines quadratischen Prismas hergestellt werden.
Stelle eine Gleichung für die Summe der Kantenlängen auf und gib drei verschiedene Lösungsmöglichkeiten an.
b) Die Summe aller Kantenlängen einer quadratischen Pyramide beträgt 40 cm. Stelle eine Gleichung auf und gib drei verschiedene Lösungen für die Grund- und Seitenkanten an.
c) Die Kantensumme eines Prismas mit einem gleichseitigen Dreieck als Grundfläche beträgt 60 cm.
Gib drei Möglichkeiten für die Länge der Kanten an.

17
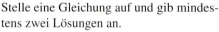

Der Umfang eines Dreiecks beträgt 25 cm. Die erste Seite ist 5 cm länger als die zweite Seite.
a) Zeichne alle Dreiecke dieser Art, bei denen die Maßzahlen der Seitenlängen ganzzahlig sind.
b) Stelle eine Gleichung für den Umfang mit nur zwei Variablen auf.
Denke daran, dass die erste Seite 5 cm länger als die zweite ist.
c) Warum darf die längste Seite nicht 15 cm lang sein?

2 Lineare Gleichungssysteme. Zeichnerische Lösung

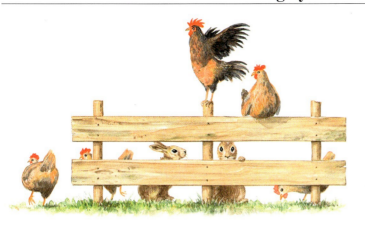

1
In einem Stall sind Hasen und Hennen und zwar 9 Tiere mit insgesamt 24 Füßen.
Wie viele Hasen und Hennen sind es jeweils? Versuche zunächst, die Lösung durch Probieren zu finden.

2
Zeichne die Schaubilder der beiden Gleichungen $y = 2x - 2$ und $y = \frac{1}{2}x + 3$.
Setze den x-Wert und den y-Wert des Schnittpunkts der beiden Geraden in beide Gleichungen ein.

Zwei lineare Gleichungen mit zwei Variablen bilden zusammen ein **lineares Gleichungssystem**. Wenn man die Lösung dieses Gleichungssystems sucht, muss man für die beiden Variablen Zahlen finden, die beide Gleichungen erfüllen.
Beispiel:

(1) $x + y = 6$

x	0	1	2	3	4	5
y	6	5	4	3	2	1

(2) $x - y = 2$

x	0	1	2	3	4	5
y	-2	-1	0	1	2	3

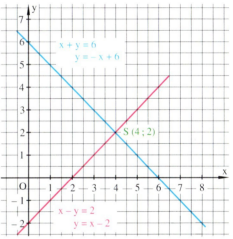

Den Tabellen kann man entnehmen, dass das Zahlenpaar (4;2) beide Gleichungen erfüllt. Im Bild sieht man, dass diese Zahlen die Koordinaten des Schnittpunkts der beiden Geraden sind. Das Zahlenpaar bildet die Lösung des Gleichungssystems, L = {(4;2)}.

> Ein **lineares Gleichungssystem** aus zwei linearen Gleichungen mit zwei Variablen hat dann eine Lösung, wenn sich die beiden zugehörigen Funktionsgeraden schneiden. Das Argument und der Funktionswert des Schnittpunkts erfüllen sowohl die erste als auch die zweite Gleichung, das Wertepaar des Schnittpunkts ist die **Lösung des Gleichungssystems**.
> Schnittpunkt der Geraden: $S(x_s; y_s)$ Lösung des Gleichungssystems: $L = \{(x_s; y_s)\}$.

Beispiel
Die beiden Gleichungen

(1) $y = \frac{3}{2}x + 3$

(2) $y = -\frac{1}{2}x + 1$

bilden ein lineares Gleichungssystem.
Die beiden Geraden schneiden sich im Punkt $S(-1; 1,5)$.
Das Zahlenpaar $(-1; 1,5)$ ist die Lösung des Gleichungssystems, L = {(-1; 1,5)}.

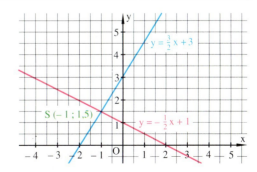

Lineare Gleichungssysteme. Zeichnerische Lösung

Aufgaben

3
Stelle das Gleichungssystem zeichnerisch dar und gib die Koordinaten des Schnittpunkts der beiden Geraden an.

a) $y = 2x - 3$
$y = -3x + 7$

b) $y = x + 1$
$y = -\frac{1}{2}x + 4$

c) $y = -2x + 1$
$y = 2x + 5$

d) $y = -3x - 2$
$y = x + 6$

e) $y = -\frac{1}{4}x - 2$
$y = -\frac{7}{4}x - 5$

f) $y = \frac{4}{3}x + 3$
$y = \frac{1}{3}x$

g) $y = \frac{1}{2}x + 1$
$y = -x - \frac{1}{2}$

h) $y = 3x - 3$
$y = -3x$

4
Löse das Gleichungssystem zeichnerisch und bestätige die Lösung, indem du die Koordinaten des Schnittpunkts in beide Gleichungen einsetzt.

a) $y = 2x + 1$
$y = -2x + 5$

b) $y = x - 1$
$y = -\frac{1}{3}x + 3$

c) $y = \frac{1}{2}x + 2$
$y = -\frac{3}{2}x - 2$

d) $y = 3x + 6$
$y = \frac{1}{3}x - 2$

5
Stelle beide Gleichungen in die Form $y = mx + n$ um und löse das Gleichungssystem zeichnerisch.

a) $2y - x = 4$
$2y + 3x = 12$

b) $y + 4x = 0$
$y - 2x - 6 = 0$

c) $3x - y = -1$
$x + y = -3$

d) $2x + 24 = 6y$
$2x + 9 = 3y$

e) $3y + x = 3$
$y - x = 5$

f) $4y + 2x = 8$
$6y + 7x = 36$

6
Die drei Geraden schneiden sich in drei Punkten und bilden so ein Dreieck ABC. Bestimme durch Zeichnung die Koordinaten der drei Eckpunkte des Dreiecks.

a) $y = \frac{1}{2}x$
$y = -\frac{1}{2}x + 8$
$y = \frac{5}{2}x - 4$

b) $y = x - 1$
$y = -\frac{1}{2}x + 2$
$y = \frac{1}{2}x + 4$

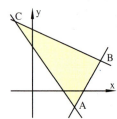

7
In welchem Quadranten liegt der Schnittpunkt? Gelingt dir die Antwort ohne Zeichnung?

a) $y = x$
$y = -x + 3$

b) $y = x$
$y = -x - 3$

c) $y = -x$
$y = x + 3$

d) $y = -x$
$y = x - 3$

e) $y = 2x$
$y = x + 2$

f) $y = -2x$
$y = -x - 2$

g) $y = 2x$
$y = -x - 2$

h) $y = -2x$
$y = x + 2$

8
Wie heißen die Koordinaten des Schnittpunkts? Versuche, sie ohne Zeichnung zu finden.

a) $y = x$
$y = -x$

b) $y = x$
$y = 4$

c) $y = x + 3$
$y = -x + 3$

d) $y = \frac{1}{2}x + 5$
$y = -\frac{4}{3}x + 5$

e) $y = 2x$
$y = -x + 3$

f) $y = x$
$y = -x + 2$

g) $y = x - 3$
$y = -x + 3$

h) $y = \frac{1}{2}x$
$y = -\frac{1}{2}x + 2$

9
Drei der vier Geraden haben einen gemeinsamen Punkt. Ermittle zeichnerisch die Koordinaten dieses Schnittpunkts und gib die Gerade an, die nicht durch den Punkt geht.

a) $y = x$
$y = \frac{1}{2}x + 2$
$y = -\frac{1}{4}x + 5$
$y = -\frac{2}{3}x + 6$

b) $y = -\frac{2}{3}x$
$y = -\frac{1}{3}x + 1$
$y = \frac{1}{3}x + 2$
$y = \frac{5}{3}x + 7$

10
Bestimme durch Zeichnung die Ursprungsgerade, die durch den Schnittpunkt der beiden Geraden geht. Wie lautet die Gleichung der Geraden?

a) $y = -\frac{1}{3}x + 5$
$y = 2x - 2$

b) $y = -\frac{5}{3}x + 4$
$y = \frac{1}{3}x - 2$

Lineare Gleichungssysteme. Zeichnerische Lösung

11
Die Koordinaten des Schnittpunkts haben jeweils eine Dezimalstelle. Zeichne besonders sorgfältig auf Millimeterpapier.

a) $y = \frac{1}{3}x + 4$
   $y = 2x - 2$

b) $y = \frac{1}{5}x - 4$
   $y = -3x + 4$

c) $y = -\frac{1}{2}x + 3$
   $y = \frac{1}{3}x + 5$

d) $y = -x - 3$
   $y = \frac{3}{2}x + 3$

12
Nicht bei jedem Gleichungssystem kann man die Lösung zeichnerisch exakt bestimmen.
Löse das Gleichungssystem näherungsweise auf eine Stelle nach dem Komma und setze diese zeichnerisch gefundenen Werte in die beiden Gleichungen ein.

a) $y = -\frac{1}{5}x + 3$
   $y = 3x - 2$

b) $y = \frac{2}{7}x - 2$
   $y = -\frac{3}{2}x + 5$

c) $y = \frac{5}{2}x - 1$
   $y = -\frac{1}{3}x - 3$

d) $y = \frac{4}{3}x - 4$
   $y = -\frac{5}{2}x + 4$

13
Übertrage die Graphen ins Heft und bestimme die Koordinaten der Schnittpunkte möglichst genau.

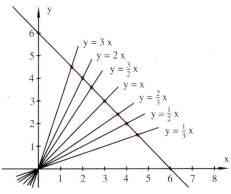

Kannst du das Gleichungssystem
1,23 x + 3,21 y = 4,44
3,21 x + 1,23 y = 4,44
zeichnerisch lösen oder hast du eine bessere Idee?

14
Zeichne zwei Parallelen zur Geraden $y = x$ durch die Punkte $P_1(0;3)$ und $P_2(0;-3)$ und bestimme zeichnerisch die Schnittpunkte dieser drei Geraden mit den beiden Geraden $y = -3x + 5$ und $y = -\frac{1}{3}x + 5$.

Treffpunkte
Bewegungen lassen sich zeichnerisch in einem Koordinatensystem darstellen. Im Allgemeinen wird auf der x-Achse die benötigte Zeit t und auf der y-Achse der zurückgelegte Weg s abgetragen.

Wenn man z. B. die Bewegungen von zwei Autos in ein Koordinatensystem einträgt, kann man ablesen, wann und nach welcher Entfernung die beiden sich treffen.

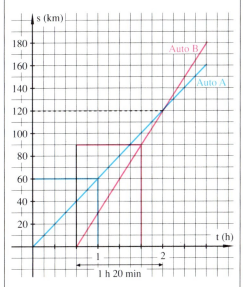

Auto A fährt mit 60 km/h. Auto B fährt 40 min später los, fährt aber mit 90 km/h. Auto B holt Auto A nach 120 km und 1 h 20 min ein.

Ein Schwertransporter fährt mit 40 km/h. Ein LKW fährt doppelt so schnell. Wann holt der LKW den Transporter ein, wenn er 30 min später losfährt?

Aus zwei 50 km voneinander entfernten Orten fahren zur gleichen Zeit in gleicher Richtung zwei Autos los. Ihr gemeinsamer Zielort liegt an derselben Straße wie die beiden Startorte und ist nur auf dieser Straße zu erreichen.
Wann überholt das weiter vom Ziel entfernte und schneller fahrende Auto das andere, wenn die Geschwindigkeiten der beiden Autos 50 km/h bzw. 90 km/h betragen?

3 Gleichsetzungsverfahren

1
Löse das Gleichungssystem
(1) $y = \frac{3}{4}x - 1$
(2) $y = \frac{3}{5}x + 1$ zeichnerisch.
Wie genau kannst du die Lösung ablesen?

2
Lies aus dem Schaubild die Lösung des
Gleichungssystems $y = -x + 201$
                   $y = x - 1$ ab.
Setze die Werte für x und y ein. Was fällt auf?

3
Sieh dir die zwei Waagen an und versuche herauszufinden, wie viel kg die kleinen Würfel wiegen.

Nicht alle Gleichungssysteme lassen sich zeichnerisch exakt lösen. Mit **rechnerischen Lösungsverfahren** ist dies aber möglich.
Wenn in einen Gleichungssystem beide Gleichungen nach derselben Variablen aufgelöst sind, kann man auch die Terme, die auf der anderen Seite stehen, **gleichsetzen**.

$3x - 2$	=	y
y	=	$2x + 8$
$3x - 2$	=	$2x + 8$

Man erhält so eine Gleichung mit nur einer Variablen. Mit der Lösung dieser Gleichung, $x = 2$, kann man auch die zweite Variable berechnen. Man setzt $x = 2$ in eine der Ausgangsgleichungen ein und erhält $y = 4$.

> **Gleichsetzungsverfahren:** Man löst beide Gleichungen nach derselben Variablen auf.
> Durch Gleichsetzen erhält man dann eine Gleichung mit nur einer Variablen.

Probe:
Beide Lösungen in **beide** Ausgangsgleichungen einsetzen und die Gleichheit überprüfen!

Beispiele

a) Wenn eine Gleichung bereits aufgelöst ist, wird die andere Gleichung nach derselben Variablen aufgelöst.
(1) $y = 4x - 2$
(2) $y - 3x = 5$ $| + 3x$
(1) $y = 4x - 2$
(2') $y = 3x + 5$

Gleichsetzen von (1) und (2'):
$4x - 2 = 3x + 5$
$x = 7$
Einsetzen in (1):
$y = 4 \cdot 7 - 2$
$y = 26$
$L = \{(7;26)\}$

b) Bei manchen Gleichungssystemen ist es geschickt, nach dem Vielfachen einer Variablen aufzulösen.
(1) $3x + 4y = 32$ $| - 4y$
(2) $3x + 7y = 47$ $| - 7y$
Auflösen:
(1') $3x = 32 - 4y$
(2') $3x = 47 - 7y$

Gleichsetzen von (1') und (2'):
$32 - 4y = 47 - 7y$
$y = 5$
Einsetzen in (1'):
$3x = 32 - 4 \cdot 5$
$x = 4$
$L = \{(4;5)\}$

Gleichsetzungsverfahren

Aufgaben

4
Löse das Gleichungssystem rechnerisch.
a) $y = 3x - 4$
   $y = 2x + 1$
b) $y = x + 9$
   $y = 3x - 5$
c) $x = y + 5$
   $x = 2y + 3$
d) $3y - 9 = x$
   $y - 4 = x$
e) $y = 4x + 2$
   $5x - 1 = y$
f) $2y = 5x + 4$
   $2y = 6x - 1$
g) $4x = 2y + 10$
   $4x = 5y + 1$
h) $5y = 2x - 1$
   $4x + 3 = 5y$
i) $6x = 25y - 1$
   $12y + 12 = 6x$
k) $\frac{1}{2}x + 4 = \frac{1}{2}y$
   $\frac{1}{2}y = \frac{3}{2}x - 2$

5
Löse die beiden Gleichungen des Gleichungssystems nach einer Variablen auf und löse rechnerisch.
a) $x + 2y = 3$
   $x + 3y = 4$
b) $2x + y = 5$
   $5x + y = 11$
c) $x + 6y = 24$
   $x - 4y = 4$
d) $2y - 3x = 9$
   $3x + y = 18$
e) $12x - y - 15 = 0$
   $8x - y + 1 = 0$

6
Forme die Gleichungen geschickt um und löse mit dem Gleichsetzungsverfahren.
a) $3x - 2y = 3$
   $3x - y = 5$
b) $2x + 4y = 2$
   $3x + 4y = 5$
c) $2x - 5y = 7$
   $3y = 2x + 3$
d) $5x + 3y = 30$
   $4x = 3y - 3$
e) $5x = y + 6$
   $5x - 12 = 2y$
f) $5x + 2y = 5$
   $3x - 2y = 11$
g) $6x + 25y - 13 = 0$
   $3x + 5y + 1 = 0$

Wo schneiden sich die beiden Geraden?

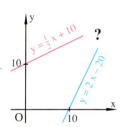

7
Löse die Gleichungssysteme. Zur Kontrolle: Die Summe aller Argumente ist gleich der Summe aller Funktionswerte.
a) $5x = 2y + 7$
   $2x + 2y = 14$
b) $6x - 3y = 27$
   $6x + 2y = 62$
c) $4x - 2y = 14$
   $7y = 4x + 1$
d) $3x + 12y = 30$
   $9x - 39 = 15y$
e) $3x - 2y = -12$
   $7y = 6x + 51$
f) $5x - 3 = 4y$
   $24 - 2y = 6x$

8
Löse das Gleichungssystem rechnerisch. Achte beim Lösen darauf, dass möglichst geschickt umgeformt wird.
a) $x + 5y = 13$
   $2x + 6y = 18$
b) $7x + y = 37$
   $3x + 2y = 30$
c) $2x + 3y = 4$
   $4x - 4y = 28$
d) $4x = 6y + 2$
   $5y = 2x - 7$
e) $3x + 4y - 5 = 2x + 3y - 1$
   $6x - 2y + 2 = 4x - 3y + 5$

9
Bei Gleichungssystemen können auch andere Gleichungsvariablen verwendet werden.
Löse das Gleichungssystem rechnerisch.
a) $a = 2b + 4$
   $a = b + 5$
b) $18 + 6n = 3m$
   $12m - 36 = 6n$
c) $s = 5 + t$
   $s = 2t + 1$
d) $5p + 5q = 10$
   $3p + 5q = 14$
e) $2a + 2b = 0$
   $5a - 27 = 4b$
f) $7z + 5p = 9$
   $10p - 5z = -20$

10
Löse beide Gleichungen des Gleichungssystems nach derselben Variablen auf und löse.
a) $2x + 3y - 4 = 3x + 6y - 5$
   $5x + 2y + 7 = 4x - 5y + 12$
b) $x + 5y + 2 = 6x + 4y - 12$
   $6x + 3y - 4 = 2x + 2y + 9$
c) $2(x + 3) + 4y = 3(x - 2) + 7y$
   $5x - 2(y + 3) = 4x + 8(y - 2,5)$

11
Bestimme die Koordinaten des Schnittpunkts exakt durch Rechnung und vergleiche mit dem Bild. Zeichne selbst.

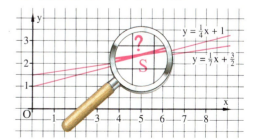

4 Einsetzungsverfahren

1
Wie kann man das Gleichungssystem
(1) $5x + y - 281x + 5 = 20$
(2) $y = 281x$
geschickt lösen?

2
Die beiden Waagen stehen im Gleichgewicht. Wie viel kg wiegt ein Würfel?

3
Das Vierfache einer Zahl vermehrt um das Dreifache einer zweiten Zahl ergibt 18. Die zweite Zahl ist um 1 kleiner als die erste Zahl. Stelle zwei Gleichungen auf und probiere.

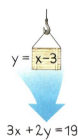

Um aus einem Gleichungssystem von zwei Gleichungen mit zwei Variablen eine Gleichung mit einer Variablen zu erhalten, kann man eine Gleichung nach einer Variablen auflösen und in der anderen Gleichung diese Variable durch den Term, der auf der anderen Seite der ersten Gleichung steht, **ersetzen**.

Nachdem die Gleichung (2) nach y aufgelöst ist, wird in Gleichung (1) für y der Term $x - 3$ eingesetzt.
Mit der Lösung $x = 5$ kann man, wie bekannt, y berechnen. Man erhält $y = 2$.

(1) $3x + 2y = 19$
(2) $y = x - 3$
Einsetzen von (2) in (1):
(1') $3x + 2(x - 3) = 19$
       $x = 5$

Einsetzungsverfahren: Man löst eine Gleichung des Gleichungssystems nach einer Variablen auf. Durch Einsetzen in die andere Gleichung entsteht eine Gleichung mit einer Variablen.

Bemerkung: Das Gleichsetzungsverfahren ist der Sonderfall des Einsetzungsverfahrens.
Beispiele

Probe:
Beide Lösungen in **beide** Ausgangsgleichungen einsetzen und die Gleichheit überprüfen!

a) Hier wird die erste Gleichung nach y aufgelöst und in die zweite Gleichung eingesetzt.
(1) $y - x = 1$ $| + x$
(2) $6x - 3y = 6$
Auflösen:
(1') $y = x + 1$
(2) $6x - 3y = 6$
Einsetzen von (1') in (2):
$6x - 3 \cdot (x + 1) = 6$
$6x - 3x - 3 = 6$
$3x = 9$ $| : 3$
$x = 3$
Einsetzen in (1'):
$y = 3 + 1$
$y = 4$
$L = \{(3;4)\}$

b) Bei manchen Aufgaben ist es geschickt, eine Gleichung nach dem Vielfachen einer Variablen aufzulösen.
(1) $6x + 14y = -100$ $| - 14y$
(2) $6x + 42y = -660$
Auflösen:
(1') $6x = -100 - 14y$
(2) $6x + 42y = -660$
Einsetzen von (1') in (2):
$-100 - 14y + 42y = -660$
$-100 + 28y = -660$ $| + 100$
$28y = -560$ $| : 28$
$y = -20$
Einsetzen in (1'):
$6x = -100 - 14 \cdot (-20)$
$x = 30$
$L = \{(30;-20)\}$

Aufgaben

4
Löse nach dem Einsetzungsverfahren.
a) $5x + y = 8$
    $y = 3x$
b) $7x - y = -15$
    $y = 2x$
c) $x + 2y = 49$
    $x = 5y$
d) $2x - 3y = 7$
    $2x = 5y$
e) $3x + y = 11$
    $y = x + 1$
f) $5x + y = 45$
    $y = 2x - 4$
g) $x - 2y = 7$
    $x = 5y + 4$
h) $3y + x = 9$
    $x = y - 5$
i) $2x + 3y = 9$
    $2x = y + 1$
k) $3x + 5y = 17$
    $5y = 6x - 1$

5
Löse eine Gleichung auf und setze zur Lösung in die andere ein.
a) $5x + y = 7$
    $2x + y = 4$
b) $x + 3y = 5$
    $x - 2y = 10$
c) $3x - 2y = 2$
    $5x + 2y = 14$
d) $4x + 3y = 15$
    $4x - 2y = 10$
e) $2x = 3y - 3$
    $x - 3y = -9$
f) $5x - 3y = 1$
    $x + 3y = 11$
g) $4x - 4y = 16$
    $4y = 5x - 7$
h) $4x - 3y = 11$
    $6y + 28 = 2x$

6
Löse eine der beiden Gleichungen geschickt auf und setze das Ergebnis in die andere Gleichung ein.
a) $5x + 2y = 20$
    $3x - y = 1$
b) $7x + 3y = 64$
    $6y - 8x = 40$
c) $11x - 6y = 39$
    $2y + 17 = 5x$
d) $40 - 5x = 6y$
    $4y + x = 8$
e) $5x + 28 = 3y$
    $12y - 4x = 80$
f) $3(x - 3y) = 27$
    $3(y - 4) = 4(x - 3)$

7
Wenn man die Wertepaare der Lösungen als Punkte ins Koordinatensystem einträgt, so stellt man fest, dass alle Punkte auf einer Geraden liegen.
a) $8x - 7y = 16$
    $5x - 10 = 7y$
b) $6x + 9 = 5y$
    $10y - 3x = -18$
c) $3x + 5y = 17$
    $3x - 6y = 6$
d) $3x = y + 16$
    $8x = 10y + 28$
e) $x - 3y = 4$
    $5x = 2y - 6$
f) $6y + 5x = -6$
    $8y = 10x - 8$

Wie heißt die Gleichung der Geraden?

Noch mehr Variablen
Es gibt auch lineare Gleichungssysteme mit drei Gleichungen und drei Variablen. Manche lassen sich mit dem Einsetzungsverfahren leicht lösen.

Beispiel:
(1) $x + y + z = 16$
(2) $x + y = 7$
(3) $x = 3$

Einsetzen von (3) in (2) und (1):
(1) $3 + y + z = 16$
(2) $3 + y = 7$ | -3
    $y = 4$

Einsetzen in (1):
(1) $3 + 4 + z = 16$ | -7
    $z = 9$
    $L = \{(3;4;9)\}$

Dieses Verfahren erinnert an viele aneinander gestellte Dominosteine, die alle umkippen, wenn man den ersten Stein umwirft.

Löse nun selbst einige Gleichungssysteme dieser Art.

$x + y - z = 7$
$x - y = 2$
$x = 5$

$2x + 3y + 4z = 9$
$x + 2y = 10$
$3x = 12$

$x - 2y + 2z = 10$
$2x + 4y = 28$
$2x = 35$

$2x + y - 3z = -7$
$3x - 4y = 4$
$6x = 0$

5 Additionsverfahren

1
Wenn man die Gegenstände auf den beiden linken Waagschalen und die auf den beiden rechten Waagschalen jeweils auf einer zusammenlegt, ist die Waage wieder im Gleichgewicht.
Wie schwer ist ein Würfel?

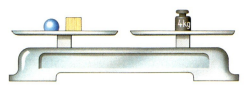

2
Kannst du das Gleichungssystem
(1) $x + y = 25$
(2) $x - y = 1$
geschickt lösen?

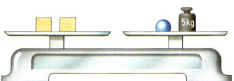

Wenn in einem Gleichungssystem in beiden Gleichungen eine Variable oder ein Vielfaches davon mit demselben Betrag, aber unterschiedlichen Vorzeichen vorkommt, kann man die Gleichungen geschickt **addieren**.

Durch diese Addition wird aus zwei Gleichungen mit je zwei Variablen eine Gleichung mit einer Variablen. Die Gleichung hat die Lösung $x = 3$.
Durch Einsetzen in eine der beiden Gleichungen erhält man $y = 1$.

$$4x + 3y = 15$$
$$+\quad +\quad +$$
$$\underline{3x - 3y = 6}$$
$$7x = 21$$
$$x = 3$$

> **Additionsverfahren:** Man formt beide Gleichungen so um, dass beim Addieren der Gleichungen eine Variable wegfällt.
> Es entsteht eine Gleichung mit nur einer Variablen.

Beispiele
a) Beide Gleichungen werden so umgeformt, dass die Variable x beim Addieren wegfällt.

(1) $2x + 3y = 9$ $\quad|\cdot 3$
(2) $3x - 4y = 5$ $\quad|\cdot (-2)$
(1') $6x + 9y = 27$
(2') $-6x + 8y = -10$
Gleichungen (1') und (2') addieren:
$17y = 17$ $\quad|:17$
$y = 1$
Einsetzen in (1):
$2x + 3 \cdot 1 = 9$ $\quad|-3$
$2x = 6$ $\quad|:2$
$x = 3$
$L = \{(3;1)\}$

b) Bei manchen Gleichungssystemen ist es geschickt, wenn man eine Gleichung mit (-1) multipliziert.

(1) $15x + 3y = 57$
(2) $7x + 3y = 33$ $\quad|\cdot (-1)$
(1) $15x + 3y = 57$
(2') $-7x - 3y = -33$
Gleichungen (1) und (2') addieren:
$8x = 24$ $\quad|:8$
$x = 3$
Einsetzen in (1):
$15 \cdot 3 + 3y = 57$ $\quad|-45$
$3y = 12$ $\quad|:3$
$y = 4$
$L = \{(3;4)\}$

Probe:
Beide Lösungen in **beide** Ausgangsgleichungen einsetzen und die Gleichheit überprüfen!

Bemerkung: Beim Vervielfachen der beiden Gleichungen des Gleichungssystems sucht man das kleinste gemeinsame Vielfache bei den Zahlfaktoren einer Variablen.

Additionsverfahren

Ordne vor dem Addieren!
...x ...y = ...
...x ...y = ...

Aufgaben

3
Löse das Gleichungssystem mit dem Additionsverfahren.
a) $3x + y = 18$
   $2x - y = 7$
b) $x + y = 19$
   $6x - y = 9$
c) $4x + 3y = 2$
   $5x - 3y = 16$
d) $12x - 5y = 6$
   $2x + 5y = 36$
e) $14x - 7y = 7$
   $7y + 3x = 27$
f) $4x + 3y = 14$
   $5y - 4x = -30$
g) $3x + 4y = 5$
   $14y - 31 = 3x$
h) $-28 - 5x = 6y$
   $5x + 3y = -19$

4
Multipliziere eine Gleichung auf beiden Seiten so, dass vorteilhaft mit dem Additionsverfahren gelöst werden kann.
a) $3x + y = 5$
   $2x - 2y = 6$
b) $5x - 3y = 16$
   $6x + y = 33$
c) $4x + 3y = 35$
   $-2x - 5y = -21$
d) $4x - 3y = 1$
   $5x + 6y = 50$
e) $3x + y = 12$
   $7x - 5y = 6$
f) $2x - 3y = 13$
   $9y + 4x = 11$
g) $5y + 7 = 2x$
   $6x - 9y = 3$
h) $9x - 35 = 7y$
   $105 + 21y = 8x$

5
Wenn beide Gleichungen geschickt umgeformt werden, kann man das Additionsverfahren anwenden.
a) $5x + 2y = 16$
   $8x - 3y = 7$
b) $5x + 4y = 29$
   $-2x + 15y = 5$
c) $3x - 2y = -22$
   $7x + 6y = 2$
d) $11x + 3y = 21$
   $-2x - 4y = 10$
e) $4x + 3y = 23$
   $5y - 6x = 13$
f) $3y - 10x = 22$
   $15x - 4y = -31$
g) $6x + 7y = 27$
   $78 + 2y = 9x$
h) $15y - 6x = 36$
   $3x - 52 = 25y$

6
Die Lösungen ergeben das Lösungswort auf dem Rand.
a) $4x + 3y = 29$
   $3x - 4y = 3$
b) $3x - 7y = 32$
   $-5x - 24y = 18$
c) $9x + 2y = 78$
   $15y - 6x = -3$
d) $5x - y = -10$
   $3y + 4x = 11$
e) $36 + 7y = 5x$
   $10x - 42 = 4y$
f) $5y - 8x = -5$
   $13 + 13y = 12x$

7
Bei manchen Gleichungssystemen ist es geschickter, die beiden Gleichungen zu subtrahieren.
Beispiel:
(1) $3x + 5y = 11$
(2) $3x - 3y = 3$
Gleichung (2) von (1) subtrahieren:
    $8y = 8 \quad |:8$
    $y = 1$
Einsetzen in (1):
    $3x + 5 \cdot 1 = 11$
    $x = 2$
    $L = \{(2;1)\}$
Man nennt dieses Verfahren Subtraktionsverfahren.
Löse die Gleichungssysteme.
a) $6x + 7y = 53$
   $4x + 7y = 47$
b) $5x - 3y = 13$
   $5x - 2y = 22$
c) $15x + 2y = 7$
   $25x + 2y = 17$
d) $3x + 4y = -26$
   $4y - 15x = 10$
e) $8y + 3x = 4$
   $36 + 8y = 7x$
f) $12x + 15 = -7y$
   $-24 + 12x = -6y$

8
Wenn man die Lösungen der Gleichungssysteme addiert, erhält man die Zahl 50.
a) $8x + 3y - 47 = 0$
   $4x - 2y - 6 = 0$
b) $14x - 5y + 3 = 2$
   $4x + 15y - 26 = 23$
c) $5x - 2y + 36 = 4y$
   $3y - 63 + 15x = 10x$
d) $4y - 27 + x = 2y$
   $2x + 18 + 3y = 5x$

9
Forme die Gleichungen um und löse das Gleichungssystem.
a) $4(x - 2) + 3(y + 1) = 36$
   $2(x - 4) + 5(y + 3) = 52$
b) $(x - 9) \cdot 4 + (10 - y) \cdot 3 = 18$
   $(x + 3) \cdot 3 - (y + 1) \cdot 5 = 0$
c) $3(x + 1) + 14 - 6x = 5(y + 3)$
   $4y + 5x - 3(y + 4) = 3(x - 2)$
d) $4(x+4) + 5(y-3) = 8(x-2) - 2(y-18)$
   $7(x-1) - 6(y+3) = 2(x-26) + 3(y+1)$

D(8;3) N(0;-1)
E(-1;5) U(6;-2)
R(5;3) R(3;-3)

Additionsverfahren

„Jetzt wird es noch einmal steiler."
a) $3(14 - 5x) - 2y = y + 3$
   $2(9 - 2x) - y = y + 4$
b) $2(x + 1) + 3(y - 2) = 9$
   $3(3 - x) + 1 - 2y = -2$
c) $34 - 4(x + y) = 10 - x - y$
   $41 - 8(y - x) = 5 - y + x$
d) $3(4x - y) - 2(3x - 1) = -13$
   $-2(3y - x) - 5(x - 2y) = 10$
e) $(x + 5)(y + 2) = xy + 130$
   $(x + 3)(y - 2) = xy + 14$
f) $(2x - 1)(3y - 5) = (2x - 3)(3y - 1)$
   $3(5x - 2) = 2(5y - 4) + 2$
g) $(x + 3)(y - 4) + 3 = x(y - 2)$
   $(2x + 5)(y - 1) + 10 = 2y(x + 3) - 6$
h) $(3y - 1)^2 - 3xy = (5 + 3y)(3y - x) - 52$
   $(2x + 3)^2 - xy = 3x(2x - y) - 2x(x - y) + 11y$

„Locker einlaufen."
Löse das Gleichungssystem rechnerisch.
a) $y = 2x + 1$ b) $2x - y = 4$
   $y = -x + 10$ $3x + y = 1$
c) $y = 3x - 15$ d) $3y + x = -1$
   $2y = x + 10$ $y = x + 3$
e) $y + 3x = 7$ f) $2x - 3 = y$
   $x = y - 3$ $3x + 2 = 2y$
g) $13x - 2y = 20$ h) $2x + 1 = 3y$
   $2x + y = 7$ $4x - 5y = 0$
i) $2x + 3y = 0$ k) $3x + 4y = 21$
   $x - 4y = 11$ $2x + 2y = 13$
l) $3x + 5y = -30$ m) $x + 2y = 2$
   $5x - 3y = 120$ $9x + 14y = 64$
n) $7x + 6y = 1$ o) $3x - 2y = 59$
   $6x - 7y = 13$ $4x - 104 = 9y$

„Nun noch durch die Steinbrüche!"
a) $x + y = 1169$ b) $x - y = 18$
   $\frac{x-9}{9} = y$ $\frac{x}{5} + \frac{y}{3} = 10$
c) $\frac{x}{3} + \frac{y}{5} = 260$ d) $\frac{2x}{7} - \frac{3y}{5} = 5$
   $5x - 3y = 150$ $\frac{x}{5} + \frac{2y}{25} = 1$
e) $x - y = 37$ f) $x + y = 45$
   $\frac{x-1}{y} = 3$ $\frac{x}{y} = \frac{2}{3}$
g) $\frac{x}{y} = \frac{3}{4}$ h) $\frac{x+5}{2} = y - 3$
   $\frac{x-4}{2} = \frac{y-4}{3}$ $y - 5 = \frac{x+3}{3}$

„Langsam steigern".
Forme geschickt um.
a) $x = y + 5$ b) $5x - 4y = 8$
   $\frac{y}{3} = x - 13$ $\frac{3}{2}x + y = 9$
c) $\frac{1}{2}x - 2 = \frac{1}{4}y$ d) $\frac{1}{3}x + 3y = 29$
   $\frac{1}{3}x + 6 = 2y$ $3x - \frac{1}{5}y = -11$
e) $3y + 5x + 57 - 7x = 3x - 11y - 23$
   $4y + 9x - y - 20 = 5x - 11 - 8x$
f) $10 + (4x - 3) + (y + 9) = 2x + (3y - 16) + 19$
   $6x + 2 + (2y - 20) = (18x - 3) + (18 - y)$
g) $2(y - 2) = 4(x - 3)$
   $3(y + 4) = 4(x + 1)$
h) $9(x - y + 1) = 0$
   $10x + y = 4(x + y) + 3$

6 Geometrische Deutung der Lösungsmenge

1
Zwei Autos fahren mit derselben Geschwindigkeit von 60 km/h in die gleiche Richtung. Sie starten mit einem Zeitabstand von 10 Minuten.
Stelle dies in einem Graphen dar.

2
Die Gleichung $y = 2x + 3$ bildet mit
(1) $y = 3x + 4$
(2) $y = 2x + 1$
(3) $2y - 4x - 6 = 0$
jeweils ein Gleichungssystem.
Was lässt sich beim Vergleich der Graphen feststellen?

Es gibt lineare Gleichungssysteme, die eine, mehr als eine oder keine Lösung haben. Man unterscheidet daher drei Fälle:

1. Fall
(1) $x - 3y + 6 = 0$
(2) $2x - 3y + 3 = 0$

2. Fall
(1) $x - 3y + 6 = 0$
(2) $x - 3y + 9 = 0$

3. Fall
(1) $x - 3y + 6 = 0$
(2) $2x - 6y + 12 = 0$

Zum Zeichnen der Geraden formt man die einzelnen Gleichungen in eine Funktionsgleichung der Form $y = mx + n$ um:

(1') $y = \frac{1}{3}x + 2$

(2') $y = \frac{2}{3}x + 1$

(1') $y = \frac{1}{3}x + 2$

(2') $y = \frac{1}{3}x + 3$

(1') $y = \frac{1}{3}x + 2$

(2') $y = \frac{1}{3}x + 2$

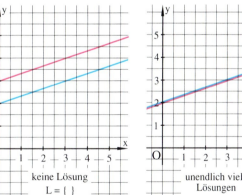

eine Lösung
L = {(3; 3)}

keine Lösung
L = { }

unendlich viele
Lösungen

Die Graphen der beiden Gleichungen **schneiden sich in einem Punkt**.
Die Koordinaten dieses Punkts ergeben die Lösung des Gleichungssystems.
Das Gleichungssystem hat **genau eine Lösung**.

Die Graphen der beiden Gleichungen **verlaufen parallel**, sie haben also keinen gemeinsamen Punkt.
Dieses Gleichungssystem hat deshalb **keine Lösung**.

Zu beiden Gleichungen gehört **dieselbe Gerade**.
Jedes Zahlenpaar, das die erste Gleichung erfüllt, erfüllt auch die zweite Gleichung. Das Gleichungssystem hat **unendlich viele Lösungen**.

Geometrische Deutung der Lösungsmenge

> Ein lineares Gleichungssystem mit zwei Variablen hat entweder eine, keine oder unendlich viele Lösungen. Die Lage der zugehörigen Geraden zeigt:
> Es gibt **eine Lösung**, wenn die Geraden sich schneiden;
> **keine Lösung**, wenn die Geraden parallel und verschieden sind;
> **unendlich viele Lösungen**, wenn die Geraden aufeinander liegen.

Beispiele

a) Wenn man bei der rechnerischen Lösung eines Gleichungssystems eine falsche Aussage erhält, hat dieses Gleichungssystem keine Lösung.

(1) $y = 3x - 2$ Gleichsetzen von (1) und (2): $3x - 2 = 3x + 7$ $| -3x$
(2) $y = 3x + 7$ $-2 = 7$

b) Wenn man bei der rechnerischen Lösung eines Gleichungssystems eine allgemein gültige Aussage erhält, gibt es unendlich viele Lösungen.

(1) $y = 3x - 2$ Einsetzen von (1) in (2): $2(3x - 2) - 6x + 4 = 0$
(2) $2y - 6x + 4 = 0$ $6x - 4 - 6x + 4 = 0$
                                                                                $0 = 0$

Aufgaben

3
Zeige durch die grafische Lösung, dass das Gleichungssystem keine Lösung hat.

a) $y = 2x + 5$
    $y = 2x - 1$

b) $y = -\frac{1}{2}x + 4$
    $y = -\frac{1}{2}x$

c) $2x + 3y = 6$
    $2x + 3y = -6$

d) $x - 2y = 4$
    $x - 2y = -2$

e) $3x + y = -2$
    $6x + 2y = 4$

f) $12x - 3y = 15$
    $8x - 2y = 2$

4
Zeige durch die grafische Lösung, dass das Gleichungssystem unendlich viele Lösungen hat.

a) $y = 2x - 4$
    $2x - y = 4$

b) $y = \frac{2}{3}x - 2$
    $2x - 3y = 6$

c) $x + y = 5$
    $2x + 2y = 10$

d) $x - \frac{1}{2}y - 3 = 0$
    $2x - y - 6 = 0$

5
Was muss man für □ einsetzen, damit die beiden Gleichungen ein Gleichungssystem ohne Lösung bilden?

a) $y = \square x + 5$
    $y = 2x - 5$

b) $y + \square x = 3$
    $y = 2x - 5$

c) $2y = \square x - 3$
    $y = 2x - 5$

d) $6x - \square y = 1$
    $y = 2x - 5$

6
Überprüfe zeichnerisch, ob das Gleichungssystem eine, keine oder unendlich viele Lösungen hat.

a) $y = \frac{5}{3}x + 1$
    $y = \frac{5}{3}x - 1$

b) $y = \frac{5}{3}x + 2$
    $y = -\frac{5}{3}x + 2$

c) $y = \frac{5}{3}x + 3$
    $y - \frac{5}{3}x = 3$

d) $2x - 3y - 6 = 0$
    $3x - 2y - 6 = 0$

e) $x - 2y - 3 = 0$
    $y = \frac{1}{2}x - 3$

f) $y = \frac{1}{7}x + 2$
    $7y = x + 14$

7
Bilde aus den vorgegebenen Gleichungen jeweils zwei Gleichungssysteme mit einer Lösung, mit keiner Lösung und unendlich vielen Lösungen. Zeichne.

$y = \frac{1}{2}x + 5$ $4x - 2y - 10 = 0$ $y = \frac{1}{5}x + 3$
$2y = x + 10$ $y = -\frac{1}{2}x + 5$ $2x - y = 0$
                    $y = -2x - 5$ $2x + 4y - 20 = 0$
$5x - 2 = y$ $y = -5x + 2$
             $5y - 2 = x$ $x - y - 5 = 0$

7 Anwendungsaufgaben

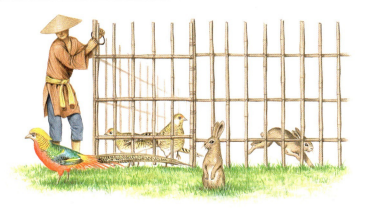

1
Aus einem alten chinesischen Mathematikbuch („Arithmetik des Kuitschang" 2600 v. Chr.) stammt folgende Aufgabe: In einem Käfig sind Kaninchen und Fasanen. Die Tiere haben zusammen 35 Köpfe und 94 Füße. Wie viele Kaninchen und wie viele Fasanen sind im Käfig?
Stelle zur Lösung des Problems eine Gleichung für die Anzahl der Köpfe und eine Gleichung für die Anzahl der Füße auf und löse das Gleichungssystem.

Das Lösen von mathematischen Aufgabenstellungen mithilfe von linearen Gleichungssystemen findet in unterschiedlichen Bereichen seine Anwendung. Viele Zahlenrätsel, geometrische Fragestellungen oder auch Aufgaben aus dem Alltag, z. B. Kostenvergleiche, können so gelöst werden.

> **Lösungsschritte für Textaufgaben:**
> 1. Lege für die gesuchten Größen die Gleichungsvariablen fest.
> 2. Übersetze die Angaben aus dem Text in Terme.
> 3. Stelle die Gleichungen auf.
> 4. Löse das Gleichungssystem.
> 5. Überprüfe das Ergebnis am Text.
> 6. Schreibe das Ergebnis auf.

Beispiel
Die Differenz aus dem Fünffachen einer Zahl und dem Doppelten einer anderen Zahl beträgt 17. Die Summe aus dem Vierfachen der ersten Zahl und dem Dreifachen der zweiten Zahl beträgt 55.

1. x sei die erste Zahl; y sei die zweite Zahl.

2. Differenz aus dem Fünffachen einer Zahl und dem Doppelten einer zweiten Zahl:
   $5x - 2y$
   Summe aus dem Vierfachen der ersten Zahl und dem Dreifachen der zweiten Zahl:
   $4x + 3y$

3. (1) $\quad 5x - 2y = 17 \quad | \cdot 3$
   (2) $\quad 4x + 3y = 55 \quad | \cdot 2$

4. (1') $\quad 15x - 6y = 51$
   (2') $\quad 8x + 6y = 110$
   $\quad\quad\quad 23x = 161$
   $\quad\quad\quad x = 7; \; y = 9$

5. Überprüfen:
   Differenz aus dem Fünffachen von 7 und dem Doppelten von 9: $\quad 5 \cdot 7 - 2 \cdot 9 = 17$
   Summe aus dem Vierfachen von 7 und dem Dreifachen von 9: $\quad 4 \cdot 7 + 3 \cdot 9 = 55$

6. Die erste Zahl ist 7, die zweite Zahl ist 9.

Anwendungsaufgaben

Aufgaben
Zahlenrätsel

2
Die Summe zweier Zahlen ist 25, ihre Differenz 5. Wie heißen die beiden Zahlen?

3
Addiert man zum Sechsfachen einer Zahl eine zweite Zahl, so erhält man 42. Subtrahiert man die zweite Zahl, so erhält man 18. Wie lauten die Zahlen?

4
a) Die Differenz zweier Zahlen beträgt 9. Addiert man zum Doppelten der ersten Zahl das Fünffache der zweiten Zahl, so erhält man 39. Wie groß sind die beiden Zahlen?

b) Die Summe zweier Zahlen beträgt 16. Subtrahiert man vom Dreifachen der ersten Zahl das Fünffache der zweiten Zahl, so erhält man ebenfalls 16. Wie heißen die beiden Zahlen?

Einerziffer x
Zehnerziffer y
Zahl $10y + x$
Quersumme $x + y$

5
Die Quersumme einer zweistelligen Zahl ist 10. Die Einerziffer ist dabei um 4 größer als die Zehnerziffer. Wie heißt die zweistellige Zahl?

6
Eine zweistellige Zahl hat die Quersumme 15. Vertauscht man die beiden Ziffern, so ist die entstehende Zahl um 9 größer. Wie heißt die ursprüngliche Zahl?

7
Die Summe einer zweistelligen Zahl und ihrer Quersumme beträgt 45. Die Einerziffer ist um 3 größer als die Zehnerziffer. Wie heißt die Zahl?

8
Eine dreistellige Zahl hat zwei gleiche Ziffern. Vertauscht man die erste und die letzte Ziffer, so ergibt sich eine um 198 kleinere Zahl. Die Quersumme der Zahl ist 25. Welche Zahl kann das sein?

Verschiedenes

9
Frau Berger ist Schulsekretärin. Sie, ihre Tochter Anja und ihr Sohn Jörg fahren mit dem Rad zur Schule. Anja startet um 7.30 Uhr, Frau Berger um 7.33 Uhr, Jörg um 7.35 Uhr. Anja fährt im Durchschnitt 3 km/h langsamer als ihre Mutter, Jörg um 3 km/h schneller. Alle drei kommen zugleich an.
Wie lange braucht Frau Berger und wie schnell fährt sie?
Wie lang ist der Weg zur Schule?

10
Aus einem alten Rechenbuch:
Ein Hund wurde $3\frac{1}{2}$ Stunden nach dem Fortgang seines Herrn auf dessen Spur gesetzt. In welcher Zeit holte das Tier seinen Herrn ein, wenn dieser mit 5 km/h schritt, der Hund aber mit dreifacher Geschwindigkeit der Spur seines Herrn zu folgen vermochte?

11
Aus einem Algebrabuch von 1525:
Ein Waidmann hetzt einen Fuchs, der 60 Fuchssprünge voraus ist. So oft der Fuchs 9 Sprünge tut, so oft tut der Hund 6 Sprünge.
Aber 3 Hundesprünge tun so viel wie 7 Fuchssprünge.
Wie viel Sprünge muß der Hund tun, bis er den Fuchs erhascht?

12
Eine Aufgabe aus Griechenland:
Esel und Maultier schritten einher beladen mit Säcken. Unter dem Druck der Last schwer stöhnt' und seufzte der Esel. Jenes bemerkt' es und sprach zu dem kummerbeladnen Gefährten: „Alterchen, sprich, was weinst du und jammerst schier wie ein Mägdlein?"
„Doppelt so viel als du trügst ich, gäbst du ein Maß mir; nähmst du mir eins, so trügen wir dann erst beide dasselbe."
Geometer, du Kundiger, sprich, wie viel sie getragen?

Anwendungsaufgaben

Geometrie

13
Ein Rechteck hat einen Umfang von 84 cm. Die eine Seite ist um 6 cm länger als die andere Seite.
Wie lang sind die beiden Seiten?

14
Verkürzt man eine Seite eines Rechtecks um 3 cm und verlängert die andere um 5 cm, so wächst der Flächeninhalt um 85 cm². Verlängert man die erste Seite um 5 cm und verkürzt die andere um 3 cm, so verringert sich der Flächeninhalt um 11 cm².
Wie groß war der Flächeninhalt des ursprünglichen Rechtecks?

15
Schneidet man von einem Rechteck auf die erste Art zwei Streifen ab, gehen 154 cm² verloren.
Schneidet man auf die zweite Art ab, gehen 176 cm² verloren.
Wie groß ist das Rechteck?

1. Art:

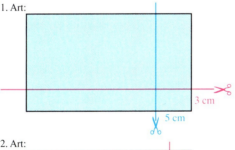

2. Art:

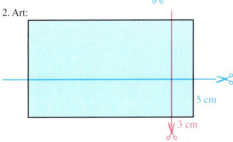

16
Halbiert man in einem rechtwinkligen Dreieck mit γ = 90° den Winkel α, so erhält man das Doppelte des Winkels β.
Wie groß sind die beiden Winkel α und β in dem Dreieck?

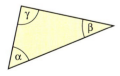

17
Der Umfang eines gleichschenkligen Dreiecks beträgt 32 cm. Die Schenkel sind 4 cm länger als die Basis. Wie lang sind die einzelnen Seiten?

18
Legt man vier gleichschenklige Dreiecke zu einem großen Dreieck zusammen, so hat dies 46 cm Umfang. Legt man sie zu einem Parallelogramm zusammen, ist der Umfang 38 cm. Wie groß sind die Seiten eines Dreiecks?

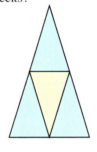
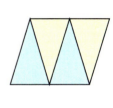

19
Zerschneidet man die aus sechs gleichschenkligen Dreiecken zusammengesetzte Figur längs der roten Linie und legt die beiden Teile zu einem Sechseck zusammen, so hat dieses 58 cm Umfang. Legt man sie zum Parallelogramm zusammen, so hat dieses 54 cm Umfang. Welchen Umfang hat die ursprüngliche Figur?

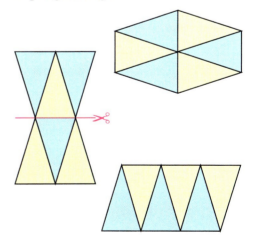

Anwendungsaufgaben

Kosten und Kostenvergleiche

Beispiel:
Das Elektrizitätswerk liefert Strom zu verschiedenen Bedingungen.

	Preis in ct/kWh	Grundbetrag in €/Jahr
Tarif 1	14	48
Tarif 2	12	110

Wenn man die Kosten in Abhängigkeit vom Verbrauch in einem Koordinatensystem darstellt, kann man ablesen, ab wie viel kWh der Tarif 2 günstiger ist.

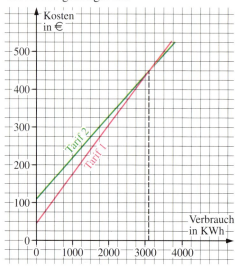

Ab etwa 3100 kWh ist der Tarif 2 günstiger.
Zur exakten Bestimmung der kWh-Anzahl muss man das Gleichungssystem
(1) $y_1 = 0,14x + 48$
(2) $y_2 = 0,12x + 110$
rechnerisch lösen.

20

Eine Firma bezieht von zwei Herstellern Mikrochips.
Hersteller A berechnet einen Versandkostenanteil von 10 € pro Lieferung und verlangt für jeweils 10 Chips 10 €.
Hersteller B liefert erst ab einer Bestellung von 40 Chips, verlangt keine Versandkosten. 40 Chips kosten 30 €, je 10 weitere 20 € mehr.
Für welche Bestellmenge ist die jeweilige Herstellerfirma günstiger?
Stelle die Kosten in einem Schaubild dar.
(Stückzahl auf der x-Achse mit 1 cm für 10 Stück; Kosten auf der y-Achse mit 1 cm für 10 €).

21

Um den Nutzen einer Produktion festzustellen, muss man die Kosten mit dem Erlös bzw. dem Ertrag vergleichen. Der Punkt, ab dem die Produktion sich lohnt, wird als **Nutzenschwelle** oder „**break even point**" bezeichnet.
Zur Herstellung von Maschinenteilen werden feste Kosten von 300 € berechnet.
Pro Teil kommen 1,50 € an Kosten dazu.
Beim Verkauf bringt jedes Teil einen Erlös von 3,50 €.
a) Stelle den Sachverhalt in einem Schaubild dar.
(Stückzahl auf der x-Achse mit 1 cm für 25 Stück; Kosten und Erlös auf der y-Achse mit 1 cm für 100 €)
b) Lies aus dem Schaubild ab, bei welcher Stückzahl die Nutzenschwelle liegt.
c) Wie groß ist der Verlust bei 125 verkauften Teilen?
d) Wie groß ist der Gewinn bei 250 verkauften Teilen?
e) Wie müsste man den festen Kostenanteil senken um schon bei 100 verkauften Teilen die Nutzenschwelle zu erreichen?
f) Wie ändet sich die Nutzenschwelle, wenn die festen Kosten auf 400 € steigen?
g) Stelle den Sachverhalt mit einem Gleichungssystem dar und löse dies rechnerisch.

8 Vermischte Aufgaben

Lösungen zu 4
(9;5)   (−1;10)
(3;2)   (13;3)
(4;1)   (3;5)
(6;−4) (7;0)
(10;9) (11;5)
(15;9)

vertauschte Reihenfolge

1
Löse das Gleichungssystem mit dem Gleichsetzungsverfahren.

a) $y = x + 2$
   $y = 3x - 12$

b) $y = 4x - 9$
   $3x - 5 = y$

c) $x = 5y + 2$
   $x = 3y - 2$

d) $2y = 6x - 30$
   $2y = 5x - 26$

e) $3x = 7y - 13$
   $3x = 12y - 18$

f) $5x = 2y + 79$
   $19 - 3y = 5x$

g) $y = 5x + 24$
   $y - 3x = 16$

h) $x = 4y - 3$
   $y - x = 12$

i) $5y + 3x = 44$
   $3x = 4y + 8$

k) $2y + 8x = -50$
   $2y - 5x = 2$

l) $3x + 4y + 29 = 5x - 4y - 15$
   $5x - 2y + 17 = 7x - 9y - 22$

4
Suche zur rechnerischen Lösung des Gleichungssystems ein geeignetes Verfahren.

a) $5x - 19 = y$
   $3x - 11 = y$

b) $3x + y = 32$
   $y = x - 4$

c) $3x + 2y = 10$
   $2x - 2y = 20$

d) $7y + 3x = 67$
   $5y + 3x = 47$

e) $3x + 5y = 34$
   $2x + 19 = 5y$

f) $4x = 7y + 28$
   $4x = 3y + 28$

g) $2x = 12 - 3y$
   $5x = 9 + 3y$

h) $9x - 44 = 11y$
   $y = 5x - 50$

i) $3x + 27y - 120 = 0$
   $3x + 7y - 60 = 0$

k) $9x - 4y = 99$
   $3x - 5y = 0$

l) $10x + 5y - 62 = 13y - 5x + 16$
   $3x - y - 11 = 2y - 2x + 12$

Lösungen zu 5
(3;5)   (−1;2)
(20;28) (4;−3)
(8;13)   (5;2)
         (4;−1)

vertauschte Reihenfolge

2
Löse das Gleichungssystem mit dem Einsetzungsverfahren.

a) $5x + y = 48$
   $y = 3x$

b) $x + 3y = 56$
   $x = 4y$

c) $4x + y = 27$
   $y = x + 2$

d) $x + 3y = 20$
   $x = y - 4$

e) $2x + 3y = -5$
   $2x = y - 1$

f) $4x + 3y = 68$
   $3y = x - 2$

g) $3x - y = -10$
   $y = x + 4$

h) $5x - y = 6$
   $y = 2x - 3$

i) $2x + 5y = 105$
   $y = 2x - 3$

k) $3x - 2y = 19$
   $x = 2y + 1$

l) $5x + y = 13$
   $3x + 2y = 40$

m) $4y - x = 10$
    $5y + 3x = -30$

5
Forme um und löse das Gleichungssystem.

a) $5(4x + 3y) + 7 = 42$
   $4(5x + 4y) - 15 = 17$

b) $10(x + y) = 77 - x - y$
   $2(5x - 1) + y = 2(10y + x)$

c) $3(x - 2) + y + 5 = -2$
   $4(x + 3) + 3(y - 1) = 11$

d) $5(x - 2y) + (y + 3) = 32$
   $-(y - 5) - (10 - x) = 0$

e) $4(x + 1) - 3(y - 1) = 0$
   $3(x - 3) - (y + 2) = 0$

f) $8(y - 2) - 12(x - 1) = 0$
   $15(y + 1) - 18(x + 2) = 0$

g) $(x + 4)(y - 7) = xy - 56$
   $7x - 5y = 0$

Lösungen zu 6
(1;2)   (3;5)
(11;18) (176;50)
(28;7)   (16;54)
(4;2)   (126;168)

vertauschte Reihenfolge

3
Löse das Gleichungssystem mit dem Additionsverfahren.

a) $2x + 3y = 19$
   $8x - 3y = 31$

b) $4x + 3y = 53$
   $-4x - 2y = -46$

c) $5x - 7y = 44$
   $3x + 7y = 4$

d) $6y - 3x = 39$
   $y + 3x = -4$

e) $4x + 3y + 3 = 0$
   $3x - 3y + 18 = 0$

f) $2x + y = 3$
   $y - 2x = -13$

g) $6x + 13y = 31$
   $-13y + 4x = -1$

h) $5x + 3y = 60$
   $5x - 2y = 35$

i) $8x + 3y = 14$
   $11x + 3y = 8$

k) $2x - 3y = 18$
   $5x + 2y = 7$

l) $6x - 4y + 3 = 3x - 5y + 20$
   $5x + 2y - 3 = 8x + 5y - 18$

m) $3(4x + 1) + 5y = 2x + 3(y - 1) + 60$
    $4(x + 2) + 3y = 3x + 5(y + 3) - 6$

6
Jetzt geht's „in die Brüche".

a) $\frac{x+y}{2} = 113$
   $x - y = 126$

b) $\frac{x}{8} + \frac{y}{9} = 8$
   $x + y = 70$

c) $\frac{x-6}{5} = \frac{y}{7}$
   $4x - 3y = 0$

d) $\frac{x}{4} + \frac{y}{6} = \frac{7}{12}$
   $\frac{x}{6} - \frac{y}{8} = -\frac{1}{12}$

e) $\frac{x+y}{2} + \frac{x-1}{3} = 4$
   $\frac{2x-3y}{2} - \frac{5y-x}{3} = -1$

f) $x - y = 21$
   $\frac{x}{y} = 4$

g) $3(x + 3) = 2(y + 3)$
   $2(x - 4) = y - 4$

h) $x + y = 18$
   $\frac{x-3}{y} = 2$

Vermischte Aufgaben

7
Löse das Gleichungssystem zeichnerisch.
a) $y = 2x - 4$
$y = -3x + 6$
b) $y = \frac{1}{2}x - 2$
$y = -2x + 3$
c) $y = -\frac{3}{2}x + 3$
$y = \frac{1}{2}x - 5$
d) $y = \frac{1}{2}x - 4$
$y = -\frac{1}{2}x + 2$
e) $y = -\frac{2}{3}x + 4$
$y = \frac{4}{3}x - 2$
f) $y = -\frac{2}{5}x - \frac{4}{5}$
$y = -\frac{5}{2}x + \frac{11}{2}$

8
Forme die Gleichungen um und löse das Gleichungssystem zeichnerisch.
a) $y + 2x + 6 = 0$
$y - x + 3 = 0$
b) $y + \frac{1}{2}x = 5$
$y - x = -1$
c) $2y = \frac{1}{2}x - \frac{11}{2}$
$3y = -2x$
d) $2x - y = 7$
$5x + 2y = 10$
e) $7x + 6y = 1$
$6x - 7y = 13$
f) $3x - 8y = -4$
$7x + 2y = 1$
g) $y - 0{,}5x - 1 = 0$
$2y + 6x - 16 = 0$

9
Stelle durch Zeichnung fest, ob das Gleichungssystem eine, keine oder unendlich viele Lösungen hat.
a) $y = 3x - 4$
$y = 3x + 1$
b) $y = \frac{1}{2}x - 3$
$y = -\frac{1}{2}x + 3$
c) $2x + 3y = 9$
$y = -\frac{2}{3}x + 3$
d) $y = \frac{2}{5}x + 4$
$y = -\frac{2}{5}x + 4$
e) $2y = 3x - 5$
$y = \frac{3}{2}x + 1$
f) $8x - 6y + 12 = 0$
$-3y + 6 + 4x = 0$
g) $2x + 3y - 4 = 3x + 4y - 5$
$2y - 5x - 2 = -2x + 5y - 5$

10

Drei verschiedene Geraden können keinen, einen, zwei oder drei Schnittpunkte haben. Zeichne und stelle fest, welcher der vier Fälle vorliegt.
Bestätige dein Ergebnis durch Rechnung, indem du die drei möglichen Gleichungssysteme untersuchst.
a) $y = 2x - 2$
$y = -x + 4$
$y = \frac{1}{2}x + 1$
b) $y = \frac{1}{2}x + 3$
$y = \frac{1}{2}x - 2$
$y = \frac{1}{2}x$
c) $y = -\frac{2}{3}x + 8$
$y = \frac{3}{5}x + \frac{2}{5}$
$y = \frac{5}{2}x - \frac{3}{2}$
d) $2y = 3x + 4$
$3y = -\frac{3}{2}x + 12$
$4y = 6x - 8$

11
Entnimm die Gleichungen der parallelen Geraden aus der Zeichnung. Übertrage die Zeichnung in dein Heft und ermittle die Koordinaten der Schnittpunkte auf eine Dezimalstelle genau.

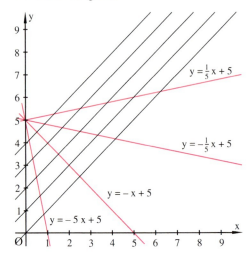

12
Runden kann gefährlich sein!
Das Gleichungssystem
$y = \frac{1}{3}x + 2$
$y = \frac{3}{10}x - 1$
soll zeichnerisch und rechnerisch gelöst werden.
a) Wandle die Brüche in Dezimalbrüche um und runde auf eine Dezimalstelle. Löse zeichnerisch und rechnerisch.
b) Runde auf zwei Stellen nach dem Komma und löse erneut. Hast du eine Idee für die zeichnerische Lösung?
c) Löse das Gleichungssystem rechnerisch ohne zu runden.

13
Kleine Ursache – große Wirkung!
Löse beide Gleichungssysteme rechnerisch.
A $123x - 124y = 61$
$248x - 250y = 123$
B $123{,}01x - 124y = 61$
$248x - 250y = 123$
Vergleiche die Ergebnisse.
In welchen Quadranten liegen die Schnittpunkte?

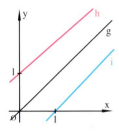

14
Die Geraden g, h und i haben die Gleichungen $y = x$, $y = \frac{98}{99}x + 1$ und $y = \frac{101}{100}x - 1$.
Die Geraden g und h schneiden sich im Punkt A, die Geraden g und i im Punkt B. Liegt A zwischen O und B oder B zwischen O und A?

15
Wenn man die Koordinaten der Punkte P und Q in die Gleichung $y = mx + n$ einsetzt, erhält man zwei Gleichungen mit den zwei Variablen m und n.
Wenn man das Gleichungssystem löst, kann man die Gleichung der Geraden finden, die durch die Punkte P und Q geht.
Beispiel: $P(2;2)$ und $Q(4;3)$
$P(2;2)$ ergibt (1) $2 = 2m + n$
$Q(4;3)$ ergibt (2) $3 = 4m + n$
Aus $m = \frac{1}{2}$ und $n = 1$ erhält man die Gleichung $y = \frac{1}{2}x + 1$.
Finde die Gleichung für
a) $P(1;2)$ und $Q(5;6)$
b) $P(3;4)$ und $Q(6;1)$
c) $P(-1;2)$ und $Q(3;7)$
d) $P(-5;-3)$ und $Q(1;9)$.

16
Die Summe aus dem Zweifachen einer Zahl und dem Dreifachen einer anderen Zahl beträgt 18. Das Dreifache der ersten Zahl vermehrt um das Doppelte der zweiten Zahl ergibt 17. Wie heißen die beiden Zahlen?

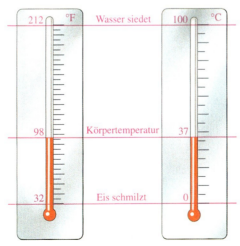

17
Die Zehnerziffer einer zweistelligen Zahl ist das Doppelte der Einerziffer. Vertauscht man die Ziffern, entsteht eine um 27 kleinere Zahl.
Wie heißt die ursprüngliche Zahl?

18
Die Quersumme einer zweistelligen Zahl ist 15, die Differenz der Ziffern ist 3. Welche Zahl kann das sein?
(Hinweis: Es gibt zwei Möglichkeiten.)

19
Der Winkel an der Spitze eines gleichschenkligen Dreiecks ist doppelt so groß wie ein Basiswinkel.
Wie groß ist dieser Winkel?

20
Aus einem 24 cm langen Draht soll ein Rechteck gebogen werden, dessen kurze Seite 2 cm kürzer als die lange Seite ist.
Wie groß ist der Flächeninhalt dieses Rechtecks?

21
In einem allgemeinen Trapez ABCD, wobei $\overline{AB} \parallel \overline{CD}$ ist, sind die Winkel α und β zusammen 120°. Die Winkel α und γ sind zusammen 200°.
Wie groß ist jeder der vier Winkel?

22
Der Flächeninhalt eines Trapezes mit einer Höhe von 8 cm beträgt 96 cm². Die untere Grundseite ist 6 cm länger als die obere Grundseite.
Wie groß sind die beiden Seiten?

23
In den Vereinigten Staaten wird die Temperatur in °Fahrenheit gemessen. Bei der Umrechnung von °Celsius in °Fahrenheit muss zu einem bestimmten Betrag jeweils ein Vielfaches der °Celsius-Zahl addiert werden.
Wie lautet die Umrechnungsformel, wenn 68 °F = 20 °C und 104 °F = 40 °C ist?

BILDFAHRPLÄNE BEI DER

Originalbildfahrplan für den Dispatcher der Thüringerwaldbahn und Straßenbahn Gotha GmbH (Ausschnitt) für die Strecke GTH Hbf – Tabarz/Waltershausen und zurück von ca. 8.30 bis 11.00 Uhr.

* entspricht Wagenhalle

In den Bildfahrplänen der Straßenbahnen und der Deutschen Bahn AG sind die Bewegungen der Züge und Triebwagen im jeweiligen Schienennetz dargestellt.
Im Gegensatz zu der üblichen Darstellung mit horizontaler Zeitachse werden hier die Strecken waagerecht und die Zeit senkrecht abgetragen. An den Unterbrechungen der Linien erkennt man die Haltestationen bzw. für die Einhaltung des Fahrplanes wichtigen Stationen. Die verschiedenen Richtungen der Strecken lassen Rückschlüsse auf die Geschwindigkeit, die Fahrtrichtung, auf Kreuzungsstellen bei eingleisigen Strecken oder bei der Eisenbahn sogar auf Überholstellen der Züge zu.

1

Verfolge auf dem Ausschnitt des Bildfahrplans der Thüringerwaldbahn die Triebwagen 3 und 4. Schreibe für beide Bahnen die ablesbaren Stationen mit den dazu gehörigen Zeiten heraus. Vergleiche sie anschließend mit den Fahrplanausschnitten.

2

Die Triebwagen 3 und 4 sind im Ausschnitt des Bildfahrplans je einmal auf einer Hin- und Rückfahrt vollständig ablesbar. Wie lange dauern die Fahrten von Tabarz bis Gotha Hauptbahnhof bzw. zurück? Wie viel Zeit ist an den Endstationen?

THÜRINGERWALDBAHN

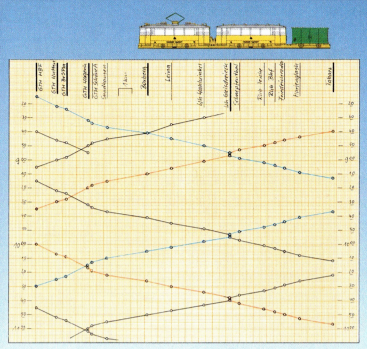

3

In dem gezeichneten Bildfahrplan findest du die Triebwagen 3 und 4 wieder. Ermittle für einen beliebigen Triebwagen den Weg und die Fahrzeit für die Teilstrecken GTH Hauptbahnhof – GTH Wagenhalle und Sundhausen – Wahlwinkel. Berechne die durchschnittlichen Geschwindigkeiten und begründe die Unterschiede.

4

Betrachte im gezeichneten Bildfahrplan die acht Kreuzungsstellen. Was fällt dir auf? Worin könnte dafür die Begründung liegen?

5

Erstelle aus den Fahrplanausschnitten selbst einen Bildfahrplan für die Zeit von ca. 12 bis 14 Uhr wochentags für die Strecke Gotha Hauptbahnhof – Tabarz und zurück auf Millimeterpapier.

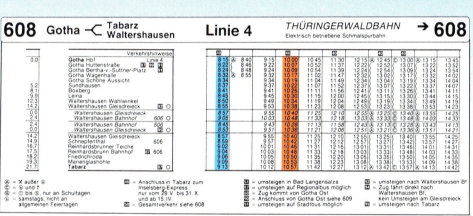

Fahrplanheft (Ausschnitt) der Thüringerwaldbahn und Straßenbahn Gotha GmbH für die Strecke GTH Hbf – Tabarz/Waltershausen und zurück von ca. 8.00 bis 14.00 Uhr.

Rückspiegel

1
Löse das Gleichungssystem zeichnerisch.
a) $y = -3x + 7$
   $y = -\frac{1}{3}x - 1$
b) $y = \frac{4}{3}x - 2$
   $y = -\frac{2}{3}x + 4$
c) $y = -\frac{1}{2}x + 4$
   $y = x - 2$
d) $y = -\frac{3}{4}x + 3$
   $y = \frac{5}{4}x - 1$

2
Forme die Gleichungen um und löse das Gleichungssystem zeichnerisch.
a) $y + \frac{1}{2}x = 5$
   $y + 1 = x$
b) $y - \frac{1}{2}x - 1 = 0$
   $2y + 6x - 16 = 0$
c) $3y - 9x = 9$
   $x - 2y = 4$
d) $2x + 5y = -4$
   $5x + 2y = 11$

3
Löse das Gleichungssystem mit dem Gleichsetzungsverfahren.
a) $y = -x + 5$
   $y = 2x - 1$
b) $2x = 3y + 4$
   $12 - y = 2x$
c) $5x + 17 = 6y$
   $6y + 8x = 4$
d) $2x + 3y - 12 = 0$
   $2x - y - 4 = 0$

4
Löse das Gleichungssystem mit dem Einsetzungsverfahren.
a) $5x + y = 27$
   $y = x + 3$
b) $3x = y + 8$
   $2y = 3x - 1$
c) $4x - 27 = 3y$
   $2x - 11 = y$
d) $5x - 3y = -7$
   $y = 2x + 2$

5
Löse das Gleichungssystem mit dem Additionsverfahren.
a) $3x + 4y = 47$
   $6x - 4y = 34$
b) $5x + 11y = 34$
   $3y - 5x = 22$
c) $3y - 4x + 2 = 0$
   $y + 2x - 3 = 0$
d) $4x + 5y = 2$
   $7x + 5y = 11$

6
Löse das Gleichungssystem rechnerisch. Wähle jeweils ein geschicktes Verfahren.
a) $2x + 1 = 6y$
   $x - 2y = 1$
b) $4x + 5y = 31$
   $22 = 4x + 2y$
c) $5x + 8y = 248$
   $8x + 5y = 272$
d) $4(x+2) = 3(y+2)$
   $5(x+5) = 4(y+5)$
e) $3(x+7) - 2(y+7) = 0$
   $4(x+21) - 3(y+20) = 0$

7
Stelle das Gleichungssystem grafisch dar und gib an, ob es eine, keine oder unendlich viele Lösungen gibt.
a) $y = \frac{2}{3}x - 3$
   $y = \frac{2}{3}x + 2$
b) $y = \frac{3}{4}x - 1$
   $2y + x = 8$
c) $3x - y = 4$
   $2y + 8 = 6x$
d) $2x + 5y - 5 = 0$
   $5y + 2x + 10 = 0$

8
a) Die Summe zweier Zahlen hat den Wert 25, ihre Differenz den Wert 7. Wie heißen die beiden Zahlen?
b) Subtrahiert man vom Vierfachen einer Zahl das Dreifache einer zweiten Zahl, so erhält man 18. Addiert man zum Dreifachen der ersten Zahl die Zahl 10, so erhält man das Vierzehnfache der zweiten Zahl.

9
a) Eine zweistellige Zahl wird um 9 größer, wenn man ihre Ziffern vertauscht. Ihre Zehnerziffer ist halb so groß wie ihre Einerziffer. Berechne die Zahl.
b) Die beiden Faktoren eines Produkts unterscheiden sich um 4. Vermindert man beide Faktoren um 3, so nimmt das Produkt um 69 ab. Wie groß sind die beiden Faktoren?

10
a) Verkürzt man in einem Rechteck die lange Seite um 2 cm und verlängert die andere um 2 cm, so wächst der Flächeninhalt um 4 cm². Verlängert man beide Seiten um jeweils 3 cm, so wächst der Flächeninhalt um 57 cm². Wie lang sind die ursprünglichen Seiten?
b) Der Umfang eines gleichschenkligen Dreiecks beträgt 37 cm. Die Basis des Dreiecks ist um 5 cm kürzer als die Schenkel. Berechne die drei Seitenlängen des Dreiecks.

11
Bernd fährt an 5 Tagen in der Woche mit dem Bus zur Arbeitsstelle. Eine Monatskarte kostet 70 €, ein Einzelfahrschein 5 € und eine Rückfahrkarte 8 €. Stelle die verschiedenen Möglichkeiten grafisch dar. Wann macht sich eine Monatskarte bezahlt?

V Körperdarstellung. Körperberechnung

Das Stichwort „Pyramiden" lässt die Gedanken sofort nach Ägypten wandern in die Zeit der Pharaonen. Ihre Baumeister schufen Bauwerke für die Ewigkeit. Aber auch heute noch sind Pyramiden und Kegel als wesentliche Stilelemente in der Architektur zu finden.

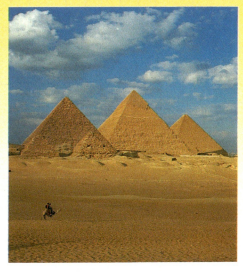

1 Pyramide. Kegel

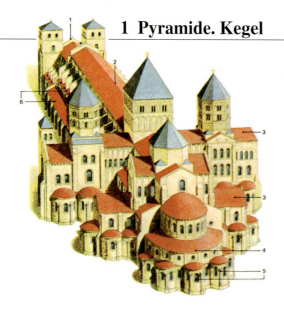

1
Betrachte die nebenstehenden Gebäude und beschreibe sie.
Findest du Pyramiden und Kegel auf dem Bild?

2
Wodurch unterscheiden sich die Kegel beim Sportkegeln und die Pyramiden in Ägypten von den mathematischen Körpern mit derselben Bezeichnung?

Die Abteikirche Cluny in Burgund. Nach zwei vorausgegangenen Bauten wurde diese dritte Kirche 1088-1130 errichtet und 1810 zerstört. Sie war die längste Kirche Frankreichs und besaß starkes Mauerwerk, ein riesiges Kirchenschiff, doppelte Seitenschiffe, zwei Querschiffe und viele Kapellen und Türme.
Sie gehörte zum größten Kloster der Christenheit und fand viele Nachahmungen.

Eine **Pyramide** kann man sich aus einem Prisma entstanden denken, bei dem die Deckfläche zu einem Punkt zusammengeschrumpft ist. Liegt die Spitze lotrecht über dem Umkreismittelpunkt der Grundfläche, nennt man die Pyramide **gerade**. Ist die Grundfläche ein regelmäßiges Vieleck, heißt die Pyramide **regelmäßig**. Ist die Grundfläche ein Kreis, spricht man von einem **Kegel**.

Eine **Pyramide** besteht aus einem n-Eck als Grundfläche (A_G) und n Dreiecksflächen als Mantelfläche (A_M), die sich in der Spitze S treffen.

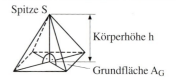

Ein **Kegel** besteht aus einem Kreis als Grundfläche (A_G) und einer gekrümmten Mantelfläche (A_M), die zur Spitze S ausläuft.

Der Abstand zwischen Grundfläche und Spitze heißt Körperhöhe h.

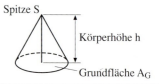

Bemerkung: Wenn nichts anderes gesagt ist, betrachten wir hier nur gerade Pyramiden und Kegel.

Aufgaben

3
Überlege, wo du in deiner Umgebung Pyramiden bzw. Kegel findest.

4
Vergleiche Pyramide und Kegel hinsichtlich der Grundfläche und der Mantelfläche miteinander.

5
Für messerscharfe Denker:
a) Wie kann man eine Pyramide mit einem ebenen Schnitt in zwei Pyramiden zerschneiden?
b) Wie kann man einen Kegel mit zwei ebenen Schnitten in vier Teile gleicher Größe und Form zerschneiden?

2 Schrägbild von Pyramide und Kegel

1
Skizziere einige der abgebildeten Pyramiden und Kegel frei Hand.

2
Welche Schnittflächen entstehen, wenn man Pyramiden oder Kegel halbiert?
Vergleiche die unterschiedlichen Möglichkeiten.

Um Körper räumlich darzustellen, zeichnet man Schrägbilder oder Schrägbildskizzen.
Bei regelmäßigen Pyramiden kann ein einfaches Schrägbild gezeichnet werden, indem die Grundfläche mit dem **Verzerrungswinkel $\alpha = 45°$** und dem **Verkürzungsfaktor $k = \frac{1}{2}$** konstruiert und die Höhe in Originalgröße belassen und senkrecht zur Grundkante gezeichnet wird. Beim Kegel wird die Kreisfläche in der Schrägbildskizze zur Ellipse.

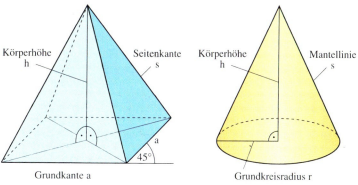

> Zur räumlichen Darstellung von Pyramiden und Kegeln werden Schrägbilder oder Schrägbildskizzen gezeichnet.

Beispiel
Zeichnen des Schrägbildes einer Pyramide mit einem regelmäßigen Sechseck als Grundfläche:
Zuerst wird die Grundfläche mit dem Verzerrungswinkel 45° und dem Verkürzungsfaktor $\frac{1}{2}$ gezeichnet.

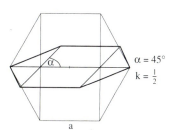
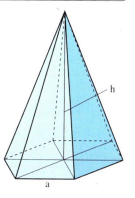

Schrägbild von Pyramide und Kegel

Aufgaben

3
Zeichne das Schrägbild der quadratischen Pyramide mit der Körperhöhe h = 6 cm und der Grundkantenlänge
a) a = 8 cm b) a = 5 cm
c) a = 4,5 cm d) a = 2,7 cm.

4
Zeichne das Schrägbild quadratischer Pyramiden mit der Grundkantenlänge a = 6 cm und der Körperhöhe
a) h = 8 cm b) h = 6 cm
c) h = 4,2 cm d) h = 1,8 cm.

5
Zeichne die Schrägbildskizze eines Kegels mit der Körperhöhe h = 6 cm und dem Grundkreisradius
a) r = 5 cm b) r = 3 cm
c) r = 2 cm d) r = 1,5 cm.

6
Zeichne in eine Figur über derselben Grundfläche das Schrägbild von Kegeln mit dem Grundkreisradius r = 3 cm und der Körperhöhe
h = 8 cm, h = 6 cm,
h = 4 cm und h = 2 cm.

7
Übertrage die abgebildeten Pyramidengrundflächen in doppelter Größe in dein Heft. Zeichne die Schrägbilder der Pyramiden mit einer Körperhöhe von h = 6 cm.

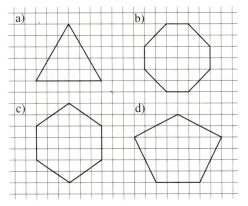

8
Zeichne das Schrägbild der Pyramide.
a) Die Grundfläche ist ein gleichseitiges Dreieck mit der Seitenlänge 5 cm. Die Körperhöhe beträgt 7 cm.
b) Die Grundfläche ist ein regelmäßiges Sechseck mit der Seitenlänge 4 cm. Die Körperhöhe beträgt 7,5 cm.
c) Die Grundfläche ist ein regelmäßiges Achteck mit dem Umkreisradius 4 cm. Die Körperhöhe beträgt 8 cm.

9
Zwei gleich große quadratische Pyramiden sind mit ihren Grundflächen zusammengeklebt.
Zeichne das Schrägbild dieser Doppelpyramide mit der Grundkantenlänge 5 cm und der Gesamthöhe 8 cm.

10
Zeichne das Schrägbild in doppelter Größe in dein Heft.

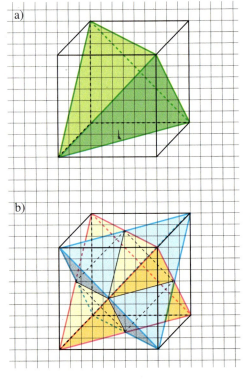

Zeichentipp:
Beginne beim Zeichnen der Ellipse mit den äußeren Bögen.

Gibt es Pyramiden, bei denen man im Schrägbild die gesamte Mantelfläche sieht?
Wann sind 3, wann 4 Manteldreiecke sichtbar?

3 Pyramide. Netz und Oberfläche

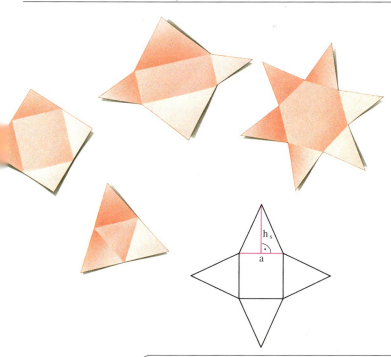

1
Welche der Figuren sind Pyramidennetze?

2
Kann man mit einem Rechteck von 15 cm Länge und 5 cm Breite eine quadratische Pyramide verschnittfrei bekleben?

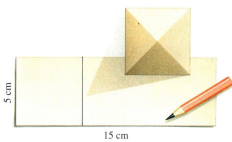

Eine Pyramide wird von einer regelmäßigen Vielecksfläche und einem Mantel begrenzt.

> Das Netz einer geraden Pyramide besteht aus einer n-eckigen Grundfläche und n gleichschenkligen Dreiecken.

Die Pyramidenoberfläche setzt sich zusammen aus der Grundfläche und der Mantelfläche.
Für die Mantelfläche der quadratischen Pyramide gilt:

$A_M = 4 \cdot A_\Delta = 4 \cdot \frac{a \cdot h_s}{2}$

$A_M = 2 a h_s$

Dabei ist h_s die Höhe der Seitenfläche. Mit der quadratischen Grundfläche ergibt sich für die Oberfläche
$A_O = a^2 + 2 a h_s$.

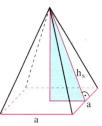

> Für die Oberfläche der Pyramide gilt allgemein: $A_O = A_G + A_M$.
>
> | quadratische Pyramide: | regelmäßige, dreiseitige Pyramide: | regelmäßige, sechsseitige Pyramide: |
> |---|---|---|
> | $A_O = a(a + 2 h_s)$ | $A_O = \frac{a}{4}(a\sqrt{3} + 6 h_s)$ | $A_O = \frac{3a}{2}(a\sqrt{3} + 2 h_s)$ |

Pyramide. Netz und Oberfläche

Beispiele

a) Aus der Länge der Grundkante $a = 5{,}0\,\text{cm}$ und der Körperhöhe $h = 6{,}0\,\text{cm}$ kann die Oberfläche einer quadratischen Pyramide berechnet werden. Dazu berechnet man zunächst mithilfe eines rechtwinkligen Teildreiecks die Seitenhöhe h_s.

$h_s^2 = h^2 + \left(\dfrac{a}{2}\right)^2$

$h_s = \sqrt{6{,}0^2 + 2{,}5^2}\,\text{cm} \qquad h_s = 6{,}5\,\text{cm}$

Dann gilt für die Oberfläche:
$A_O = a^2 + 2\,a\,h_s$
$A_O = (5{,}0^2 + 2 \cdot 5{,}0 \cdot 6{,}5)\,\text{cm}^2$
$A_O = 90{,}0\,\text{cm}^2$

b) Die Oberfläche einer regelmäßigen, sechsseitigen Pyramide kann man aus $a = 8{,}0\,\text{cm}$ und $h_s = 12{,}0\,\text{cm}$ berechnen.

$A_O = \dfrac{3}{2}a\left(a\sqrt{3} + 2\,h_s\right)$

$A_O = \dfrac{3}{2} \cdot 8{,}0 \cdot \left(8{,}0 \cdot \sqrt{3} + 2 \cdot 12{,}0\right)\text{cm}^2$

$A_O = 454{,}3\,\text{cm}^2$

Aufgaben

3
Berechne die Mantelfläche und die Oberfläche der quadratischen Pyramide.

a) $a = 7\,\text{cm}$
$h_s = 9\,\text{cm}$

b) $a = 5{,}9\,\text{cm}$
$h_s = 8{,}4\,\text{cm}$

c) $a = 4{,}2\,\text{dm}$
$h_s = 6{,}5\,\text{dm}$

d) $a = 1{,}38\,\text{m}$
$h_s = 4{,}26\,\text{m}$

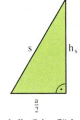
halbe Seitenfläche

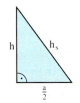
halber Parallelenschnitt

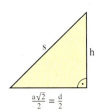
halber Diagonalenschnitt

4
Bei Berechnungen an Pyramiden muss man stets rechtwinklige Dreiecke benutzen.

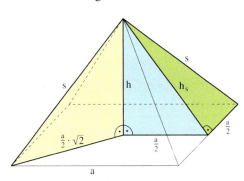

Fertige das Modell einer geraden quadratischen Pyramide an, bei dem man die halbe Seitenfläche, die halbe Parallelschnittfläche und die halbe Diagonalschnittfläche sieht.

5
Berechne A_M und A_O der quadratischen Pyramide.

a) $A_G = 25{,}0\,\text{cm}^2$
$h_s = 7{,}2\,\text{cm}$

b) $A_G = 144\,\text{m}^2$
$h_s = 17\,\text{m}$

c) $a = 7{,}8\,\text{cm}$
$s = 9{,}5\,\text{cm}$

d) $a = 29{,}5\,\text{cm}$
$s = 40{,}8\,\text{cm}$

e) $a = 6{,}2\,\text{cm}$
$h = 8{,}5\,\text{cm}$

f) $a = 12{,}5\,\text{m}$
$h = 18{,}2\,\text{m}$

g) $h_s = 7{,}9\,\text{cm}$
$h = 7{,}1\,\text{cm}$

h) $h_s = 1{,}28\,\text{m}$
$h = 1{,}12\,\text{m}$

6
Berechne die Grundkante a und die Oberfläche A_O der quadratischen Pyramide.

a) $h_s = 8{,}4\,\text{cm}$
$s = 9{,}3\,\text{cm}$

b) $h_s = 10{,}8\,\text{m}$
$s = 14{,}3\,\text{m}$

c) $d = 9{,}5\,\text{cm}$
$h = 6{,}4\,\text{cm}$

d) $d = 4{,}8\,\text{m}$
$h = 65{,}4\,\text{dm}$

e) $h = 7{,}5\,\text{cm}$
$s = 9{,}9\,\text{cm}$

f) $h = 25{,}2\,\text{m}$
$s = 30{,}4\,\text{m}$

7
Durch Umformen der Mantelflächen- und Oberflächenformel lassen sich die Grundgrößen berechnen.

a) Berechne a, h und s aus
$A_M = 75{,}8\,\text{cm}^2$ und $h_s = 9{,}2\,\text{cm}$.

b) Berechne h_s, h und s aus
$A_M = 125\,\text{cm}^2$ und $a = 6{,}5\,\text{cm}$.

c) Berechne a, h_s, h und s aus
$A_M = 233{,}5\,\text{cm}^2$ und $A_O = 333{,}5\,\text{cm}^2$.

8
Zeichne die Netze folgender Pyramiden
a) mit quadratischer Grundfläche
a = 4 cm, h = 5 cm;
b) mit einem gleichseitigen Dreieck als Grundfläche a = 3 cm, h = 5 cm;
c) mit regelmäßiger sechsseitiger Grundfläche a = 2,5 cm, h = 4 cm.

9
Welche Pyramide wird am höchsten, welche am spitzesten?
a)   b)

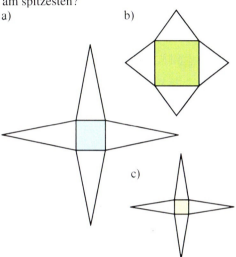

c)

10
a) Die Seitenflächen einer quadratischen Pyramide sind gleichseitige Dreiecke mit der Seitenlänge 7,5 cm. Berechne die Oberfläche der Pyramide.
b) Die Parallelschnittfläche einer geraden quadratischen Pyramide ist ein rechtwinklig-gleichschenkliges Dreieck mit der Kathetenlänge 12,8 cm. Wie groß ist die Oberfläche der Pyramide?
c) Die Diagonalschittfläche einer geraden quadratischen Pyramide ist ein gleichseitiges Dreieck mit der Seitenlänge 25,8 cm. Berechne die Mantelfläche.

11
Stelle Formeln für Mantel und Oberfläche der quadratischen Pyramide in Abhängigkeit von e auf.
a = 5e und h_s = 8e

Dreieckspyramide

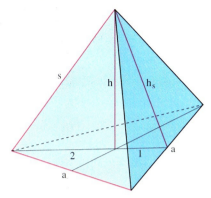

12
Die Oberfläche einer Dreieckspyramide beträgt 100,2 cm². Die Grundkante a ist 6,5 cm lang.
Berechne die Länge der Seitenhöhe h_s und die Mantelfläche der Pyramide.

13
Wenn man ein gleichseitiges Dreieck in vier gleich große gleichseitige Teildreiecke zerlegt, erhält man das Netz einer speziellen Dreieckspyramide, des Tetraeders. Wie groß ist die Grundkante, wenn die Oberfläche 300,0 cm² beträgt?

Sechseckspyramide

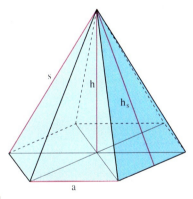

14
Die Mantelfläche einer Sechseckspyramide beträgt 178,5 cm². Die Seitenhöhe h_s ist 8,5 cm lang.
Berechne aus den Angaben die Oberfläche der Pyramide.

4 Pyramide. Volumen

1
Vor 4750 Jahren schuf in Ägypten der Weise Imhotep für seinen König Djoser die sechsstöckige Stufenpyramide von Sakkara. Sie ist 60 m hoch, am Boden etwa 120 m lang. Die obere Kante misst etwa 20 m. Versuche das Volumen näherungsweise zu berechnen.

2
Schätze, wie oft die Pyramide mit Wasser gefüllt werden muss um damit den gleich hohen Würfel mit gleicher Grundfläche zu füllen.

Wird ein Würfel, wie nebenstehend abgebildet, zerlegt, ergeben sich Pyramiden mit dem Volumen $V = \frac{1}{6}a^3$.
Sieht man den halben Würfel als Prisma mit der Grundfläche a^2 und der Höhe $\frac{a}{2}$, so hat die Pyramide $\frac{1}{3}$ des Prismavolumens
$$V = A_G \cdot h$$
$$V = \frac{1}{3}a^2 \cdot \frac{a}{2}$$

Eine quadratische Pyramide mit beliebiger Höhe h lässt sich nicht durch eine solche Zerlegung berechnen. Daher betrachten wir zunächst Stufenpyramiden aus quaderförmigen Platten. Die Stufenpyramide mit der Höhe $\frac{a}{2}$ wird mit dem Faktor $\frac{h}{\frac{a}{2}}$ in Richtung der Höhe gestreckt. Dadurch entsteht eine Stufenpyramide mit der Grundkante a und der Höhe h, und das Volumen multipliziert sich dabei mit $\frac{h}{\frac{a}{2}}$. Da solche Stufenpyramiden die echten quadratischen Pyramiden beliebig gut annähern können, ergibt sich das Volumen der quadratischen Pyramide mit der Höhe h ebenfalls durch Multiplikation mit $\frac{h}{\frac{a}{2}}$: $\quad V = \frac{1}{3}a^2 \cdot \frac{a}{2} \cdot \frac{h}{\frac{a}{2}} = \frac{1}{3}a^2 h$

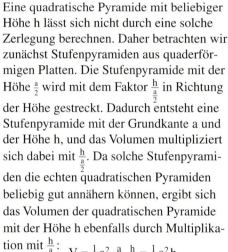

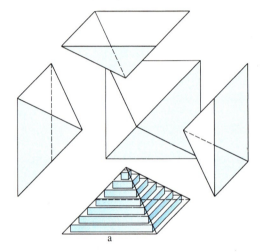

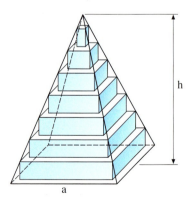

Also gilt für alle quadratischen Pyramiden
$$V = \frac{1}{3}a^2 h.$$
Diese Formel lässt sich auf Pyramiden mit beliebiger Grundfläche übertragen.

Für das **Volumen** der quadratischen Pyramide gilt: $\quad V = \frac{1}{3}a^2 \cdot h$

Für das **Volumen** der Pyramide gilt allgemein: $\quad V = \frac{1}{3}A_G \cdot h$

Pyramide. Volumen

Beispiele

a) Aus der Grundkante $a = 8{,}2$ cm und der Körperhöhe $h = 12{,}5$ cm lässt sich das Volumen einer quadratischen Pyramide berechnen.

$V = \frac{1}{3} a^2 h$ $\qquad V = \frac{1}{3} \cdot 8{,}2^2 \cdot 12{,}5 \text{ cm}^3$
$\qquad\qquad\qquad V = 280{,}2 \text{ cm}^3$

b) Aus dem Volumen $V = 180 \text{ cm}^3$ und der Höhe $h = 15$ cm lässt sich die Länge der Grundkante a berechnen.

$V = \frac{1}{3} a^2 h \qquad\qquad a = \sqrt{\frac{3 \cdot 180}{15}} \text{ cm}$
$\frac{3V}{h} = a^2 \qquad\qquad\quad a = 6 \text{ cm}$
$a = \sqrt{\frac{3V}{h}}$

Aufgaben

3
Berechne das Volumen der quadratischen Pyramide.
a) $a = 15$ cm $\qquad$ b) $a = 12{,}9$ cm
$\quad h = 24$ cm $\qquad\quad h = 18{,}4$ cm
c) $A_G = 155{,}8 \text{ cm}^2$ d) $A_G = 430{,}5 \text{ m}^2$
$\quad h = 32{,}4$ cm $\qquad\quad h = 17{,}2$ m

4
Berechne V der quadratischen Pyramide. Zeichne zur Berechnung der benötigten Größen geeignete Teildreiecke heraus.
a) $a = 15$ cm $\qquad$ b) $a = 9{,}2$ cm
$\quad h_s = 18$ cm $\qquad\quad h_s = 17{,}5$ cm
c) $h = 7{,}8$ cm $\qquad$ d) $h = 12{,}94$ m
$\quad h_s = 9{,}4$ cm $\qquad\quad h_s = 15{,}35$ m
e) $a = 8{,}5$ cm $\qquad$ f) $a = 78$ cm
$\quad s = 9{,}5$ cm $\qquad\quad s = 1{,}45$ m
g) $h = 62{,}5$ m $\qquad$ h) $h = 5{,}9$ cm
$\quad s = 92{,}2$ m $\qquad\quad s = 6{,}4$ cm

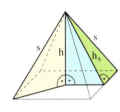

5
Wie hoch ist die quadratische Pyramide?
a) $V = 882{,}4 \text{ cm}^3$ b) $V = 260\,l$
$\quad a = 9{,}5$ cm $\qquad\quad a = 7{,}2$ dm

6
Wie lang ist die Grundkante a?
a) $V = 580 \text{ cm}^3$ b) $V = 1{,}5\,l$
$\quad h = 15{,}8$ cm $\qquad h = 42$ cm

7
Berechne V der quadratischen Pyramide.
a) $A_M = 135{,}8 \text{ cm}^2$ b) $A_M = 420{,}4 \text{ m}^2$
$\quad a = 9{,}5$ cm $\qquad\quad h_s = 12{,}5$ m
c) $A_O = 885 \text{ cm}^2$ d) $A_O = 235{,}4 \text{ cm}^2$
$\quad a = 15$ cm $\qquad\quad a = 8{,}2$ cm

8
a) Ein gleichseitiges Dreieck mit der Seitenlänge 7,5 cm ist Parallelschnittfläche einer quadratischen Pyramide. Berechne Volumen und Oberfläche der Pyramide.
b) Ein rechtwinklig-gleichschenkliges Dreieck mit der Hypotenusenlänge 12,4 cm ist Diagonalschnittfläche einer quadratischen Pyramide. Berechne deren Oberfläche und Volumen.
c) Ein gleichschenkliges Dreieck mit der Schenkellänge 17,8 cm und der Basis 9,2 cm ist Seitenfläche einer quadratischen Pyramide. Wie groß sind A_O und V?

9
Die Pyramide über dem Grab des Gründers der Stadt Karlsruhe, Markgraf Karl Wilhelm von Baden, ist aus Sandstein (1 dm^3 wiegt 1,8 kg). Sie ist 6,81 m hoch und hat eine Grundkantenlänge von 6,05 m bei quadratischer Grundfläche.
Wie schwer ist das Bauwerk? Gib das Ergebnis in Tonnen an.

5 Kegel. Netz und Oberfläche

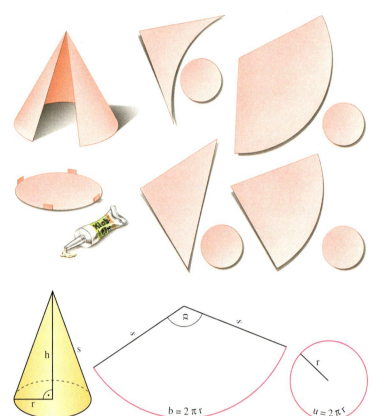

1
Aus welchen Flächen lässt sich ein Kegel herstellen?

2
Schneide einen Viertelkreis, einen Halbkreis und einen Dreiviertelkreis mit je 8 cm Radius aus und forme offene Kegel. Wie groß sind jeweils die Grundkreisdurchmesser? Wie kann man sie berechnen?

Wird der Mantel des Kegels in der Ebene ausgerollt, erhält man einen Kreisausschnitt. Sein Radius ist die **Mantellinie s**, die zugehörige **Bogenlänge b** ist genauso groß wie der **Umfang des Grundkreises**. Demnach gilt für die Mantelfläche:

$$A_M = \frac{b \cdot s}{2}$$

Aus $b = 2\pi r$ ergibt sich:

$$A_M = \frac{2\pi r \cdot s}{2}$$
$$A_M = \pi r s$$

Für die Oberfläche gilt dann:

$$A_O = A_G + A_M$$
$$A_O = \pi r^2 + \pi r s$$
$$A_O = \pi r (r + s)$$

Das Netz eines Kegels besteht aus einem Kreis und dem entsprechenden Kreisausschnitt.
Für die **Mantelfläche** des Kegels gilt: $A_M = \pi r s$
Für die **Oberfläche** des Kegels gilt: $A_O = \pi r^2 + \pi r s$
   $A_O = \pi r (r + s)$

Beispiele

a) Aus $r = 4{,}7\,\text{cm}$ und $s = 6{,}3\,\text{cm}$ lässt sich die Kegeloberfläche berechnen.
$A_O = \pi r (r + s)$ $A_O = \pi \cdot 4{,}7 \,(4{,}7 + 6{,}3)\,\text{cm}^2$
$A_O = 162{,}4\,\text{cm}^2$

b) Aus der Oberfläche $A_O = 1388{,}6\,\text{cm}^2$ und $r = 13{,}0\,\text{cm}$ lässt sich die Mantellinie s berechnen.
$A_O = \pi r^2 + \pi r s$
$A_O - \pi r^2 = \pi r s$
$\frac{A_O - \pi r^2}{\pi r} = s$
$s = \frac{1388{,}6 - \pi \cdot 13^2}{\pi \cdot 13}\,\text{cm}$
$s = 21{,}0\,\text{cm}$

c) Aus $r = 5{,}4\,\text{cm}$ und $h = 7{,}2\,\text{cm}$ lässt sich der Kegelmantel berechnen. Zuerst wird s berechnet.
$s^2 = r^2 + h^2$
$s = \sqrt{5{,}4^2 + 7{,}2^2}\,\text{cm}$
$s = 9{,}0\,\text{cm}$

$A_M = \pi r s$
$A_M = \pi \cdot 5{,}4 \cdot 9{,}0\,\text{cm}^2$
$A_M = 152{,}7\,\text{cm}^2$

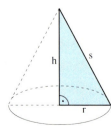

Kegel. Netz und Oberfläche

Die Bildleiste zeigt, wie du einen Kegel aus Papier herstellen kannst.

Aufgaben

3
Stelle das Modell eines halben Kegels her.

4
Kristina und Michael wollen Kegel herstellen:
Der Mantel des ersten Kegels soll ein Kreisausschnitt mit 10 cm Radius sein und der Grundkreis soll 1 cm Radius haben.
Beim zweiten Kegel sollen die Maße gerade umgekehrt sein.
Was sagst du dazu?

5
Berechne die Mantelfläche des Kegels.
a) r = 5 cm   b) r = 36 mm   c) r = 2,9 dm
   s = 8 cm   s = 65 mm   s = 7,3 dm

6
Berechne die Oberfläche des Kegels.
a) r = 3 cm   b) r = 14 cm   c) r = 0,31 m
   s = 9 cm   s = 49 cm   s = 8,6 dm

7
Berechne A_M und A_O des Kegels.
a) r = 6 cm   b) r = 5 cm   c) d = 1,4 dm
   h = 8 cm   h = 12 cm   h = 2,4 dm
d) s = 29 cm e) s = 72 mm   f) s = 0,89 m
   h = 21 cm   h = 32 mm   h = 3,9 dm

8
Berechne h und s des Kegels.
a) A_M = 227 cm²   b) A_M = 102 cm²
   r = 6 cm   r = 3,6 cm
c) A_O = 46,97 dm² d) A_O = 1,81 m²
   r = 23,0 cm   d = 0,85 m

9
Ein kegelförmiges Indianerzelt ist bis zur Spitze 1,80 m hoch und bedeckt eine Grundfläche von 2,5 m².
Berechne die Fläche der Zeltwand.

10
Kegelförmige Eistüten haben am oberen Rand einen Durchmesser von 4 cm und sind 12 cm hoch.
Wie viel Teig braucht man zur Herstellung von 1000 Eistüten, wenn jede je 2 mm dick ist?

11
Der mittelalterliche Wachturm hat am oberen Ende einen Mauerumfang von 23,5 m, sein kegelförmiges Dach ist 7 m hoch. Zum Decken des Dachs sind pro m² etwa 40 Dachpfannen notwendig.
Wie viele Pfannen werden für die gesamte Dachfläche benötigt?

12
Gegeben ist der Achsenschnitt eines Kegels. Berechne seine Mantelfläche und den Mittelpunktswinkel α in Abhängigkeit der Variablen e.

a)

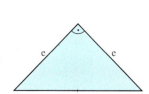

6 Kegel. Volumen

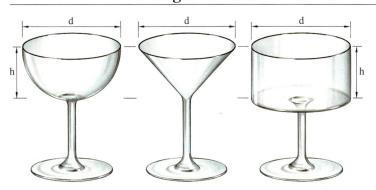

1 Die Gläser haben denselben Randdurchmesser d und dieselbe Höhe $h = \frac{1}{2}d$.
Wie oft passt der Inhalt des halbkugelförmigen Glases in das zylinderförmige Glas? Nimm die Volumenformeln zu Hilfe.
Schätze, wie oft der Inhalt des kegelförmigen Glases in die beiden anderen Gläser passt.

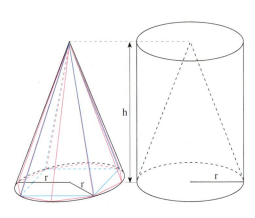

Um den **Rauminhalt** eines Kegels zu bestimmen, werden dem Kegel Pyramiden mit gleicher Höhe einbeschrieben. Mit zunehmender Eckenzahl der Grundfläche nähert sich das Volumen dieser Pyramiden dem Kegelvolumen beliebig an.
Da das Volumen einer Pyramide gleich dem dritten Teil des Volumens eines Prismas mit gleicher Grundfläche und gleicher Körperhöhe ist, kann dies auch für das Kegelvolumen in Bezug auf das Zylindervolumen übertragen werden:

$V_{Ke} = \frac{1}{3} V_{Zyl}$

$V_{Ke} = \frac{1}{3} A_G \cdot h$

$V_{Ke} = \frac{1}{3} \pi r^2 h$

Für das **Volumen** des Kegels gilt: $V = \frac{1}{3} \pi r^2 h$

Beispiele

a) Aus $r = 6{,}5\,\text{cm}$ und $h = 19{,}0\,\text{cm}$ lässt sich das Kegelvolumen berechnen.

$V = \frac{1}{3} \pi r^2 h$

$V = \frac{1}{3} \pi \cdot 6{,}5^2 \cdot 19{,}0\,\text{cm}^3$

$V = 840{,}6\,\text{cm}^3$

b) Aus dem Kegelvolumen $V = 148{,}0\,\text{cm}^3$ und der Körperhöhe $h = 13{,}8\,\text{cm}$ lässt sich der Grundkreisradius r berechnen.

$V = \frac{1}{3} \pi r^2 h$ $r = \sqrt{\frac{3 \cdot 148{,}0}{\pi \cdot 13{,}8}}\,\text{cm}$

$r^2 = \frac{3V}{\pi h}$ $r = 3{,}2\,\text{cm}$

$r = \sqrt{\frac{3V}{\pi h}}$

c) Aus dem Mantel des Kegels $A_M = 54{,}5\,\text{cm}^2$ und dem Radius $r = 2{,}8\,\text{cm}$ lässt sich das Volumen des Kegels berechnen.

$A_M = \pi r s$ $s = \frac{A_M}{\pi r} = \frac{54{,}5}{\pi \cdot 2{,}8}\,\text{cm} = 6{,}2\,\text{cm}$

$h^2 = s^2 - r^2$ $h = \sqrt{s^2 - r^2} = \sqrt{6{,}2^2 - 2{,}8^2}\,\text{cm} = 5{,}5\,\text{cm}$

$V = \frac{1}{3} \pi \cdot 2{,}8^2 \cdot 5{,}5\,\text{cm}^3 = 45{,}2\,\text{cm}^3$

Kegel. Volumen

Aufgaben

2
Berechne das Volumen des Kegels.
a) $r = 3$ cm
   $h = 8$ cm
b) $r = 4,5$ cm
   $h = 11,0$ cm
c) $d = 9$ cm
   $h = 25$ cm
d) $d = 11,7$ cm
   $h = 7,6$ cm

3
Wie groß ist die Höhe des Kegels?
a) $V = 22,0$ cm^3
   $r = 2,0$ cm
b) $V = 75,4$ cm^3
   $r = 3,0$ cm
c) $V = 19,34$ cm^3
   $d = 36$ mm
d) $V = 0,47$ m^3
   $d = 1,2$ m

4
Berechne den Durchmesser des Kegels.
a) $V = 253,4$ cm^3
   $h = 8,0$ cm
b) $V = 575,4$ dm^3
   $h = 10,9$ dm
c) $V = 235,5$ dm^3
   $h = 0,73$ m
d) $V = 2,0$ m^3
   $h = 1,0$ m

5
Berechne das Kegelvolumen.
a) $r = 5$ cm
   $s = 13$ cm
b) $r = 8$ cm
   $s = 17$ cm
c) $d = 5,4$ cm
   $s = 15,0$ cm
d) $h = 35$ cm
   $s = 37$ cm
e) $h = 10,0$ cm
   $s = 12,0$ cm
f) $h = 9,8$ dm
   $s = 11,3$ dm

6
Berechne von einem Kegel
a) s, V und A_O aus $r = 6$ cm und $h = 8$ cm
b) h, V und A_O aus $d = 18$ cm und $s = 41$ cm
c) r, V und A_O aus $s = 25$ cm und $h = 20$ cm
d) h, s und A_O aus $r = 9,0$ cm und $V = 400$ cm^3
e) r, s und A_O aus $h = 6,0$ cm und $V = 150$ cm^3
f) h, s und V aus $r = 5,0$ cm und $A_O = 200$ cm^2
g) r, s und V aus $h = 12,0$ cm und $A_O = 1092$ cm^2.

7
Ein kegelförmiges Trinkglas soll 0,15 l fassen und am oberen Rand einen Durchmesser von 5 cm aufweisen. Wie hoch muss das Glas (ohne Fuß) sein?

8
Ein kegelförmiges Trinkglas ist 20 cm tief und fasst 0,3 l bis zum Rand. Wie groß ist der obere Randdurchmesser?

9
Ein Sektglas, das die Form eines Kegels mit einem Randdurchmesser von 6 cm und einer Höhe von 15 cm hat, wird bis zur halben Höhe gefüllt. Wie viel Prozent des Gesamtvolumens sind eingefüllt?

10
Ein kegelförmiger Messbecher fasst 1,2 l und hat am oberen Rand einen Durchmesser von 15 cm.
a) Wie hoch ist der Messbecher?
b) In welcher Höhe muss jeweils die Markierung für 1 l, für $\frac{3}{4}$ l, für $\frac{1}{2}$ l und für $\frac{1}{4}$ l angebracht werden?

11
Aus einem Viertelkreis, einem Halbkreis und einem Dreiviertelkreis, jeweils mit dem Radius 10 cm, werden offene Kegel geformt. Berechne und vergleiche ihre Volumen. Beachte dabei den Unterschied zwischen dem Radius der Mantelfläche und dem Grundkreisradius.

12

Über ein Förderband werden 525,9 m^3 Salz kegelförmig aufgeschüttet. Welche Bodenfläche bedeckt der Salzhaufen bei einer Höhe von 6,2 m?

Ein runder Pfahl, der auf $\frac{1}{6}$ seiner Länge kegelförmig zugespitzt ist, steckt bis in halber Höhe im Erdreich. Welcher Teil seines Volumens befindet sich oberhalb bzw. unterhalb der Bodenfläche?

7 Zweitafelbilder

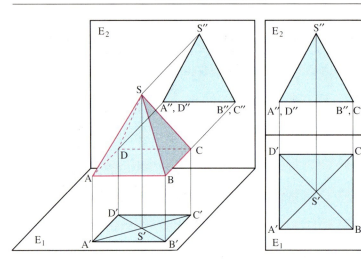

1
Nebenstehende Zeichnung ist das Zweitafelbild einer Pyramide. Die linke Abbildung zeigt, wie dieses Bild entstanden ist. Der Maßstab beträgt 1:1.
Überlege, welche Strecken bzw. Kanten in ihrer Länge unmittelbar aus der Zeichnung entnommen werden können.

In der **Zweitafelprojektion** wird das Bild eines Körpers in zwei Ebenen E_1 und E_2 gleichzeitig dargestellt.
E_1 ist die **Grundrissebene**, E_2 die **Aufrissebene**. Beide Ebenen werden durch die **Rissachse** getrennt. Die entsprechenden Grund- und Aufrisspunkte liegen auf einer Geraden, der **Ordnungslinie**, die senkrecht zur Rissachse steht.

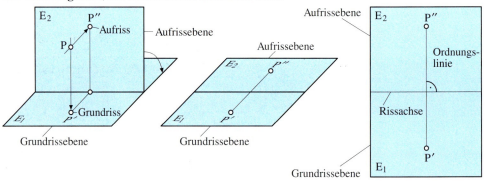

> Bei der Zweitafelprojektion werden räumliche Gebilde auf zwei zueinander senkrecht stehenden Bildebenen, der **Grundrissebene** und der **Aufrissebene**, abgebildet. Grund- und Aufriss eines Punktes liegen auf einer **Ordnungslinie**, die senkrecht zur Rissachse liegt. Den Grundriss zusammen mit dem zugeordneten Aufriss eines geometrischen Objektes nennen wir das **Zweitafelbild** dieses Objektes.

Aufgaben

2
Gegeben ist eine Pyramide ABCDS mit rechteckiger Grundfläche.
Zeichne das Zweitafelbild und das Schrägbild, wenn die Strecken $\overline{AB} = 6\,\text{cm}$, $\overline{BC} = 4\,\text{cm}$ und die Körperhöhe der Pyramide $h = 7\,\text{cm}$ betragen.

3
Wie sehen Grundriss und Aufriss eines Kegels aus?

4
Konstruiere das Zweitafelbild eines Kegels mit $r = 2{,}5\,\text{cm}$ und $h = 5\,\text{cm}$.

(1)

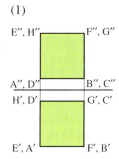

(2)

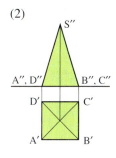

(3)

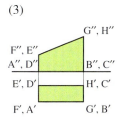

5
Nebenstehend sind drei bekannte geometrische Körper im Zweitafelverfahren abgebildet.
a) Benenne und beschreibe die Körper.
b) Zeichne die Schrägbilder der Körper. Entnimm dazu die Maße aus der Zeichnung und zeichne in doppelter Größe.

6
Zeichne das Zweitafelbild des im Schrägbild dargestellten Körpers. Entnimm die Maße der Zeichnung.

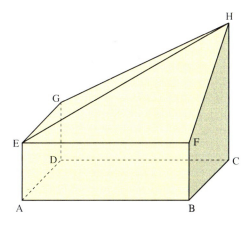

7
Ein Körper besteht aus einem Zylinder und einem darauf gesetzten Kegel. Die Grundfläche des Zylinders ist kongruent der Grundfläche des Kegels. Der Durchmesser des Zylinders beträgt 4 cm, die Höhe des Gesamtkörpers 8,6 cm.
Der Zylinder ist doppelt so hoch wie der Kegel.
Fertige erst eine Skizze an und zeichne das Zweitafelbild.

8
Gegeben ist eine Pyramide mit regelmäßiger sechsseitiger Grundfläche. Die Grundkante a beträgt 2,5 cm und die Körperhöhe 7 cm.
Zeichne das Zweitafelbild und achte bei deiner Zeichnung insbesondere auf verdeckte Kanten.

9
Konstruiere das Schrägbild des durch das Zweitafelbild gegebenen Körpers. Entnimm die Maße der Zeichnung.

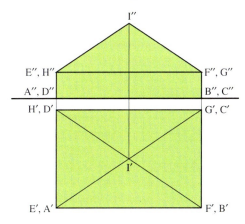

10
Ein Körper besteht aus einem Würfel und einer darauf gesetzten quadratischen Pyramide. Die Grundfläche der Pyramide ist kongruent einer Seitenfläche des Würfels. Die Kantenlänge des Würfels beträgt 3 cm, die Höhe des Gesamtkörpers 7 cm. Zeichne das Zweitafelbild. Vergiss nicht, alle Eckpunkte zu bezeichnen.

11
Gegeben ist ein Quader ABCDEFGH mit $\overline{AB}$ = 8,4 cm, $\overline{BC}$ = 5,3 cm und $\overline{AE}$ = 3,6 cm. Durch die Punkte A, C und H wird ein ebener Schnitt gelegt, der den Quader in zwei Teilkörper zerlegt.
Stelle den Teilkörper ACDH im Zweitafelbild dar. Bezeichne die Punkte entsprechend der Skizze.

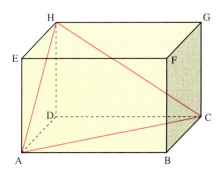

8 Zusammengesetzte Körper

1
Aus welchen Teilkörpern bestehen die Werkstücke? Beschreibe Volumen und Oberfläche der zusammengesetzten Körper. Warum kann man zur Berechnung der Gesamtoberfläche nicht einfach die Oberflächen der Teilkörper addieren?

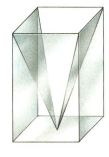

2
Ein Drittel des Volumens ging durch das Herausarbeiten der Pyramide aus dem Prisma verloren.
Ging bei der Oberfläche ebenfalls ein Drittel verloren?

Das Volumen des Zylinders mit aufgesetztem Kegel setzt sich aus dem Zylindervolumen und dem Kegelvolumen zusammen.
Die gesamte Oberfläche des Körpers ergibt sich aus der Summe der Kegelmantelfläche, der Zylindermantelfläche und einer Grundkreisfläche des Zylinders.

Um das Volumen des Würfels mit herausgearbeiteter Pyramide zu berechnen, muss man vom Würfelvolumen das Pyramidenvolumen subtrahieren. Die Oberfläche setzt sich aus der Mantelfläche der Pyramide, fünf Quadratflächen des Würfels und der Differenz zwischen einer Würfelfläche und der Pyramidengrundfläche zusammen.

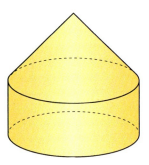

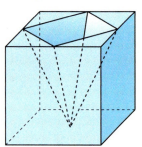

> Das **Volumen** zusammengesetzter oder ausgehöhlter Körper berechnet man aus der Summe oder der Differenz der Einzelvolumina.
> Die **Oberfläche** zusammengesetzter oder ausgehöhlter Körper besteht aus der Summe aller Einzelflächen.

Beispiele
a)

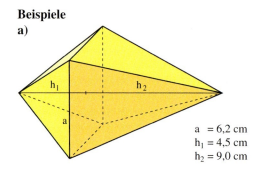

$a = 6{,}2$ cm
$h_1 = 4{,}5$ cm
$h_2 = 9{,}0$ cm

Der Körper besteht aus zwei quadratischen Pyramiden, die an ihren Grundflächen zusammengesetzt sind. Das Gesamtvolumen lässt sich aus der Summe der Einzelvolumen berechnen. $V = V_1 + V_2$

$V = \frac{1}{3}a^2 h_1 + \frac{1}{3}a^2 h_2$

$V = \left(\frac{1}{3} \cdot 6{,}2^2 \cdot 4{,}5 + \frac{1}{3} \cdot 6{,}2^2 \cdot 9{,}0\right)$ cm³

$V = 173{,}0$ cm³

Zusammengesetzte Körper

Die Oberfläche setzt sich aus den beiden Pyramidenmantelflächen zusammen.

$A_O = A_{M_1} + A_{M_2}$
$A_O = 2\,a\,h_{s_1} + 2\,a\,h_{s_2}$

Berechnung der beiden Seitenhöhen in Teildreiecken der Parallelschnittfläche.

$h_{s_1}^2 = \left(\dfrac{a}{2}\right)^2 + h_1^2$ $\qquad$ $h_{s_2}^2 = \left(\dfrac{a}{2}\right)^2 + h_2^2$

$h_{s_1} = \sqrt{3{,}1^2 + 4{,}5^2}\text{ cm}$ $\qquad$ $h_{s_2} = \sqrt{3{,}1^2 + 9{,}0^2}\text{ cm}$

$h_{s_1} = 5{,}46\text{ cm}$ $\qquad$ $h_{s_2} = 9{,}52\text{ cm}$

Daraus ergibt sich für die Oberfläche:
$A_O = (2 \cdot 6{,}2 \cdot 5{,}46 + 2 \cdot 6{,}2 \cdot 9{,}52)\text{ cm}^2$
$A_O = 185{,}8\text{ cm}^2$

Parallelschnitt

b) Der Achsenschnitt des Rundkörpers zeigt, dass aus einem Zylinder zwei gleich große Kegel herausgedreht worden sind.

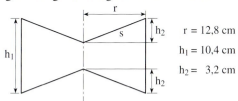

$r = 12{,}8$ cm
$h_1 = 10{,}4$ cm
$h_2 = 3{,}2$ cm

Das Gesamtvolumen ist die Differenz aus Zylindervolumen und doppeltem Kegelvolumen. Die Oberfläche ist die Summe aus Zylindermantel und zweimal Kegelmantel.

$V = V_{Zyl} - 2 \cdot V_{Kegel}$
$V = \pi r^2 \cdot h_1 - 2 \cdot \dfrac{1}{3}\pi r^2 \cdot h_2$
$V = (\pi \cdot 12{,}8^2 \cdot 10{,}4 - 2 \cdot \dfrac{1}{3} \cdot \pi \cdot 12{,}8^2 \cdot 3{,}2)\text{ cm}^3$
$V = 4255\text{ cm}^3$

$A_O = A_{M_{Zyl}} + 2\,A_{M_{Kegel}}$
$A_O = 2\pi r h_1 + 2\pi r s$

Berechnung von s:
$s^2 = r^2 + h_2^2$
$s = \sqrt{12{,}8^2 + 3{,}2^2}\text{ cm}$
$s = 13{,}19\text{ cm}$

Daraus ergibt sich für die Oberfläche:
$A_O = (2 \cdot \pi \cdot 12{,}8 \cdot 10{,}4 + 2 \cdot \pi \cdot 12{,}8 \cdot 13{,}19)\text{ cm}^2$
$A_O = 1897\text{ cm}^2$

Aufgaben

3

Berechne Volumen und Oberfläche des aus Würfel und Pyramide zusammengesetzten Körpers (Maße in cm).

a)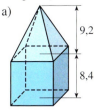

b)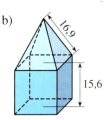

c)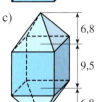

d)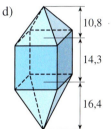

4

Berechne Volumen und Oberfläche des zusammengesetzten Körpers (Maße in cm).

a)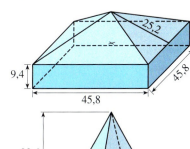

b)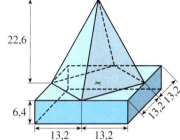

Zusammengesetzte Körper

5
Berechne das Volumen der Doppelpyramide.

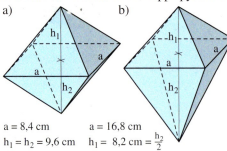

a) $a = 8{,}4$ cm
$h_1 = h_2 = 9{,}6$ cm

b) $a = 16{,}8$ cm
$h_1 = 8{,}2$ cm $= \frac{h_2}{2}$

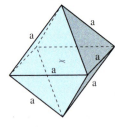

6
Wenn bei einer Doppelpyramide aus zwei quadratischen Pyramiden alle acht Dreiecke gleichseitig sind, heißt dieser Körper **Oktaeder**.
a) Das Volumen wird mit der Formel $V = \frac{a^3}{3} \cdot \sqrt{2}$ berechnet, die Oberfläche mit $A_O = 2a^2\sqrt{3}$. Berechne V und A_O für $a = 12{,}5$ cm.
b) Weise die Formeln für Volumen und Oberfläche nach.
c) Wie groß muss a sein, damit die Oberfläche 450 cm² beträgt?
d) Wie groß muss a sein, damit das Volumen 875 cm³ beträgt?

7
Berechne Volumen und Oberfläche des gesamten Körpers.

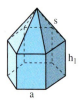

$a = 3{,}85$ cm
$h_1 = 4{,}50$ cm
$s = 4{,}25$ cm

8
Aus einem regelmäßigen sechsseitigen Prisma wird oben und unten je eine Sechseckspyramide ($a_{Pyr} = a_{Pr}$) herausgearbeitet. Die Höhe des Prismas ist gleich der Kantenlänge a. Die Höhe der Pyramiden beträgt $\frac{a}{2}$.
a) Berechne Volumen und Oberfläche des Körpers für $a = 7{,}5$ cm.
b) Zeige, dass allgemein für das Volumen des Körpers $V = a^3 \cdot \sqrt{3}$ gilt.

9
Beschreibe Volumen und Oberfläche des zusammengesetzten Körpers jeweils mit einem Term.
Beispiel:

$V = V_{Zyl} + V_{Hk}$
$A_O = A_{G_{Zyl}} + A_{M_{Zyl}} + A_{O_{Ring}} + \frac{1}{2} A_{O_{Kugel}}$

a)   b)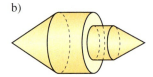

c)   d)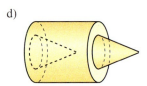

10
Berechne Volumen und Oberfläche des Körpers (Maße in cm).

a) 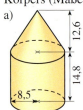 b)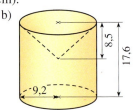

11
Berechne für den vorgegebenen Achsenschnitt das Volumen und die Oberfläche der entstehenden Drehkörper (Maße in cm).

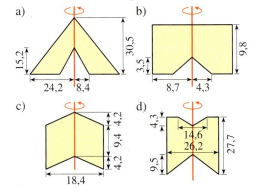

9 Vermischte Aufgaben

1
Zeichne das Schrägbild und das Zweitafelbild der quadratischen Pyramide.
a) a = 6,0 cm
   h = 8,0 cm
b) a = 4,0 cm
   h = 12,0 cm

2
Zeichne die Schrägbildskizze und das Zweitafelbild des Kegels mit
a) r = 3,0 cm
   h = 6,0 cm
b) r = 4,0 cm
   h = 4,0 cm.

3
Zeichne das Schrägbild und das Zweitafelbild einer regelmäßigen sechsseitigen Pyramide mit
a) a = 3,0 cm und h = 7,0 cm
b) a = 4,0 cm und h = 6,8 cm
c) a = 3,6 cm und h = 9,2 cm.

4
Zeichne in das Schrägbild einer quadratischen Pyramide mit a = 5,0 cm und h = 6,0 cm den Parallelschnitt und Diagonalschnitt.
Zeichne dann die beiden Schnittflächen und eine Seitenfläche in Originalgröße.

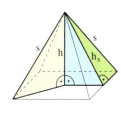

5
Berechne die Mantelfläche und die Oberfläche der quadratischen Pyramide
a) mit der Grundkante a = 4,5 cm und der Seitenflächenhöhe h_s = 10,4 cm.
b) mit der Grundkante a = 6,2 cm und der Höhe h = 12,5 cm.
c) mit der Grundkante a = 11,2 dm und der Seitenkante s = 18,6 dm.

6
Berechne die fehlenden Größen der quadratischen Pyramide (Angaben in cm, cm², cm³).

	a	h	h_s	s	A_O	V
a)	☐	6,8	7,6	☐	☐	☐
b)	12	☐	☐	16	☐	☐
c)	☐	9	☐	☐	☐	108
d)	9,2	☐	☐	☐	216,6	☐
e)	☐	☐	7,4	☐	104	☐

7
Berechne die Oberfläche und das Volumen der Pyramide mit rechteckiger Grundfläche.
a) a = 4,8 cm, b = 2,6 cm, h = 5,0 cm
b) a = 3,2 cm, b = 10,5 cm, s = 14,6 cm

8
Das Dach eines Kirchturms hat die Form einer Sechseckspyramide. Es soll neu mit Kupferblech gedeckt werden. Die Kante a = 2,45 m und die Seitenkante s = 6,80 m wurden gemessen. Wie teuer ist das Material, wenn mit 10 % Verschnitt gerechnet wird und 1 m² Kupferblech 39 € kostet?

9
Ein Blechdach hat die Form einer quadratischen Pyramide mit gleich langen Grund- und Seitenkanten. Ihre Spitze liegt 4,50 m über der Grundfläche. Wie viel m² Blech benötigt man für die Dachfläche?

10
Gegeben ist ein Tetraeder mit der Kantenlänge a = 9,0 cm.
a) Berechne Oberfläche und Volumen.
b) Gib die Körperhöhe h in Abhängigkeit von a an.
c) Leite eine Formel für das Volumen in Abhängigkeit von a her.

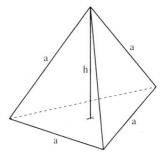

11
Ein Oktaeder hat die Kantenlänge a = 12 cm.
a) Wie groß sind seine Oberfläche bzw. sein Volumen?
b) Leite eine Formel für die Volumenberechnung in Abhängigkeit von a her.

Vermischte Aufgaben

12
Eine regelmäßige Dreieckspyramide mit der Grundkante a = 7,5 cm hat dasselbe Volumen wie eine quadratische Pyramide mit lauter gleich langen Kanten der Länge 7,5 cm. Wie hoch ist die Dreieckspyramide?

13
Berechne Oberfläche und Volumen der regelmäßigen Dreieckspyramide.
(Angaben in cm)

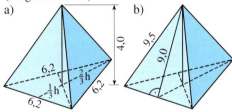

14
Von einer regelmäßigen Sechseckspyramide ist der Achsenschnitt gegeben.
Berechne jeweils Oberfläche und Volumen.

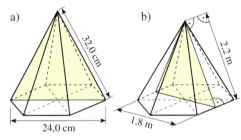

15
Ein gleichseitiges Dreieck mit der Seitenlänge 12 cm kommt in einer quadratischen Pyramide vor, einmal als
a) Seitenfläche,
b) Fläche des Parallelschnitts,
c) Fläche des Diagonalschnitts.
Berechne jeweils Oberfläche und Volumen der verschiedenen Pyramiden.

16
Die quadratische Glaspyramide im Innenhof des Louvre-Museums in Paris hat eine Kantenlänge von 34,2 m und eine Höhe von 20,9 m.
Berechne ihre Glasfläche.

17
Berechne die Mantelfläche und die Oberfläche des Kegels.
a) r = 10 cm   b) r = 3,6 cm   c) d = 148 mm
   h = 14 cm   s = 5,5 cm   h = 235 mm

18
Berechne das Volumen des Kegels.
a) r = 8,1 cm   b) r = 0,35 m   c) r = 3,8 dm
   h = 17,4 cm   h = 1,75 m   s = 6,9 dm
d) s = 32 cm   e) s = 1,5 m   f) d = 4,2 dm
   h = 25 cm   h = 1,1 m   s = 5,8 dm

19
Berechne den Radius des Kegels.
a) A_M = 249,5 cm²   b) A_O = 226 cm²
   s = 11,8 cm   s = 6,3 cm
c) V = 112,5 cm³   d) A_O = 450 cm²
   h = 13,7 cm A_M = 273 cm²

20
Berechne die fehlenden Größen des Kegels (Angaben in cm, cm², cm³).

	r	h	s	A_M	A_O	V
a)	□	9,4	12,0	□	□	□
b)	1,9	□	3,7	□	□	□
c)	□	□	□	395	690	□
d)	□	9,9	□	□	□	180

21
Berechne anhand des Achsenschnitts des Kegels seine Oberfläche und sein Volumen in Abhängigkeit von e.

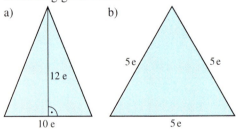

22
Bleistiftminen von 6 cm Länge und einem Durchmesser von 2 mm werden an der Spitze auf einer Länge von 5 mm kegelförmig zugespitzt. Wie viel Prozent des Gesamtvolumens sind dabei Abfall?

Vermischte Aufgaben

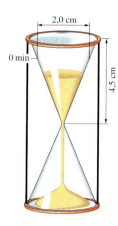

23
Ein Kegel, dessen Höhe doppelt so groß ist wie sein Radius, hat ein Volumen von 575 cm³.
a) Berechne r.
b) Wie groß ist seine Mantelfläche?

24
Eine Sanduhr ist im oberen Glas $\frac{2}{3}$ hoch gefüllt. Wo müssen die Markierungen (in mm) für zwei und eine Minute angebracht werden, wenn die Sandmenge genau für 3 Minuten ausreicht?
(Hinweis: Es ist sinnvoll, einen der Strahlensätze anzuwenden.)

25
Ein kegelförmiges Senklot aus Stahl (1 cm³ Stahl wiegt 7,8 g) ist 245 g schwer und 7,5 cm hoch.
Wie groß ist sein Durchmesser am oberen Ende?

26
Eine kegelförmige Papiertüte soll 500 ml fassen. Berechne für verschiedene Ausführungen den oberen Durchmesser und die Höhe.
Willst du selbst solche Tüten herstellen, musst du auf den Klebefalz und die Papierzugabe über die Füllhöhe hinaus achten.

Schnittkörper
Schneidet man eine Pyramide parallel zu ihrer Grundfläche durch, so entstehen ein **Pyramidenstumpf** und die zugehörige Ergänzungspyramide. Entsprechend entstehen aus einem Kegel ein **Kegelstumpf** und der Ergänzungskegel. Bei der räumlichen Darstellung dieser Körper ist es vorteilhaft, zunächst die entsprechenden Pyramiden und Kegel zu zeichnen.

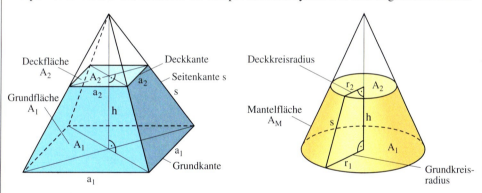

Die beiden Grundkanten a_1 und a_2 sowie die Ellipsenlinien beim Kegelstumpf verlaufen auch in der Schrägbildskizze parallel.

Netze von Pyramidenstumpf und Kegelstumpf

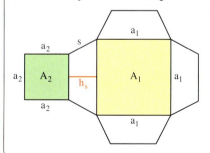
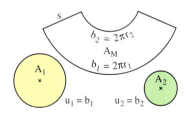

PYRAMIDEN

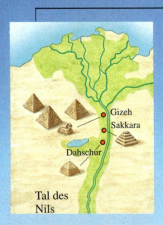

Tal des Nils

Die Entstehungsgeschichte der Pyramiden führt zurück in das alte Ägypten vor mehr als 4500 Jahren. Die Zeit von 2850 bis 2660 v. Chr. wird als Frühzeit bezeichnet, von 2660 bis 2160 v. Chr. war das Alte Reich. In dieser Zeit herrschte der Pharao Djoser, der den genialen Imhotep als großen Baumeister an seinem Hof hatte.

Imhotep erhielt den Befehl, in der damaligen Hauptstadt Sakkara eine besonders imposante Grabstätte zu bauen.

Diese bestand zunächst aus einer unterirdischen Kammer, über der ein 63 m langer und 8 m hoher Steinbau errichtet wurde. Diesen bezeichnete man als Mastaba. Dem Pharao war dieses Grabmal jedoch nicht groß genug und so wurde es ständig erweitert und vergrößert.

Darauf entwarf Imhotep einen neuen Bautyp. Aus einer großen Mastaba entstand die erste Pyramide der Welt, die Stufenpyramide bei Sakkara. Sie war 70 m hoch und maß im Grundriss 125 m mal 110 m.

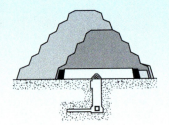

Den Übergang von der Stufenpyramide zur reinen Pyramidenform kann man bei der Pyramide von Meidum sehen.
Um die stufige Pyramide wurde ein Mantel aus behauenen und geglätteten Steinblöcken gebildet.

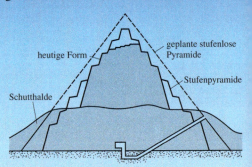

Man vermutet, dass sich beim Bau dieser Pyramide die größte Baukatastrophe der Welt ereignet hat, denn wegen eines zu hohen Böschungswinkels der Seitenflächen von 52° kamen große Steinmengen ins Rutschen. Vor diesem Hintergrund lässt sich die Entstehung der Knickpyramide von Dahschur erklären, die von dem Pharao Snofru in der 4. Dynastie errichtet wurde.
Bis zu einer Höhe von 45 m steigen die Seitenwände mit einem Steigungswinkel von 54° sehr steil an. Dann wird die Steigung nach einem Knick mit nur noch 43,5° deutlich geringer, so dass das Monument wesentlich niedriger als geplant ausfiel.

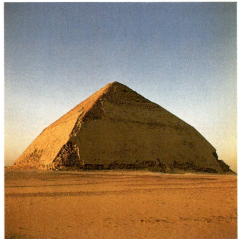

VON EINST BIS HEUTE

1

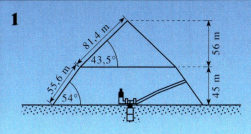

Aus den bekannten Größen der Knickpyramide kannst du weitere Größen berechnen. Die Grundfläche ist ein Quadrat.
a) Berechne die Grundkantenlänge der oberen Pyramide.
b) Berechne die Grundkantenlänge des unteren Baus.
c) Wie hoch war die Pyramide ursprünglich geplant, wenn der Winkel von 54° beibehalten worden wäre?

Den Höhepunkt der Pyramidenbaukunst im alten Ägypten kann man noch heute in der Nähe von Kairo bestaunen, die Pyramiden von Gizeh. Die größte ägyptische Pyramide ließ der Sohn des Pharao Snofru, der Pharao Cheops, bei Gizeh bauen.

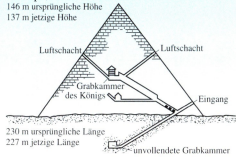

Sie besteht aus rund 2,3 Millionen Steinblöcken mit einem Durchschnittsgewicht von 2,8 t. Napoleon ließ nach dem Besuch der Pyramiden berechnen, dass man aus den Steinen der Cheopspyramide eine 3 m hohe und 30 cm dicke Mauer um ganz Frankreich errichten könnte.

2
Berechne den Volumenunterschied zwischen der ursprünglichen Pyramide und der heutigen Pyramide. Die Grundfläche ist quadratisch.

Pyramiden von Gizeh
Cheops
(2551–2528 v. Chr.)
Chefren
(2520–2494 v. Chr.)
Mykerinos
(2490–2471 v. Chr.)

Teotihuacan, Sonnenpyramide, Mexiko

Glaspyramide vor dem Louvre, Paris

Auch in den alten südamerikanischen Kulturen der Azteken und Mayas finden wir pyramidenförmige Bauten.

Diese schöne Form hat sich bis in die heutige Zeit in der modernen Architektur erhalten.

Rückspiegel

1
Berechne Mantelfläche, Oberfläche und Volumen der quadratischen Pyramide aus
a) a = 10 cm   b) a = 12 cm   c) h = 0,8 m
   h_s = 7 cm   s = 21 cm   s = 1,0 m.

2
Berechne Mantelfläche, Oberfläche und Volumen des Kegels aus
a) r = 2,5 cm   b) r = 3,9 cm   c) h = 4,4 dm
   h = 8,0 cm   s = 7,6 cm   s = 5,3 dm.

3
Berechne die Oberfläche und das Volumen der regelmäßigen Sechseckspyramide.
a) a = 6 cm   b) a = 8,4 cm   c) a = 2,8 dm
   h = 12 cm h_s = 15,0 cm   s = 7,1 dm

4
Berechne Oberfläche und Volumen.

a) 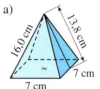   b)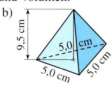

5
a) Von einer quadratischen Pyramide sind A_O = 39,2 cm² und a = 3,0 cm gegeben. Berechne h_s, h und V.
b) Von einer regelmäßigen, sechsseitigen Pyramide sind V = 184 cm³ und h = 10,5 cm gegeben. Berechne a, h_s und A_O.
c) Ein Tetraeder ist mit der Körperhöhe h = 10,6 cm gegeben. Berechne a, A_O und V.

6
Ein nach oben spitzes kegelförmiges Glasflacon hat einen größten Durchmesser von 6 cm und eine Höhe von 6 cm. Es enthält 50 ml Parfum. Wie viel Prozent des Fassungsvermögens des Fläschchens bleiben leer?

7
Zeichne das Schrägbild und das Zweitafelbild einer quadratischen Pyramide mit a = 5 cm und h = 5 cm.

8
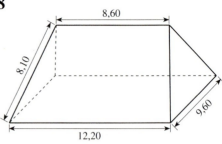

Das Schrägbild zeigt ein Walmdach (Maße in m).
a) Übertrage die Skizze in dein Heft und ergänze sie durch geeignete Hilfslinien, damit du die Teilkörper erkennen kannst.
b) Das Dach soll gedeckt werden. Wie viel m² sind mit Platten zu decken?
c) Wie groß ist der umbaute Raum des gesamten Dachstocks?

9
Berechne das Volumen der Boje. Wie viel dm² Blech wird zur Herstellung benötigt, wenn mit 10 % Verschnitt gerechnet wird?

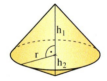
r = 45 cm
h_1 = 50 cm
h_2 = 20 cm

10
Wie groß ist der Radius des zusammengesetzten Körpers?

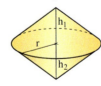
$h_1 = h_2$ = 30 cm
V = 100

11
Berechne das Volumen und den Radius des Körpers.

h = 60,3 cm
s = 80,8 cm

VI Quadratische Funktionen. Quadratische Gleichungen (1)

Parabeln

Nicht so sehr die geraden Linien, sondern insbesondere auch die Parabelbögen sind die gestaltenden Elemente in Natur und Technik. Bei jedem Springbrunnen sind sie zu sehen; die Wassertropfen bewegen sich auf einer parabelförmigen Bahn. Bei Brücken und Gebäuden übernehmen parabelförmige Bauteile Aufgaben der Statik und Gestaltung.

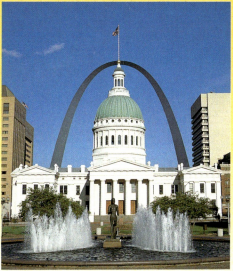

1 Die quadratische Funktion y = x²

u = 4a
A = a²

a (cm)	1	2	3	4	5	...
u (cm)	4	8	12			
A (cm²)	1	4				

1
Berechne jeweils Umfang und Flächeninhalt eines Quadrats für die Seitenlängen 1 cm, 2 cm, 3 cm, ..., 10 cm.
Vergleiche die Werte und stelle die Zusammenhänge in einem geeigneten Koordinatensystem dar.

2
Wenn ein Becherglas mit Wasser rotiert, ergibt sich dieses Bild.
Lies die Koordinaten der eingezeichneten Punkte A, B, C, D und E ab.

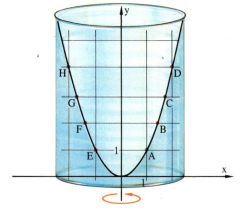

Neben den bekannten linearen Funktionen gibt es noch andere Funktionen. So lassen sich viele Vorgänge aus Natur und Technik, wie zum Beispiel der Verlauf des Wasserstrahls eines Springbrunnens oder die Form einer Hängebrücke, nicht mit einer linearen Funktion beschreiben. Hier handelt es sich oft um Funktionen, bei denen die Variable im Quadrat vorkommt. Sie werden deshalb als **quadratische Funktionen** bezeichnet.
Die Graphen sind gekrümmte Linien, sie heißen **Parabeln**.

> Die Funktionsgleichung $y = x^2$ beschreibt die einfachste **quadratische Funktion**.
> Ihr Graph heißt **Normalparabel**.

Zum Zeichnen des Graphen von $y = x^2$ wird eine Wertetabelle erstellt.
Für das Intervall $-3 \leq x \leq 3$ gilt:

x	−3	−2	−1	0	1	2	3
y	9	4	1	0	1	4	9

Um den Kurvenverlauf genauer zeichnen zu können, sind einige Zwischenwerte hilfreich.

x	−2,5	−1,5	−0,5	0,5	1,5	2,5
y	6,25	2,25	0,25	0,25	2,25	6,25

Den tiefsten Punkt der Normalparabel S(0;0) bezeichnet man als **Scheitelpunkt**, einfacher auch **Scheitel**. Zu entgegengesetzten Argumenten gehören dieselben Funktionswerte, da die Beziehung $(-x)^2 = x^2$ gilt.
Der **Definitionsbereich** der Funktion ist: $x \in \mathbb{R} \ (-\infty < x < \infty)$. Die Punkte $P_1(x;y)$ und $P_2(-x;y)$ liegen symmetrisch, dabei ist die y-Achse die Symmetrieachse.
Da das Quadrat einer negativen Zahl einen positiven Wert hat, sind alle Funktionswerte außer Null positiv. Der **Wertebereich** ist demzufolge: $y \in \mathbb{R}$ mit $y \geq 0 \ (0 \leq y < \infty)$.

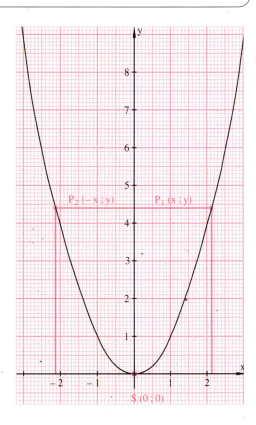

Die quadratische Funktion y = x²

Beispiel
Da man die Normalparabel zum Zeichnen oft benötigt, gibt es fertige Schablonen als Zeichenhilfe. Man kann eine Schablone auch selbst herstellen. Um den Kurvenverlauf zwischen $x = -1$ und $x = 1$ besser darstellen zu können, ist dieser Teil einmal vergrößert gezeichnet. Als Schrittweite wird 0,1 gewählt.

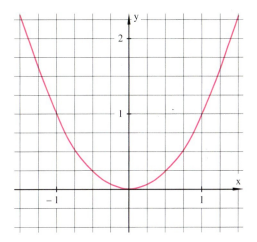

x	0,1	0,2	0,3	0,4	0,5	0,6	0,7	0,8	0,9	1
y	0,01	0,04	0,09	0,16	0,25	0,36	0,49	0,64	0,81	1

Wegen der Symmetrieeigenschaft der Funktion erhält man für negative Argumente dieselben Funktionswerte.

Aufgaben

3
Herstellen einer Zeichenschablone
Zeichne die Normalparabel möglichst genau auf Millimeterpapier. Wähle das Intervall $-3 \leq x \leq 3$ und die Schrittweite 0,2. Klebe deine Zeichnung auf Pappe und schneide die Parabel aus.

4
Zeichne den Graphen der Funktion $y = x^2$ mit der Einheit
a) 2 cm
b) 0,5 cm
jeweils in ein Koordinatensystem.

5
Die Punkte P_1 bis P_9 sind Punkte auf der Normalparabel. Ergänze den fehlenden Funktionswert durch Ablesen aus dem Graphen von Seite 140 so genau wie möglich.
a) $P_1(2;\square)$ b) $P_4(-1;\square)$ c) $P_7(-1,9;\square)$
   $P_2(1,4;\square)$ $P_5(-2,1;\square)$ $P_8(1,8;\square)$
   $P_3(0,3;\square)$ $P_6(-0,7;\square)$ $P_9(-2,6;\square)$

6
Die Punkte P_1 bis P_9 sind Punkte auf der Normalparabel. Ermittle das fehlende Argument auf eine Dezimale durch Ablesen aus der Zeichnung von Seite 140.
a) $P_1(+\square;1,5)$ b) $P_4(-\square;5)$ c) $P_7(+\square;0,6)$
   $P_2(+\square;4,5)$ $P_5(-\square;6)$ $P_8(-\square;5,1)$
   $P_3(+\square;6,5)$ $P_6(-\square;7)$ $P_9(-\square;8,3)$

7
Liegt der Punkt P auf der Normalparabel, oberhalb der Kurve oder unterhalb?
Löse zunächst, ohne zu zeichnen, und überprüfe dann dein Ergebnis mit der graphischen Darstellung.
a) $P(2,5;6,25)$ b) $P(-2,4;5,76)$
c) $P(1,4;2,1)$ d) $P(0,9;1,0)$
e) $P(-0,4;0,4)$ f) $P(-1,8;3,1)$

8
Stelle ohne Graph fest, ob der Punkt auf der Normalparabel liegt. Benutze dazu die Taschenrechnertasten $\boxed{x^2}$ oder $\boxed{\sqrt{x}}$.
a) $A(17;289)$ b) $B(-4;-16)$
c) $C(4,5;20)$ d) $D(-3,5;12,25)$
e) $E(1,1;1,2)$ f) $F(0,8;0,6)$
g) $G(-0,5;0,25)$ h) $H(24;580)$

9
Ergänze die Wertetabelle für die quadratische Funktion $y = x^2$ in deinem Heft (Genauigkeit 1 Dezimale).

x	1,5	+□	4,6	-□	0,7	+□	-□
y	□	5,2	□	3,9	□	11,2	13,5

10
Erstelle eine Wertetabelle für die Funktion $y = -x^2$ und zeichne den Graphen. Vergleiche mit der Normalparabel.

2 Die quadratische Funktion $y = ax^2 + c$

1
Ein Becherglas mit Wasser rotiert mit unterschiedlicher Geschwindigkeit.
Beschreibe die Form der Wasserstände.

2
Erstelle eine Wertetabelle, zeichne die Graphen der Funktionen und vergleiche.

$y = x^2$ \hspace{2em} $y = 3x^2$
$y = x^2 + 3$ \hspace{2em} $y = \frac{1}{3}x^2$
$y = x^2 - 3$ \hspace{2em} $y = \frac{1}{3}x^2 + 3$

Addiert oder subtrahiert man zu den Funktionswerten der Normalparabel einen gleichbleibenden Wert, so verschiebt sich der Graph in y-Richtung, die Form bleibt erhalten.

Multipliziert man die Funktionswerte der Funktion $y = x^2$ mit einem konstanten Faktor, so verändert sich die Form der Normalparabel. Sie wird breiter oder schlanker.

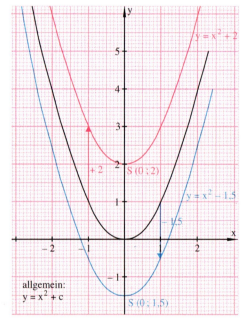

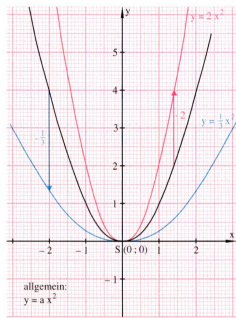

Die Graphen der Funktionen $y = x^2 + c$ entstehen aus der Normalparabel durch Verschiebung in y-Richtung. Der Summand c bestimmt dabei die Länge und die Richtung der Verschiebung:
c > 0 Verschiebung nach oben
c < 0 Verschiebung nach unten.
Dadurch verändert sich auch die Lage des **Scheitelpunktes** S.
Er liegt stets auf der y-Achse und hat die Koordinaten S(0;c).

Die Graphen der Funktionen $y = ax^2$ kann man aus der Normalparabel durch Multiplikation ihrer Funktionswerte mit dem Faktor a erzeugen, dabei bestimmt a die Änderung der Form:
\hspace{1em} a > 1 \hspace{1em} Parabel wird schlanker
0 < a < 1 \hspace{0.5em} Parabel wird breiter
Bei negativem a ist die Parabel nach unten geöffnet.
−1 < a < 0 \hspace{0.5em} breite Parabel
\hspace{2em} a < −1 \hspace{0.5em} schlanke Parabel

Die quadratische Funktion $y = ax^2 + c$

Die Graphen der Funktionen $y = ax^2 + c$ sind in der Form veränderte Normalparabeln, die zusätzlich in y-Richtung verschoben sind.

> Die Graphen der Funktionen $\mathbf{y = ax^2 + c}$ heißen Parabeln. Dabei bestimmt der Faktor a die Form der Parabel, der Summand c die Lage. Der Scheitel ist der Punkt $S(0;c)$.

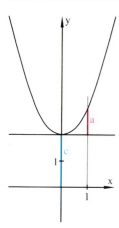

Beispiele

a) Den Graphen der Funktion $y = \frac{1}{2}x^2 + \frac{3}{2}$ kann man mithilfe einer Wertetabelle zeichnen.

x	–3	–2	–1	0	1	2	3
y	6	3,5	2	1,5	2	3,5	6

b) Die Graphen der Funktionen $y = -\frac{1}{2}x^2 + 2$ und $y = -\frac{1}{8}x^2 - \frac{1}{2}$ sind nach unten geöffnete Parabeln. Liegt der Scheitelpunkt oberhalb der x-Achse, so ergeben sich Schnittpunkte mit der x-Achse.

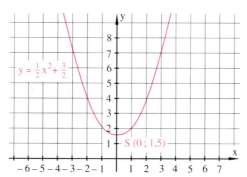
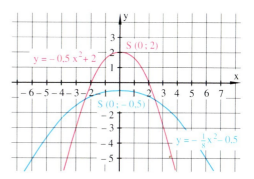

Aufgaben

3
Zeichne mithilfe der Normalparabel den Graphen der Funktion.
a) $y = x^2 + 2$ b) $y = x^2 - 3$
c) $y = x^2 + 1,6$ d) $y = x^2 - 2,1$
e) $y = x^2 - \frac{1}{2}$ f) $y = x^2 + \frac{8}{5}$

4
Zeichne den Graphen der Funktion. Multipliziere dazu die Funktionswerte der Normalparabel mit dem entsprechenden Faktor.
a) $y = 2x^2$ b) $y = \frac{1}{2}x^2$
c) $y = 3x^2$ d) $y = \frac{1}{4}x^2$
e) $y = \frac{5}{2}x^2$ f) $y = -2x^2$

5
Welche Parabeln verlaufen (außer im Scheitel) oberhalb, welche unterhalb der Normalparabel?
a) $y = 5x^2$ b) $y = \frac{1}{5}x^2$ c) $y = 1,5x^2$

6
Zeichne den Graphen der Funktion.
a) $y = 2x^2 + 1$ b) $y = \frac{1}{2}x^2 - 4$
c) $y = 3x^2 - 4$ d) $y = \frac{1}{3}x^2 + 2$
e) $y = \frac{5}{2}x^2 + 2$ f) $y = 1,5x^2 - 3$

7
Zeichne die drei Graphen für jede Teilaufgabe in ein Koordinatensystem und vergleiche die Parabeln.

a) $y = x^2 + 3$
$y = x^2 - 3$
$y = x^2$

b) $y = x^2$
$y = 2x^2$
$y = x^2 + 2$

c) $y = x^2 + 2$
$y = 2x^2 + 2$
$y = \frac{1}{2}x^2 + 2$

d) $y = \frac{1}{2}x^2 + 2$
$y = \frac{1}{3}x^2 + 3$
$y = \frac{1}{4}x^2 + 4$

e) $y = 2x^2 + 3$
$y = 3x^2 + 2$
$y = x^2 + 2,5$

f) $y = -x^2 - 1$
$y = -x^2 + 1$
$y = -x^2$

Die quadratische Funktion $y = ax^2 + c$

8
Es sind Funktionsgleichungen und Graphen quadratischer Funktionen gegeben. Welcher Graph gehört zu welcher Funktionsgleichung?
a) $y = 3x^2$
b) $y = 2x^2 - 3$
c) $y = \frac{1}{2}x^2 - 3$
d) $y = \frac{1}{3}x^2$
e) $y = -x^2 + 2$
f) $y = x^2 + 2$
g) $y = -2x^2 + 3$
h) $y = -\frac{1}{3}x^2 + 3$

11
Welcher Punkt liegt auf welcher Parabel?
A(1;2) $y = \frac{1}{2}x^2 + 4$
B(2;6) $y = x^2 - 2$
C(-2;2) $y = 2x^2 - 4$
D(1;-2) $y = -2x^2 + 4$

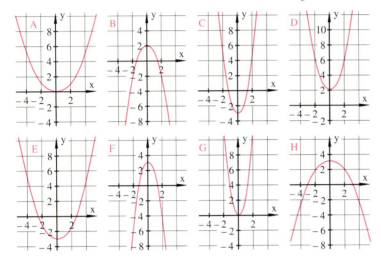

12
Haben die beiden Parabeln gemeinsame Punkte? Bestätige deine Antwort durch die grafische Darstellung (Skizze genügt).
a) $y = 2x^2 + 3$
   $y = 2x^2 - 3$
b) $y = x^2 + 3$
   $y = 2x^2$
c) $y = 2x^2 + 3$
   $y = x^2 + 3$
d) $y = 2x^2 - 3$
   $y = \frac{1}{2}x^2 + 3$
e) $y = 2x^2 - 3$
   $y = -2x^2 + 3$
f) $y = -\frac{1}{2}x^2$
   $y = 2x^2 + \frac{1}{2}$

13
Zeichne den Graphen der quadratischen Funktion, bestimme die Koordinaten der Schnittpunkte mit der x-Achse und miss die Strecke, die auf der x-Achse ausgeschnitten wird.
a) $y = x^2 - 5$
b) $y = \frac{1}{2}x^2 - 5$
c) $y = 2x^2 - 5$
d) $y = -x^2 + 3$
e) $y = -\frac{1}{3}x^2 + 3$
f) $y = -3x^2 + 3$

9
Gib die Koordinaten des Scheitelpunkts der Parabel ohne zu zeichnen an.
a) $y = x^2 + 1$
   $y = x^2 + 3$
   $y = x^2 + 5$
b) $y = x^2 - 1$
   $y = x^2 - 2$
   $y = x^2 - 3$
c) $y = 3x^2 - 3$
   $y = 4x^2 - 2$
   $y = 3x^2 + 3$

14
Zeichne die Graphen der quadratischen Funktion $y = ax^2 - a$ für $a = \frac{1}{2}; 1; \frac{3}{2}; 2; \frac{5}{2}; 3$ in ein Koordinatensystem.

10
Beschreibe den Kurvenverlauf des Graphen der Funktion ohne zu zeichnen mit folgenden Merkmalen:
• schlanker/breiter
• nach oben/nach unten verschoben
• nach oben/nach unten offen
Als Vergleich dient die Normalparabel.
a) $y = 2x^2$
b) $y = \frac{1}{2}x^2 - 4$
c) $y = 3x^2 + 2$
d) $y = \frac{1}{3}x^2 + \frac{1}{2}$
e) $y = \frac{5}{2}x^2 - 1$
f) $y = 2,5x^2 - 2,5$
g) $y = x^2 + \frac{1}{4}$
h) $y = -x^2 - 4$
i) $y = -2x^2 + 1$
k) $y = -\frac{1}{2}x^2 - 7$

15
a) Wie groß muss a sein, damit der Punkt P(3;3) auf der Parabel $y = ax^2$ liegt?
b) Wie groß muss c für die Parabel $y = x^2 + c$ gewählt werden, damit der Punkt P(-1;-1) auf der Kurve liegt? Wo liegt dann der Scheitelpunkt?
c) Wie groß muss a sein, damit der Punkt P(-1;5) auf der Parabel $y = ax^2 + 3$ liegt?
d) Wo liegt der Scheitelpunkt der Parabel $y = -x^2 + c$, die die x-Achse in den Punkten $P_1(3;0)$ und $P_2(-3;0)$ schneidet?

3 Die rein-quadratische Gleichung – grafische Lösung

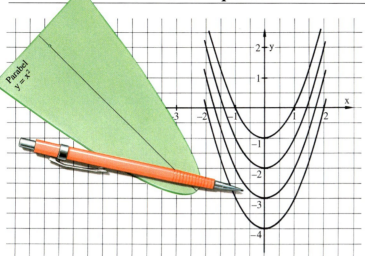

1
Zeichne die verschobenen Normalparabeln
$y = x^2 - 1$, $y = x^2 - 2$, $y = x^2 - 3$, $y = x^2 - 4$
und $y = x^2 - 5$. Lies aus der Zeichnung die
Argumente und Funktionswerte der Schnittpunkte der Parabel mit der x-Achse ab.

Gleichungen wie $x^2 - 4 = 0$, $2x^2 - 4{,}5 = 0$ oder $x^2 + 4 = 13$, in denen die Gleichungsvariable nur im Quadrat vorkommt, nennt man **rein-quadratische Gleichungen**.

Für die Gleichung $x^2 - 4 = 0$ können die Lösungen durch Probieren ermittelt werden. Da $(+2)^2 = 4$ und $(-2)^2 = 4$ ist, hat diese Gleichung zwei Lösungen: $x_1 = 2$ und $x_2 = -2$.
Betrachtet man den Graphen der verschobenen Normalparabel $y = x^2 - 4$, so erkennt man, dass die Argumente der Schnittpunkte mit der x-Achse, der Geraden mit $y = 0$, gerade die Lösungen der Gleichung $x^2 - 4 = 0$ sind.

Für die Gleichung $2x^2 - 4{,}5 = 0$ sind die Lösungen nicht unmittelbar erkennbar.
Aus dem Graphen der Funktion $y = 2x^2 - 4{,}5$ kann man die Argumente der Schnittpunkte mit der x-Achse ablesen: $x_1 = 1{,}5$ und $x_2 = -1{,}5$.
Diese beiden Werte erfüllen die Gleichung $2x^2 - 4{,}5 = 0$. Sie sind also Lösungen der Gleichung. Setzt man die Werte in die Funktionsgleichung ein, erhält man für y jeweils den Wert Null.

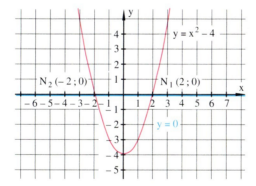
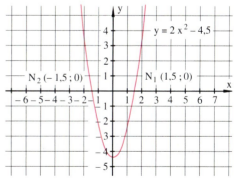

Rein-quadratische Gleichungen der Form $ax^2 + c = 0$ lassen sich grafisch lösen, indem man die Schnittpunkte der Parabel $y = ax^2 + c$ mit der x-Achse ermittelt.
Die Argumente der Schnittpunkte sind die Lösungen der Gleichung.

Bemerkung: Die Argumente der Schnittpunkte mit der x-Achse heißen auch **Nullstellen** der Funktion, weil für diese Argumente der zugehörige Funktionswert Null ist.

Die rein-quadratische Gleichung – grafische Lösung

Die Argumente lassen sich ungefähr auf Millimeter genau ablesen. Bei einer Einheit von 1 cm bedeutet dies eine Genauigkeit von einer Nachkommaziffer.

Beispiele

a) Die Lösungen der Gleichung $x^2 - 3 = 0$ ergeben sich näherungsweise aus den Schnittpunkten der verschobenen Normalparabel $y = x^2 - 3$ mit der x-Achse.

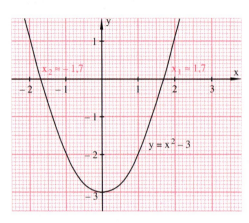

b) Damit zum Lösen der Gleichung $\frac{1}{2}x^2 - 2 = 0$ die Normalparabel verwendet werden kann, wird die Gleichung vorher umgeformt: $\frac{1}{2}x^2 - 2 = 0 \quad | \cdot 2$
$\qquad x^2 - 4 = 0$

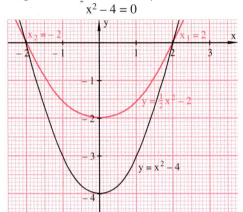

Aufgaben

2
Zeichne den Graphen der Funktion, bestimme die Schnittpunkte mit der x-Achse und gib die Nullstellen an.

a) $y = x^2 - 1$ b) $y = x^2 - 2,25$
c) $y = x^2 - 6$ d) $y = x^2 - 3,5$
e) $y = \frac{1}{2}x^2 - 3$ f) $y = \frac{1}{3}x^2 - 4$
g) $y = 2x^2 - 5$ h) $y = 3x^2 - 2$

3
Bestimme die Lösungen der Gleichung zeichnerisch.

a) $x^2 - 9 = 0$ b) $x^2 - 6,25 = 0$
c) $x^2 - 2 = 0$ d) $x^2 - 5 = 0$
e) $2x^2 - 8 = 0$ f) $\frac{1}{2}x^2 - 4,5 = 0$
g) $3x^2 - 6 = 0$ h) $\frac{1}{3}x^2 - 2 = 0$

4
Forme die Gleichung vor dem grafischen Lösen um.

a) $x^2 = 4$ b) $x^2 = 2,25$
c) $2x^2 = 18$ d) $3x^2 = 15$
e) $\frac{1}{2}x^2 = 3,5$ f) $\frac{1}{3}x^2 = 1$
g) $4x^2 = 10$ h) $\frac{1}{4}x^2 = 0,8$

5
Hier sind die zeichnerischen Lösungen von einigen quadratischen Gleichungen abgebildet. Finde heraus, um welche Gleichungen es sich handelt.

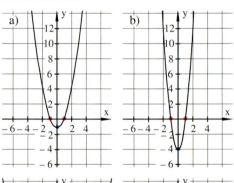

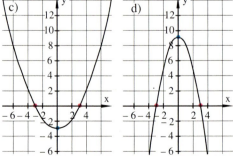

146

4 Die rein-quadratische Gleichung – rechnerische Lösung

1
Wenn man vom Quadrat einer Zahl 16 subtrahiert, erhält man 65. Wie heißt die Zahl? Findest du auch eine negative Zahl, die diese Bedingung erfüllt?

2
Die Terrasse eines Hauses ist mit gleich großen, quadratischen Platten ausgelegt. Die Gesamtfläche beträgt $10,8\,m^2$. Welche Seitenlänge hat eine Platte, wenn es insgesamt 30 Platten sind?

Nicht alle quadratischen Gleichungen lassen sich zeichnerisch exakt lösen. Mit rechnerischen Lösungsverfahren ist dies aber möglich.

Rein-quadratische Gleichungen können immer so umgeformt werden, dass das Quadrat der Lösungsvariablen isoliert steht.
Aus dem Quadrat einer Zahl erhält man durch Wurzelziehen die Zahl selbst. Es gibt aber zwei Zahlen, deren Quadrat 36 ergibt. Die Gleichung hat also zwei Lösungen, die mit x_1 und x_2 bezeichnet werden.

$$5x^2 + 12 = 192 \quad | -12$$
$$5x^2 = 180 \quad | :5$$
$$x^2 = 36$$
$$x_{1,2} = \sqrt{36}$$
$$x_{1,2} = \pm 6$$
$$x_1 = 6$$
$$x_2 = -6$$

Für die Lösungsmenge schreibt man auch:
$L = \{6; -6\}$

> **Rein-quadratische Gleichungen** werden rechnerisch gelöst, indem man die Gleichung nach x^2 umstellt und dann die Wurzel zieht. Bei positivem Radikanden ergeben sich immer zwei Lösungen, bei negativem Radikanden gibt es keine Lösung. Ist der Radikand Null, gibt es eine Lösung.

Beispiele

a) Lösung der quadratischen Gleichung:
$$5x^2 - 7 = 73 \quad | +7$$
$$5x^2 = 80 \quad | :5$$
$$x^2 = 16$$
$$x_{1,2} = \sqrt{16}$$
$$x_1 = 4$$
$$x_2 = -4$$
$$L = \{4; -4\}$$

b) Die Lösungen der Gleichung
$3x^2 + 4 = 19$ müssen gerundet werden, wenn man sie als Dezimalzahl angeben will.
$$3x^2 + 4 = 19 \quad | -4$$
$$3x^2 = 15 \quad | :3$$
$$x^2 = 5$$
$$x_{1,2} = \sqrt{5}$$
Auf zwei Dezimalstellen gerundet:
$$x_1 = 2,24$$
$$x_2 = -2,24$$
$$L = \{2,24; -2,24\}$$

Bemerkung: Wenn die Lösungen in der Dezimalschreibweise angegeben werden, runden wir in der Regel auf zwei Dezimalstellen. Bei Anwendungsaufgaben werden die Ergebnisse auf Grund der vorgegebenen Sachsituation mit sinnvoller Genauigkeit angegeben. Negative Ergebnisse sind hier in der Regel nicht sinnvoll.

Die rein-quadratische Gleichung – rechnerische Lösung

Aufgaben

3
Löse die Gleichung im Kopf.
a) $x^2 = 25$ b) $x^2 = 196$
c) $x^2 = 1{,}44$ d) $x^2 = 0{,}36$
e) $x^2 - 16 = 0$ f) $x^2 - 49 = 0$
g) $x^2 - 1{,}69 = 0$ h) $x^2 - 6{,}25 = 0$
i) $x^2 = \frac{4}{9}$ k) $x^2 = \frac{16}{25}$

4
Gib die Lösungen auf zwei Stellen nach dem Komma an.
a) $x^2 = 10$ b) $x^2 = 112$
c) $x^2 = 1{,}8$ d) $x^2 = 0{,}9$
e) $x^2 = \frac{1}{3}$ f) $x^2 = \frac{16}{7}$
g) $x^2 - 7 = 0$ h) $x^2 - 4{,}5 = 0$

5
Runde auf zwei Dezimalstellen.
a) $5x^2 = 200$ b) $7x^2 = 91$
c) $\frac{1}{2}x^2 = 45$ d) $\frac{2}{3}x^2 = 21$
e) $2x^2 - 48 = 0$ f) $3x^2 - 100 = 0$
g) $6x^2 - 17 = 28$ h) $1{,}5x^2 - 0{,}16 = 0{,}08$

6
a) $15x^2 - 2 = 6x^2 - 1$
b) $39x^2 + 3 = 3x^2 + 4$
c) $10x^2 - 8 = -6x^2 + 1$
d) $8x^2 - 21 = -x^2 - 5$

7
a) $4x^2 - 13 + x^2 = 4(3 - x^2)$
b) $(4x + 1)(2x + 2) = 10x + 20$
c) $(8x - 8)(5x + 5) = 40 - 85x^2$
d) $34x^2 - 14 = (7x + 3)(14x - 6)$

8
a) $(10x + 6)^2 = 120x + 40$
b) $(5x + 1)^2 = 10x + 5$
c) $(4x - 6)^2 = 45 - 48x$
d) $(7x - 2)^2 = -28x + 8$

9
a) $(3x + 1)(3x - 1) = 15$
b) $(x - 1)(x + 1) = 199 - 287x^2$
c) $(4x - 5)(4x + 5) = -184x^2 + 47$

10
Hier kommen Brüche vor.
a) $\frac{x^2}{3} = 12$ b) $\frac{1}{4}x^2 = 25$
c) $\frac{2x^2}{5} = 10$ d) $\frac{2x^2}{3} = 6$
e) $\frac{x^2}{5} + 3 = 8$ f) $\frac{x^2}{4} - 3 = 1$
g) $\frac{x^2 + 5}{6} = 5$ h) $\frac{x^2 - 1}{5} = 16$

11
a) $\frac{x}{4} = \frac{16}{x}$ b) $\frac{3}{x} = \frac{x}{27}$
c) $\frac{1}{x} - x = 0$ d) $x - \frac{5}{x} = 0$
e) $x - 1 = \frac{1}{x+1}$ f) $\frac{27}{x-3} = x + 3$

12
a) Wenn man vom Quadrat einer Zahl 17 subtrahiert, erhält man 127. Wie heißt die Zahl?

b) Multipliziert man das Quadrat einer Zahl mit 5, so erhält man 45. Welche natürliche Zahl ist das?

c) Addiert man zum Quadrat einer Zahl 32, so erhält man dasselbe Ergebnis, wie wenn man das Quadrat der Zahl mit 3 multipliziert.

13
Ein quadratisches Grundstück wird auf einer Seite um 8 m verlängert und auf der anderen Seite um 8 m verkürzt. Das neue rechteckige Grundstück hat einen Flächeninhalt von 512 m². Welche Seitenlänge hatte das quadratische Grundstück?

14
a) Breite und Länge eines Rechtecks stehen im Verhältnis 4 : 5. Der Flächeninhalt beträgt 180 cm². Bestimme die Länge und Breite des Rechtecks.

b) Der Flächeninhalt eines Quadrats ist um 8 cm² kleiner als der Flächeninhalt eines Rechtecks, dessen Länge dreimal so groß wie die Quadratseite und dessen Breite halb so groß wie die Quadratseite ist. Berechne die Seitenlängen.

Für bärenstarke Rechner und Rechnerinnen!

$(2x - 3)(2x + 3) - x(x - 5) = -x^2 - 5(1 - x)$

$(3x + 2)^2 - (4x - 5)(4x + 5) = 66 - (4x - 1)^2 + 4x$

$\left(\frac{1}{2}x - \frac{1}{4}\right)^2 - 6\left(\frac{2}{3}x - \frac{1}{12}\right) = \frac{1}{16} - \frac{1}{4}(x - 9) - \left(4x - \frac{1}{2}\right)$

$(0{,}5x - 0{,}4)^2 - (0{,}2x + 0{,}3)(0{,}2x - 0{,}3) = 4\left(1 - \frac{x}{10}\right) + 0{,}16\left(1 - \frac{1}{4}x^2\right) + 0{,}09$

Die rein-quadratische Gleichung – rechnerische Lösung

Fallunterscheidungen
Es gibt rein-quadratische Gleichungen, die zwei, eine oder keine Lösung haben.

Grafische Lösung:

$x^2 - 4 = 0$ $\qquad\qquad\qquad$ $x^2 = 0$ $\qquad\qquad\qquad$ $x^2 + 1 = 0$

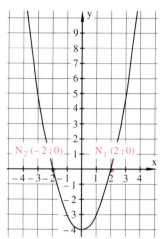 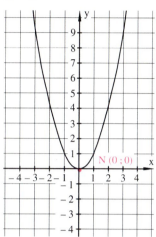 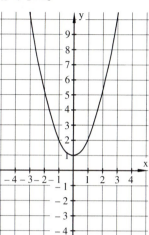

Die Parabel **schneidet** die x-Achse **in zwei Punkten**: Die Gleichung hat **zwei Lösungen**: $x_1 = 2$ und $x_2 = 2$.

Die Parabel **berührt** die x-Achse **in einem Punkt**: Die Gleichung hat **eine Lösung**: $x = 0$.

Die Parabel hat **keinen gemeinsamen Punkt** mit der x-Achse: Die Gleichung hat **keine Lösung**.

Rechnerische Lösung:

$$x^2 - 4 = 0$$
$$x^2 = 4$$
$$x_{1,2} = \pm\sqrt{4}$$

$$x^2 = 0$$
$$x_{1,2} = \pm\sqrt{0}$$

$$x^2 + 1 = 0$$
$$x^2 = -1$$
$$x_{1,2} = \pm\sqrt{-1}$$

Der **Radikand** ist **positiv**; also hat die Gleichung **zwei Lösungen**:
$x_1 = 2$
$x_2 = -2$

Der **Radikand** hat den Wert **Null**; also hat die Gleichung nur **eine Lösung**:
$x = 0$

Der **Radikand** ist **negativ**; also hat die Gleichung **keine Lösung**.

Aufgaben

15
Prüfe durch Rechnung, ob die Gleichung nur eine oder keine Lösung hat und bestätige dies durch eine Skizze.
a) $2x^2 + 2 = 0$
b) $3x^2 + 3 = 3$
c) $\frac{1}{2}x^2 - \frac{1}{2} = 0$
d) $2x^2 + 2 = 3x^2 + 3$
e) $x(x + 2) = 2x$
f) $2x(x - 2) = 1 - 4x$

16
Welche Zahlen kann man für a einsetzen, so dass die Gleichung zwei, eine oder keine Lösung hat?
a) $x^2 - a = 0$ $\qquad$ b) $4x^2 = a$
c) $3x^2 + 3a = 0$ $\qquad$ d) $\frac{1}{2}x^2 - 2a = 0$

17
Welche Zahlen kann man für k einsetzen, so dass die Gleichung $x^2 = k(k - 1)$ zwei, eine oder keine Lösung hat?

5 Vermischte Aufgaben

1
Zeichne die Normalparabel $y = x^2$ mit der Einheit 1 cm. Die Punkte P_1 bis P_9 liegen auf der Parabel.
Lies aus dem Graphen die fehlenden Koordinaten auf eine Dezimale genau ab.
a) $P_1(3;\square)$ b) $P_4(+\square;5)$ c) $P_7(-2,8;\square)$
$P_2(1,5;\square)$ $P_5(-\square;3)$ $P_8(-\square;3,9)$
$P_3(-2;\square)$ $P_6(+\square;4,5)$ $P_9(+\square;6,2)$

2
Prüfe durch Rechnung, welche Punkte auf der Normalparabel liegen.
$A(6;36)$; $B(-25;620)$; $C(21;441)$; $D(3;-9)$

3
Zeichne die Graphen der drei Funktionen in ein Koordinatensystem.
a) $y = x^2 + 3$ b) $y - 3,4 = x^2$
$y = x^2 - 2,4$ $x^2 + 1,8 = y$
$y = x^2 + \frac{3}{5}$ $4,2 + y = x^2$
c) $y = \frac{1}{3}x^2$ d) $y = 2x^2 + 1,5$
$y = \frac{2}{3}x^2$ $y = \frac{3}{2}x^2 + 2$
$y = -\frac{2}{3}x^2$ $y = -2x^2 - 1,5$

4
Ermittle die Koordinaten des Scheitelpunkts ohne zu zeichnen.
a) $y = x^2 - 9$ b) $y = x^2 + 2$ c) $y = -x^2 + 3$
$y = x^2 + 9$ $y = 2x^2 + 4$ $y = -x^2 - 3$
$y = 2x^2 - 9$ $y = 3x^2 + 6$ $y = -2x^2 + 3$

5
Ermittle aus der Zeichnung die Koordinaten der Schnittpunkte mit der x-Achse.
a) $y = x^2 - 6$ b) $y = x^2 - 4,8$
c) $y = 2x^2 - 2$ d) $y = -x^2 + 4$
e) $y = 2x^2 - 5$ f) $y = -x^2 + 6,5$

6
Beschreibe den Kurvenverlauf des Graphen ohne zu zeichnen.
a) $y = 10x^2$ b) $y = x^2 - 100$
c) $y = \frac{1}{10}x^2 + 10$ d) $y = 100x^2 - 100$
e) $y = -x^2 + 100$ f) $y = -0,01x^2 + 10$
g) $y = -10x^2 + 10$ h) $y = -\frac{1}{10}x^2 - 10$

7
In welchen Punkten schneidet die Parabel die x-Achse? Rechne.
a) $y = x^2 - 9$ b) $y = x^2 - 6,25$
c) $y = x^2 - 1$ d) $y = x^2 - 900$
e) $y = 2x^2 - 8$ f) $y = \frac{1}{2}x^2 - 8$
g) $y = -\frac{1}{3}x^2 + 3$ h) $y = -x^2 + 25$

8
Bestimme den Scheitelpunkt und die Funktionsgleichung der quadratischen Funktion $y = x^2 + c$, deren Graph die x-Achse in den Punkten N_1 und N_2 schneidet.
a) $N_1(2;0)$ und $N_2(-2;0)$
b) $N_1(2,5;0)$ und $N_2(-2,5;0)$
c) $N_1(0,8;0)$ und $N_2(-0,8;0)$

9
Der Punkt P liegt auf der Parabel $y = ax^2$. Bestimme die Parabelgleichung.
a) $P(2;4)$ b) $P(-1;4)$ c) $P(-3;-4)$

10
Ermittle aus den Graphen die Schnittpunkte der beiden Parabeln.
a) $y = x^2 - 3$ b) $y = x^2 - 2$
$y = -x^2 + 5$ $y = 2x^2 - 3$

11
Die beiden Parabeln $y = 2x^2 - 5$ und $y = -2x^2 + 5$ schneiden sich auf der x-Achse.
a) Zeichne die beiden Graphen in ein Koordinatensystem und ermittle die Schnittpunkte.
b) Überprüfe die zeichnerisch gefundenen Werte durch Rechnung.

12
Die Gerade schneidet die Parabel in zwei Punkten. Zeichne Parabel und Gerade in ein Koordinatensystem und lies die Koordinaten der Schnittpunkte aus dem Graphen ab.
a) $y = x^2 + 1$ b) $y = x^2 - 4$
$y = x + 1$ $y = x - 2$
c) $y = x^2 - 2$ d) $y = -x^2 + 5$
$y = -x$ $y = 2x + 5$

13
Bestimme die Lösungen zeichnerisch.
a) $x^2 - 5 = 0$ b) $x^2 = 7{,}5$
c) $3 - x^2 = 0$ d) $2x^2 - 12 = 0$
e) $\frac{1}{2}x^2 - 3{,}5 = 0$ f) $-x^2 + 9 = 0$

14
Löse die Gleichung rechnerisch.
a) $x^2 - 75 = 0$ b) $3x^2 = 102$
c) $2x^2 - 30 = 0$ d) $\frac{1}{2}x^2 - \frac{7}{4} = 0$

15
a) $6x^2 + 3 = 5x^2 + 19$
b) $12x + 10{,}5 - 16x - 2x^2 = 8x^2 - 4x - 12$
c) $2(2x^2 - 5) + 12 = 3x^2 + 5$
d) $x^2 + 10x + 7(x + 10) = 10x^2 + 17x - 20$

16
a) $6x^2 + 10x + 4 = (x + 1)(7x + 3)$
b) $(16x - 4)(8x + 2) = 3(x^2 + 4)$
c) $(12x + 3)^2 = 72x + 13$
d) $(8x + 3)(8x - 3) = 32x^2 + 9$
e) $250 - (x + 5)^2 = (x - 5)^2$
f) $(5x + 3)^2 + (5x - 3)^2 = 218$

17
a) $\frac{x^2}{4} = \frac{1}{9}$ b) $\frac{3x^2 + 5}{12} - 1 = \frac{2x^2 - 5}{6}$
c) $\frac{5}{5 - x^2} + 4 = 0$ d) $\frac{x}{x - 1} + \frac{x}{x + 1} = 4$

18
a) Quadriert man die Hälfte einer Zahl und addiert 9, so erhält man 25.
b) Dividiert man 64 durch eine Zahl, so erhält man das Vierfache der Zahl.

19
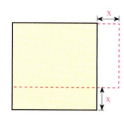
Eine quadratische Tischplatte mit der Seitenlänge 1 m soll an einer Seite um so viel gekürzt werden, wie sie auf der anderen Seite verlängert wird. (Bezeichne diese Strecke mit x.)
a) Für welchen Wert von x wird der Flächeninhalt der entstehenden rechteckigen Platte 0,96 m² bzw. 0,75 m² groß?
b) Warum ist der Flächeninhalt des Rechtecks immer kleiner als der des Quadrats?

Parabeln zeichnen – einmal anders

Zeichne am unteren Ende eines DIN A4-Blattes eine Gerade g und in der Mitte den Punkt A etwa 10 mm von g entfernt. Nun wird das Geodreieck so angelegt, dass der rechte Winkel die Gerade g berührt und eine der kurzen Seiten durch den Punkt A geht. An der anderen kurzen Seite wird nun eine Gerade gezeichnet. Dies wird einige Male auf beiden Seiten von A wiederholt. Auf diese Weise entsteht als **Hüllkurve** eine Parabel. Wie verändert sich die Zeichnung, wenn der Abstand von A zu g variiert wird?

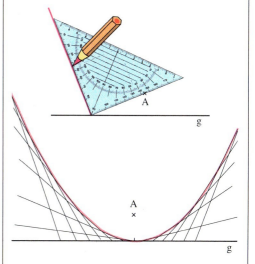

Ein anderer Weg zur Parabel führt über zwei gleich lange Strecken (z. B. 10 cm), die in einem Winkel aufeinander treffen. Nun werden die Strecken in jeweils 10 gleiche Abschnitte unterteilt und Punkt 10 der einen Gerade mit Punkt 1 der anderen Gerade verbunden; und weiter 9 mit 2, 8 mit 3, 7 mit 4, …
Probiere mit verschiedenen Winkeln, in denen die Geraden aufeinander treffen.

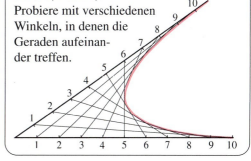

BRÜCKEN

Im Verkehrswesen und in der Baukunst hatten Brücken schon immer eine sehr große Bedeutung. Dabei haben sich Form und Material ständig verändert. Während bei den Römern die steinernen Bogenbrücken noch halbkreisförmige Bögen hatten, finden wir bei modernen Brücken häufig die Form von Parabeln. Die Belastung tritt bei Hängebrücken in Form von Zugkräften, bei Bogenbrücken in Form von Druckkräften auf. Zur Unterstützung dieser Kräfte werden zusätzlich Türme und Kabel angebracht.

Die Tragseile und das Hauptkabel von Hängebrücken beschreiben Parabeln. Legt man den Scheitel des Bogens in den Ursprung des Koordinatensystems, so hat die Parabel die Gleichung $y = ax^2$.

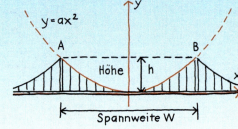

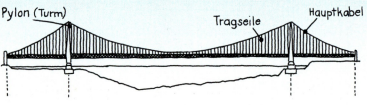

1

Für einige Brücken sind die Werte für h und w gegeben.
Brooklyn-Bridge: w = 486 m; h = 88 m
Golden Gate Bridge: w = 1280 m; h = 144 m
Verrazano-Narrows-Bridge: w = 1298 m; h = 122 m
Ermittle die Koordinaten der Punkte A und B und bestimme die Gleichung der Parabel, indem du die Koordinaten eines Punktes in die Gleichung $y = ax^2$ einsetzt.

2

Von einer Hängebrücke ist die Gleichung des parabelförmigen Bogens mit $y = \frac{1}{120}x^2$ bekannt.
Berechne die Spannweite der Brücke, wenn die Höhe 90 m beträgt.
Wie ändert sich die Spannweite bei einer Bogenhöhe von 45 m?

UND PARABELN

Wenn man die Form der Bogenbrücken mit einer Funktionsgleichung beschreiben will, so erhält man $y = -ax^2$, wobei der Scheitel des Bogens im Ursprung des Koordinatensystems liegt.

3

Das rechte Foto zeigt die Müngstener Brücke der Bahnstrecke zwischen Solingen und Remscheid.
Die Parabel, mit der sich der Bogen beschreiben lässt, hat die Gleichung $y = -\frac{1}{90}x^2$. Berechne die Spannweite für eine Bogenhöhe von 69 m.

4

Dieses Foto zeigt eine Bogenbrücke, deren Fahrbahn am Hauptbogen aufgehängt ist.

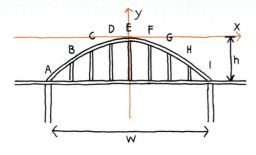

a) Bestimme die Parabelgleichung für eine Spannweite w = 80 m und Höhe h = 20 m.
b) Der Abstand der Träger ist immer gleich. Berechne mithilfe der Parabelgleichung die Koordinaten der Punkte A bis I.
(Wähle den Punkt E im Ursprung des Koordinatensystems.) Wie lang sind die einzelnen Träger?

5

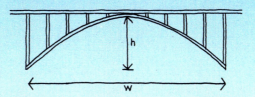

Bestimme die Parabelgleichung für h = 25 m und w = 100 m und berechne die Länge der Stützen, wenn der Abstand 10 m beträgt.

6

In der Konstruktionszeichnung ist der Hauptbogen einer Eisenbahnbrücke dargestellt.

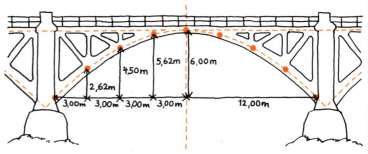

a) Bestimme mit den angegebenen Maßen die Parabelgleichung $y = -ax^2$.
b) Rechne mit der gefundenen Gleichung und den übrigen Angaben nach, ob die Punkte auf der Parabel liegen.

Rückspiegel

1
Prüfe durch Rechnung, welche Punkte auf der Normalparabel liegen.

$P_1(-1;1)$ $P_3(1;-1)$ $P_5\left(-\frac{1}{2};\frac{1}{4}\right)$

$P_2(2,5;6,2)$ $P_4(3,2;10,24)$ $P_6(-0,8;-0,64)$

2
Zeichne den Graphen der Funktion mithilfe der Normalparabel. Forme, wenn nötig, die Gleichung um.

a) $y = x^2 + 4$
   $y = x^2 - 1$
   $y = x^2 - 2,8$

b) $y - 2,5 = x^2$
   $y - x^2 = 1,5$
   $x^2 - y = \frac{3}{4}$

3
Ergänze die Wertetabelle und zeichne den Graphen der Funktion in dem angegebenen Intervall.

a) $y = \frac{1}{4}x^2$

x	-4	-3	-2	-1	0	1	2
y							

b) $y = 2x^2 - 3$

x	-2	-1	-0,5	0	0,5	1	2
y							

4
Zeichne den Graphen der Funktion und ermittle die Schnittpunkte mit der x-Achse auf eine Dezimale genau.

a) $y = x^2 - 5$ b) $y = 2x^2 - 7$

c) $y = \frac{1}{2}x^2 - 3$ d) $y = -x^2 + 6$

5
Gib die Koordinaten des Scheitelpunkts der Parabel an ohne zu zeichnen.

a) $y = x^2 + 5$ b) $y = 2x^2 - 10$ c) $y = -x^2 + 5$
   $y = x^2 + 10$ $y = \frac{1}{2}x^2 - 10$ $y = -x^2 - 5$

6
a) Der Punkt $P(-1;5)$ liegt auf der Parabel $y = x^2 + c$. Bestimme c und die Gleichung der Parabel.

b) Der Punkt $Q(2;2)$ liegt auf einer Parabel der Form $y = ax^2$. Bestimme a und die Gleichung der Parabel.

7
Zeichne die Parabel und die Gerade und ermittle die Koordinaten der Schnittpunkte aus der Zeichnung.

a) $y = x^2 - 3$
   $y = x - 1$

b) $y = x^2 + 1$
   $y = -\frac{3}{2}x + 2$

8
Löse die Gleichung zeichnerisch auf eine Dezimalstelle.

a) $x^2 - 2,5 = 0$ b) $x^2 = 4,5$

c) $\frac{1}{2}x^2 - 2,5 = 0$ d) $2x^2 - 6 = 0$

9
Löse die Gleichung rechnerisch.

a) $x^2 - 25 = 0$ b) $2x^2 = 98$

c) $\frac{1}{2}x^2 = 18$ d) $-x^2 + 100 = 0$

e) $x^2 = \frac{64}{81}$ f) $x^2 - 0,01 = 0$

10
a) $4x^2 - 15 = 2x^2 + 3$
b) $5x^2 + 6x - 44 = 2x^2 + 6x + 4$
c) $4x^2 + 3(x^2 - 2x) = x^2 - 6x + 294$
d) $x(x + 3) + 53 = 3x^2 + 4x - (x - 3)$

11
a) $(x + 5)^2 + 11 = 10(x + 10)$
b) $(3 - 3x)(8x + 8) = 12x^2 + 20$
c) $(x + 3)^2 + (x - 3)^2 = 90$
d) $(x + 4)(x - 4) - 8x = (2x - 2)^2 - 47$

12
a) $\frac{x^2}{4} + \frac{x^2}{3} = 21$ b) $\frac{x^2 + 4}{5} = \frac{x^2 - 4}{4}$

c) $\frac{5}{x} = \frac{x}{180}$ d) $x + 2 = \frac{12}{x - 2}$

13
a) Addiert man zum Quadrat einer Zahl 47, so erhält man 216. Wie heißen die Zahlen?

b) Quadriert man das Doppelte einer Zahl und subtrahiert 48, so erhält man das Quadrat der Zahl.

14
Länge und Breite eines $4\,m^2$ großen Rechtecks stehen im Verhältnis $3:2$. Wie lang sind die Seiten? Berechne auf cm genau.

VII Quadratische Funktionen. Quadratische Gleichungen (2)

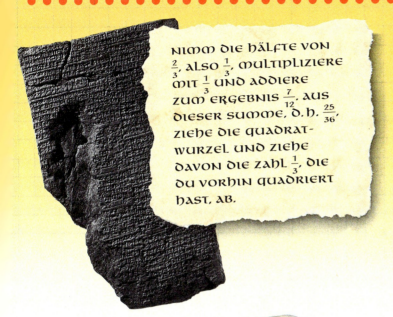

NIMM DIE HÄLFTE VON $\frac{2}{3}$, ALSO $\frac{1}{3}$, MULTIPLIZIERE MIT $\frac{1}{3}$ UND ADDIERE ZUM ERGEBNIS $\frac{7}{12}$. AUS DIESER SUMME, D.H. $\frac{25}{36}$, ZIEHE DIE QUADRATWURZEL UND ZIEHE DAVON DIE ZAHL $\frac{1}{3}$, DIE DU VORHIN QUADRIERT HAST, AB.

Bereits den Babyloniern waren quadratische Gleichungen bekannt. Auf Tontafeln, die zu den ältesten mathematischen Dokumenten zählen, findet man unter anderem auch Texte zur Lösung einer quadratischen Gleichung wie beispielsweise zur Gleichung $x^2 + \frac{2}{3}x = \frac{7}{12}$.
Bei **Brahmagupta** (um 650 n. Chr., Indien) trifft man auf die Formel, die zur Lösung quadratischer Gleichungen verwendet wird. **Al Chwarizmi** (um 800 n. Chr., Arabien) beschreibt in seinem Werk „Al kitab al-muhtasar fi hisab **al-gabr** wa-l-muqabala", aus welchem das Wort Algebra hervorgeht, das Lösen quadratischer Gleichungen. Al-gabr heißt „einrenken (eines gebrochenen Knochens)" und bedeutet rechentechnisch das Beseitigen negativer Glieder einer Gleichung.
Seit dem Mittelalter treten quadratische Gleichungen auch in Europa auf.

4 Se. − 51 Pri. − 30 N. dit is ghelijc 45⅗

$4x^2 - 51x - 30 = 45\frac{3}{5}$ Van der Hoescke (1514)

1◊ p6_p p9 [1◊ p3_p p24

$x^2 + 6x + 9 = x^2 + 3x - 24$ Buteo (1559)

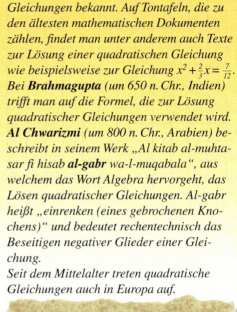

Die Flugkurve einer Hochspringerin und die Form einer Parabolantenne lassen sich durch Parabeln beschreiben.

Parabeln als Schaubilder quadratischer Funktionen sind ebenfalls schon seit langem bekannt. Albrecht Dürer beschreibt in seinem Werk „Underweysung der Messung mit Zirkel und Richtscheyt" die Eigenschaften eines parabolischen Brennspiegels.

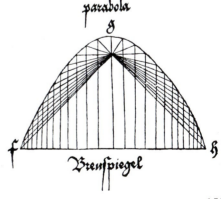

1 Die Funktionen $y = x^2 + c$

1
Welche der Funktionsgleichungen gehört zu welcher Parabel?

2
Berechne die Funktionswerte zu den Funktionen in der Tabelle.

x	−3	−2	−1	0	1	2	3
$y = x^2 + 1$	□	□	□	□	□	□	□
$y = x^2 - 2$	□	□	□	□	□	□	□

Zeichne die Graphen.

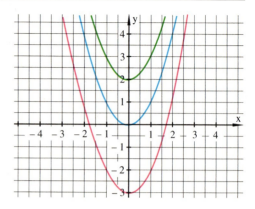

Verschiebt man den Scheitelpunkt der Normalparabel auf der y-Achse, so bleibt das Argument des Scheitels stets Null, während sich der Funktionswert ändert.

Der Graph einer Funktion $y = x^2 + c$ entsteht aus der Normalparabel durch **Verschiebung in y-Richtung um c**.

$c > 0$ bewirkt eine Verschiebung nach oben.
$c < 0$ bewirkt eine Verschiebung nach unten.

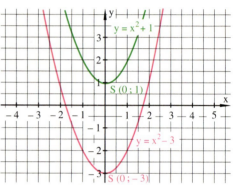

Der Scheitel der verschobenen Parabel hat die Koordinaten S(0;c).

> Die Graphen der Funktionen $y = x^2 + c$ sind in y-Richtung verschobene Normalparabeln. Der Wert von c bestimmt die Lage des Scheitels.

Aufgaben

3
Bestimme die Koordinaten des Scheitels und zeichne mithilfe der Normalparabel die Graphen der Funktionen.
a) $y = x^2 + 2$ b) $y = x^2 - 3,5$
c) $y = x^2 + 4,8$ d) $y = x^2 - 0,7$

4
Gib die Funktionsgleichung und die Koordinaten des Scheitels an.
Die Normalparabel wurde verschoben um
a) 2 Einheiten nach oben
b) 5 Einheiten nach unten
c) $10\frac{1}{2}$ Einheiten nach oben.

5
Bestimme mithilfe der Scheitelkoordinaten die Funktionsgleichung.
a) S(0;5) b) S(0;7) c) S(0;−1,5)

6
Zeichne die Parabel und lies die Schnittpunkte mit den Achsen ab.
a) $y = x^2 - 4$ b) $y = x^2 - 9$
c) $y = x^2 - 2,25$ d) $y = x^2 - 6,25$

7
Ermittle eine Funktion $y = x^2 + c$, die das Paar (3;−2) enthält.

2 Scheitelpunktkoordinaten der Funktion $y = x^2 + px + q$

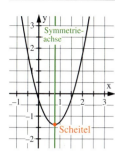

1 Vervollständige die Tabelle in deinem Heft und zeichne die Graphen.
Gib die Koordinaten der Scheitelpunkte an und beschreibe die Lage der Scheitelpunkte. Erkennst du einen Zusammenhang zwischen dem x-Wert des Scheitelpunktes und dem Koeffizienten von x?

x	–3	–2	–1	0	1	2	3
$y = x^2 + 2x + 1$	4	☐	☐	☐	☐	☐	☐
$y = x^2 + 2x + 4$	7	☐	☐	☐	☐	☐	☐
$y = x^2 + 2x - 2$	1	☐	☐	☐	☐	☐	☐
$y = x^2 + 2x$	☐	☐	☐	☐	☐	☐	☐

Man kann die Koordinaten des Scheitelpunktes einer quadratischen Funktion der Form $y = x^2 + px + q$ bestimmen, indem man den Graphen der Funktion mithilfe einer Wertetabelle zeichnet und die betreffenden Werte abliest. Weniger aufwändig und stets hinreichend genau ist die **Berechnung** der Koordinaten des Scheitels.

Zunächst sollen drei Funktionen betrachtet werden. Wichtige Daten sind in einer Tabelle zusammengestellt. Dabei bezeichnen x_S und y_S die Koordinaten des aus der Zeichnung ermittelten Scheitelpunktes.

	p	q	x_S	y_S
(1) $y = x^2 + 2x - 3$	2	–3	–1	–4
(2) $y = x^2 - 6x + 8$	–6	8	3	–1
(3) $y = x^2 - 4x - 1$	–4	–1	2	–5

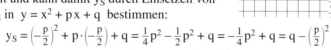

Man kann zeigen, dass $x_S = -(p:2) = -\frac{p}{2}$ gilt und kann damit y_S durch Einsetzen von x_S in $y = x^2 + px + q$ bestimmen:

$$y_S = \left(-\frac{p}{2}\right)^2 + p \cdot \left(-\frac{p}{2}\right) + q = \frac{1}{4}p^2 - \frac{1}{2}p^2 + q = -\frac{1}{4}p^2 + q = q - \left(\frac{p}{2}\right)^2$$

Für die oben angegebenen Funktionen folgt daraus:

(1) $y_S = -3 - \left(\frac{2}{2}\right)^2 = -4;$ (2) $y_S = 8 - \left(-\frac{6}{2}\right)^2 = -1;$ (3) $y_S = -1 - \left(-\frac{4}{2}\right)^2 = -5$

> Der Scheitel einer quadratischen Funktion mit der Gleichung $y = x^2 + px + q$ hat die Koordinaten $S\left(-\frac{p}{2}; q - \left(\frac{p}{2}\right)^2\right)$.

Beispiele

a) Bestimmung des Scheitelpunktes der quadratischen Funktion $y = x^2 - 4x + 7$.
Aus dem Vergleich
$y = x^2 + px + q$ mit $y = x^2 - 4x + 7$
folgt $p = -4$ und $q = 7$ und damit
$-\frac{p}{2} = 2$ und $q - \left(\frac{p}{2}\right)^2 = 7 - 2^2 = 3$.
Damit ergibt sich der Scheitelpunkt $S(2;3)$.

b) Eine Parabel besitzt den Scheitel $S(-3;7)$. Daraus lässt sich die Funktionsgleichung bestimmen.
Aus $x_S = -\frac{p}{2}$ folgt $p = -2 x_S = (-2)(-3) = 6$.
Aus $y_S = q - \left(\frac{p}{2}\right)^2$ folgt $q = \left(\frac{p}{2}\right)^2 + y_S$ und somit $q = 3^2 + 7 = 16$.
Die Gleichung lautet $y = x^2 + 6x + 16$.

Scheitelpunktkoordinaten der Funktion $y = x^2 + px + q$

Aufgaben

2
Bestimme die Koordinaten des Scheitels und zeichne den Graphen.
a) $y = x^2 - 2x - 1$ b) $y = x^2 - 6x + 9$
c) $y = x^2 - 4x - 1$ d) $y = x^2 + 2x + 2$
e) $y = x^2 - 2x + 5$ f) $y = x^2 + 5x + 3{,}25$

3
Der Graph einer quadratischen Funktion der Form $y = x^2 + px + q$ hat den Scheitel S. Zeichne den Graphen und gib die Funktionsgleichung an.
a) $S(2;3)$ b) $S(4;-3)$ c) $S(-2;1)$
d) $S(-3;-6)$ e) $S(0;1)$ f) $S(-5;0)$

4
Die Kärtchen sind durcheinander geraten. Ordne sie.

Funktionsgleichung	Scheitelpunkt
$y = x^2 - 10x + 32$	$S(-3;-10)$
$y = x^2 + 16x + 57$	$S(9;-6)$
$y = x^2 - 18x + 75$	$S(5;7)$
$y = x^2 + 6x - 1$	$S(-8;-7)$

5
Der Graph einer quadratischen Funktion $y = x^2 + px + q$ geht durch die Punkte $P_1(2;3)$ und $P_2(5;0)$. Berechne p und q und gib die Funktionsgleichung an.

6
Bestimme die Koordinaten des Scheitels und gib die Funktionsgleichung an.

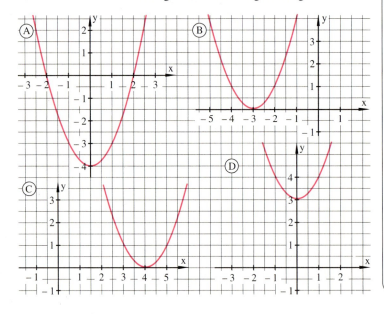

7
Gib die Koordinaten des Scheitels und die Funktionsgleichung an.
Die Normalparabel $y = x^2$ ist verschoben
a) um 3 Einheiten nach links und um 2 Einheiten nach unten
b) um 5 Einheiten nach rechts und um 4 Einheiten nach oben
c) um 2,5 Einheiten nach links und um 4,5 Einheiten nach oben
d) um 1,5 Einheiten nach rechts und um 6,5 Einheiten nach unten.

8
Welcher Punkt liegt auf welcher Parabel?
$A(-2;0)$ $p_1: y = x^2 + 5$
$B(-4;8)$ $p_2: y = x^2 + 4x + 4$
$C(3;16)$ $p_3: y = x^2 - 8$
$D(-1;6)$ $p_4: y = x^2 - 14x + 49$

Alle durch einen Punkt
Die Normalparabel verläuft durch den Punkt $P(1;1)$.

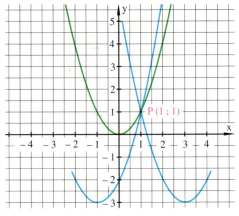

▌Nenne die Funktionsgleichung einer weiteren Parabel, die durch P geht.

▌Lege die Parabelschablone so, dass eine Parabel durch den Punkt P geht. Zeichne einige solcher Parabeln und markiere die Scheitelpunkte. Was fällt dir auf?

▌Gib eine Regel an, mit der sich die Gleichungen der Parabeln finden lassen.

3 Nullstellen der Funktion $y = x^2 + px + q$

1
Zeichne die Graphen der quadratischen Funktionen $y = x^2 - 4x + 4$, $y = x^2 - 4x + 3$, $y = x^2 - 4x$ und $y = x^2 - 4x - 5$ in ein und dasselbe Koordinatensystem.
Lies jeweils die x-Werte der Schnittpunkte mit der x-Achse ab.
Setze die so ermittelten Werte in die jeweilige Funktionsgleichung ein.
Was erhältst du?

Die Nullstellen einer Funktion sind die x-Werte derjenigen Punkte, in denen der Graph der Funktion die x-Achse schneidet bzw. berührt.
Quadratische Funktionen der Form $y = x^2 + px + q$ können zwei, eine oder keine Nullstelle haben, je nachdem, ob der Scheitel der nach oben geöffneten Parabel unterhalb, auf oder oberhalb der x-Achse liegt.
Man kann die Nullstellen **zeichnerisch** ermitteln, indem man den Scheitel der Parabel berechnet, den Graphen mithilfe einer Schablone zeichnet und den x-Wert des Schnittpunktes auf der x-Achse abliest.
Es ist jedoch rationeller und meist auch genauer, die Nullstellen **rechnerisch** zu bestimmen:

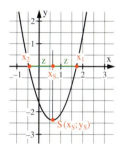

Offensichtlich hängen die Nullstellen von den Scheitelpunktkoordinaten x_S und y_S ab.
Da x_S auf der Symmetrieachse liegt, haben die Nullstellen x_1 und x_2 den gleichen Abstand zu x_S. Bezeichnet man diesen Abstand mit z, dann gilt: $x_S + z = x_1$ und $x_S - z = x_2$.
Man schreibt dafür $x_{1,2} = x_S \pm z$.
Die Nullstellen lassen sich berechnen, wenn man z kennt.

Aus nebenstehender Abbildung wurden die Koordinaten der Scheitelpunkte und eine Nullstelle x_1 abgelesen und z daraus errechnet.

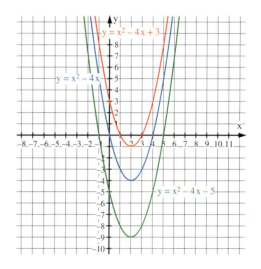

	x_S	y_S	x_1	$z = x_1 - x_S$
(1) $y = x^2 - 4x + 3$	2	−1	3	1
(2) $y = x^2 - 4x$	2	−4	4	2
(3) $y = x^2 - 4x - 5$	2	−9	5	3

Es kann gezeigt werden, dass allgemein $z = \sqrt{-y_S}$ gilt ($y_S < 0$).
Für die Berechnung der Nullstellen erhält man dann folgende Gleichung:
$x_{1,2} = x_S \pm z = x_S \pm \sqrt{-y_S}$. Setzt man $x_S = -\frac{p}{2}$ und $y_S = q - \left(\frac{p}{2}\right)^2$, so folgt die
Lösungsformel: $x_{1,2} = -\frac{p}{2} \pm \sqrt{\left(\frac{p}{2}\right)^2 - q}$

Zur Berechnung von Nullstellen einer quadratischen Funktion in der Form
$y = x^2 + px + q$ bestimmt man die Koeffizienten p und q und setzt diese in die
Lösungsformel
$$x_{1,2} = -\frac{p}{2} \pm \sqrt{\left(\frac{p}{2}\right)^2 - q} \text{ ein.}$$

Nullstellen der Funktion $y = x^2 + px + q$

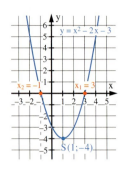

Beispiel
Bestimmung der Nullstellen der Funktion $y = x^2 - 2x - 3$

Grafische Lösung:
Aus $p = -2$ und $q = -3$ folgt:
$x_S = -\frac{p}{2} = -\left(-\frac{2}{2}\right) = 1$ und
$y_S = q - \left(\frac{p}{2}\right)^2 = -3 - \left(-\frac{2}{2}\right)^2 = -4$
Die Parabel hat den Scheitel $S(1;-4)$.
Aus der Zeichnung ergeben sich die Nullstellen $x_1 = 3$ und $x_2 = -1$.
Probe:
$x_1 = 3$: $y = (3)^2 - 2 \cdot (3) - 3 = 9 - 6 - 3 = 0$
$x_2 = -1$: $y = (-1)^2 - 2 \cdot (-1) - 3 = 1 + 2 - 3 = 0$

Rechnerische Lösung:
Für $y = 0$ gilt $x^2 - 2x - 3 = 0$.
Formel: $x_{1,2} = -\frac{p}{2} \pm \sqrt{\left(\frac{p}{2}\right)^2 - q}$
Aus $p = -2$ und $q = -3$ folgt:
$x_{1,2} = -\left(\frac{-2}{2}\right) \pm \sqrt{\left(\frac{2}{2}\right)^2 - (-3)}$
$x_{1,2} = 1 \pm \sqrt{1+3} = 1 \pm 2$
$x_1 = 3$ und $x_2 = -1$
Die Nullstellen sind $x_1 = 3$ und $x_2 = -1$.

Aufgaben

2
Bestimme die Nullstellen grafisch und überprüfe deine Lösung rechnerisch mithilfe der Lösungsformel.
a) $y = x^2 + 2x - 3$ b) $y = x^2 + 4x - 5$
c) $y = x^2 - x - 2$ d) $y = x^2 - 6x$

3
Die nebenstehenden Parabeln haben offensichtlich die Scheitelpunkte $S_1(0;-4)$, $S_2(0;-3)$, $S_3(0;-1)$.
a) Gib die zugehörigen Funktionsgleichungen an.
b) Von welchen Funktionsgleichungen sind die Nullstellen exakt ablesbar, von welchen nur näherungsweise?
Überprüfe durch Einsetzen.

4
Berechne die Nullstellen.
a) $y = x^2 + 6x + 8$ b) $y = x^2 + 6x + 5$
c) $y = x^2 - 3x + 1{,}25$ d) $y = x^2 + x - 2$
e) $y = x^2 - 7x + 6$ f) $y = x^2 + 3x - 1{,}75$

5
Gegeben sind die Nullstellen x_1 und x_2 einer Funktion $y = x^2 + px + q$.
Zeichne den Graphen. Gib die Koordinaten des Scheitels und die Funktionsgleichung an.
a) $x_1 = 2$; $x_2 = 4$ b) $x_1 = 1$; $x_2 = -3$
c) $x_1 = -5$; $x_2 = 1$ d) $x_1 = x_2 = 3$

6
Zeichne den Graphen der Funktion und lies die Nullstellen ab. Überprüfe dein Ergebnis rechnerisch.
a) $y = x^2 - 4$ b) $y = (x-5)^2 - 1$
c) $y = x^2 + 10x + 25$ d) $y = (x+3{,}5)^2 - 2{,}5$

7
Eine quadratische Funktion $y = x^2 + px + q$ hat die Nullstellen $x_1 = -2{,}5$ und $x_2 = 2{,}5$. Bestimme p und q.

8
Untersuche grafisch, wie viele Nullstellen die Funktionen haben.
a) $y = x^2 - 2x - 1$ b) $y = x^2 + 2x + 1$
c) $y = x^2 - 4x + 6$ d) $y = x^2 - x$

9
Eine quadratische Funktion $y = x^2 + px + q$ hat die Nullstellen $x_1 = -3$ und $x_2 = 5$.
a) Welche Koordinaten hat der Scheitelpunkt?
b) Wie lautet die Gleichung der Funktion?

10
Eine quadratische Funktion $y = x^2 + px + q$ hat $x_1 = -2$ als eine Nullstelle. Der Graph der Funktion schneidet die y-Achse im Punkt $(0;6)$.
a) Gib eine Gleichung für diese Funktion an.
b) Welches ist die zweite Nullstelle?

4 Die Funktionen $y = (x + d)^2 + e$ bzw. $y = x^2 + px + q$

1
Vervollständige die Tabelle in deinem Heft und zeichne die Graphen.
Beschreibe die Lage der Scheitelpunkte.

x	–3	–2	–1	0	1	2	3
$y = x^2 + 2$	11	□	□	□	□	□	□
$y = (x - 1)^2$	16	□	□	□	□	□	□
$y = (x - 1)^2 + 2$	18	□	□	□	□	□	□

2
Erstelle für die Funktion mit der Gleichung $y = x^2 - 2x + 3$ ebenfalls eine Wertetabelle und zeichne den Funktionsgraphen. Was fällt dir auf?

Verschiebt man den Scheitelpunkt der Normalparabel auf der x-Achse, so bleibt der Funktionswert des Scheitels stets null. Der x-Wert des Scheitels der rechten Parabel muss die Gleichung $0 = (x - 2)^2$ erfüllen. Es gilt daher $x = 2$, die Normalparabel ist um 2 Einheiten nach rechts verschoben. Der x-Wert des Scheitels der linken Parabel muss die Gleichung $0 = (x + 3)^2$ erfüllen. Es gilt daher $x = -3$, die Normalparabel ist um 3 Einheiten nach links verschoben.

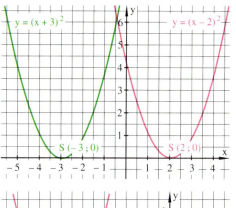

Eine in x-Richtung verschobene Normalparabel hat den Scheitel $S(-5;0)$.
Sie hat die Funktionsgleichung
$y = (x - (-5))^2$, also $y = (x + 5)^2$.
Mitunter formt man noch um:
$y = (x + 5)^2 = (x + 5)(x + 5) = x^2 + 10x + 25$.
Die Gleichungen $y = (x + 5)^2$
         und $y = x^2 + 10x + 25$
beschreiben somit ein und dieselbe quadratische Funktion.

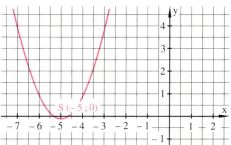

Den Graphen einer quadratischen Funktion mit der Funktionsgleichung $y = (x + d)^2 + e$ erhält man, indem die Normalparabel mit $y = x^2$ zunächst um **–d in x-Richtung** und anschließend um **e in y-Richtung** verschoben wird.

Bislang wurden die Parabeln nur auf den Achsen verschoben.
Jetzt hat der Scheitelpunkt der verschobenen Parabel die Koordinaten $S(-d;e)$.

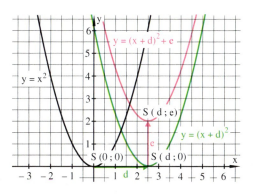

> Der Graph einer quadratischen Funktion mit $y = (x + d)^2 + e$ (**Scheitelpunktsform**) ist eine um **–d in x-Richtung** und um **e in y-Richtung** verschobene Normalparabel mit dem Scheitel $S(-d;e)$.

Die Funktionen $y = (x + d)^2 + e$ bzw. $y = x^2 + px + q$

Beispiele

a) Zum Zeichnen des Graphen der Funktion $y = (x - 4)^2 + 3$ verschiebt man den Scheitel der Normalparabel um 4 Einheiten in x-Richtung nach rechts und um 3 Einheiten in y-Richtung nach oben.

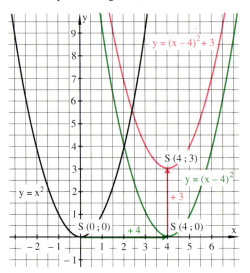

b) Eine verschobene Normalparabel hat den Scheitel $S(-1,5; -2,5)$.

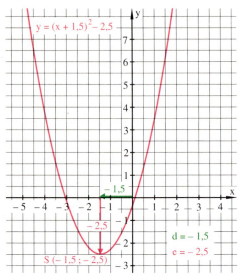

Die zugehörige Funktionsgleichung lautet $y = (x + 1,5)^2 - 2,5$.

Ist eine quadratische Funktion in der Form $y = x^2 + px + q$ gegeben, können die Scheitelpunktkoordinaten nicht direkt abgelesen werden. Man formt deshalb die Scheitelpunktform um:

$y = (x + d)^2 + e = (x + d)(x + d) + e = x^2 + dx + dx + d^2 + e = x^2 + 2dx + d^2 + e$.

Man vergleicht $y = x^2 + 2dx + d^2 + e$ mit $y = x^2 + px + q$ und stellt fest:

$2d = p$ sowie $d^2 + e = q$ und damit $d = \frac{p}{2}$ sowie $e = q - d^2 = q - \left(\frac{p}{2}\right)^2$.

Somit folgt für die Koordinaten des Scheitelpunktes $S(-d; e)$: $S\left(-\frac{p}{2}; q - \left(\frac{p}{2}\right)^2\right)$.

Quadratische Funktionen mit der Funktionsgleichung $y = x^2 + px + q$ (**Normalform**) lassen sich auf die **Scheitelpunktsform** $y = \left(x + \frac{p}{2}\right)^2 + q - \left(\frac{p}{2}\right)^2$ bringen.

Der Scheitel hat die Koordinaten $S\left(-\frac{p}{2}; q - \left(\frac{p}{2}\right)^2\right)$.

Beispiele

c) Bestimmung des Scheitelpunktes der quadratischen Funktion $y = x^2 - 3x + 2,75$.
Aus dem Vergleich
$y = x^2 + px + q$ mit $y = x^2 - 3x + 2,75$
folgt $p = -3$ und $q = 2,75$ und damit
$-\frac{p}{2} = 1,5$ und $q - \left(\frac{p}{2}\right)^2 = 2,75 - 2,25 = 0,5$.
Damit ergibt sich der Scheitelpunkt
$S(1,5; 0,5)$.

d) Eine Parabel besitzt den Scheitel $S\left(-\frac{1}{2}; \frac{3}{4}\right)$. Daraus lässt sich die Funktionsgleichung bestimmen.

$y = \left(x - \left(-\frac{1}{2}\right)\right)^2 + \frac{3}{4} = \left(x + \frac{1}{2}\right)^2 + \frac{3}{4}$

$y = x^2 + x + \frac{1}{4} + \frac{3}{4}$

Die Funktionsgleichung lautet
$y = x^2 + x + 1$.

Die Funktionen $y = (x + d)^2 + e$ bzw. $y = x^2 + px + q$

Aufgaben

3
Gib den Scheitel der Parabel an.
a) $y = (x - 2)^2 + 3$ b) $y = (x + 1)^2 + 2$
c) $y = (x + 3)^2 - 6$ d) $y = (x - 4)^2 - 7$

4
Gib die Koordinaten des Scheitels und die Normalform der Funktionsgleichung an. Die Normalparabel ist verschoben
a) um 3 Einheiten nach rechts und 2 Einheiten nach oben
b) um 5 Einheiten nach links und 4 Einheiten nach unten
c) um 2,5 Einheiten nach rechts und 4,5 Einheiten nach unten
d) um 1,5 Einheiten nach links und 6,5 Einheiten nach oben.

5
Bestimme den Scheitel und zeichne den Graphen mit der Schablone.
a) $y = (x + 2)^2 + 1$ b) $y = (x - 3)^2 - 2$
c) $y = (x - 4)^2 + 2$ d) $y = (x + 1)^2 - 9$
e) $y = (x - 2,5)^2 + 1,5$ f) $y = (x + 4,5)^2 - 0,5$
g) $y = (x - 1,8)^2 - 0,5$ h) $y = (x + 3,2)^2 + 1,7$

Wie heißen die Funktionsgleichungen des Parabelgesichts?

6
Welcher Graph gehört zu welcher Funktionsgleichung?
a) $y = x^2 + 4x + 7$ b) $y = x^2 + 6x + 4$
c) $y = x^2 - 2x - 1$ d) $y = x^2 - 8x + 17$
e) $y = x^2 - 3x + 4,25$ f) $y = x^2 + x - 3,75$

7
Bringe die Gleichungen auf die Form $y = (x + d)^2 + e$. Bestimme den Scheitel und zeichne die Parabel.
a) $y = x^2 + 2x - 3$ b) $y = x^2 - 4x + 3$
c) $y = x^2 + 6x + 3$ d) $y = x^2 - 8x + 19$
e) $y = x^2 + 5x + 4,75$ f) $y = x^2 - x + 5,75$

8
Welcher Punkt liegt auf welcher Parabel?

$P(7;6)$	$p_1: y = x^2 - 10x + 17$
$P(5;114)$	$p_2: y = x^2 - 4x$
$P(2;-4)$	$p_3: y = x^2 + 12x + 29$
$P(-3;56)$	$p_4: y = x^2 + 14x + 43$
$P(-6;-5)$	$p_5: y = x^2 - 18x + 83$

9
Der Punkt P liegt auf der Parabel mit $y = x^2 + px + q$. Bestimme die vollständige Funktionsgleichung.
a) $y = x^2 + 6x + q$ $P(1;17)$
b) $y = x^2 - 4x + q$ $P(2;2)$
c) $y = x^2 - px - 4$ $P(3;-1)$
d) $y = x^2 + px + 18,25$ $P(-2,5;2)$
e) $y = x^2 + px + q$ $P(0;4)$

10
Die Parabel mit der Gleichung $y = x^2 + px + q$ verläuft durch die Punkte A und B. Bestimme die Funktionsgleichung und die Koordinaten des Scheitelpunkts mithilfe eines linearen Gleichungssystems.
a) $A(1;2)$ $B(4;5)$
b) $A(2;3)$ $B(5;12)$
c) $A(-5;6)$ $B(-2;3)$
d) $A(-2;7)$ $B(3;2)$
e) $A(-5;-2)$ $B(0;13)$

11
Zeichne das Parabelpaar und lies die Koordinaten des Schnittpunktes ab.
a) $y = (x + 3)^2 + 2$ b) $y = (x + 1)^2 - 2$
   $y = (x - 1)^2 + 2$ $y = (x - 2)^2 + 1$
c) $y = (x - 1,5)^2 - 1,5$ d) $y = (x - 6,5)^2 + 0,5$
   $y = (x + 1,5)^2 + 1,5$ $y = (x - 1,5)^2 - 4,5$
e) $y = x^2 + 6x + 6$ f) $y = x^2 - 8x + 11$
   $y = x^2 - 2x + 6$ $y = x^2 - 2x$

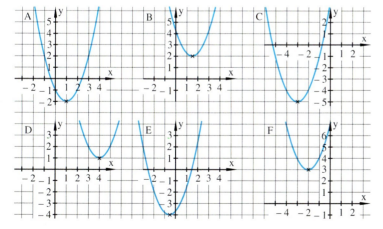

5 Formel zur Nullstellenberechnung einer quadratischen Funktion

1
Zeichne die Graphen der quadratischen Funktionen $y = (x-2)^2$, $y = (x-2)^2 - 1$, $y = (x-2)^2 - 4x$ und $y = (x-2)^2 - 9$ in ein und dasselbe Koordinatensystem.
Lies jeweils die x-Werte der Schnittpunkte mit der x-Achse ab.
Setze die so ermittelten Werten in die jeweilige Funktionsgleichung ein.
Was erhältst du?

Die Graphen quadratischer Funktionen können die x-Achse schneiden. Die Argumente der Schnittpunkte mit der x-Achse heißen auch Nullstellen, weil die zugehörigen Funktionswerte Null sind.

Aus $z^2 = 4$ folgt:
$z_1 = -2$ und $z_2 = 2$;
denn
$(-2)^2 = 4$ und
$(2)^2 = 4$

Der Graph der Funktion $y = x^2 - 2x - 3$ schneidet die x-Achse in den Punkten $(3;0)$ und $(-1;0)$. Die Nullstellen sind also $x_1 = 3$ und $x_2 = -1$.
Zeichnerische Lösungen sind oft aufwändig; die Ergebnisse vielfach nicht exakt ablesbar. Mit Berechnungen kommt man meist schneller und mit größerer Genauigkeit ans Ziel.
Um die Nullstellen der Funktion $y = x^2 - 2x - 3$ zu berechnen, bildet man zunächst die Scheitelform $y = (x-1)^2 - 4$.
Man setzt für $y = 0$ und ordnet: $(x-1)^2 = 4$.
Schließlich zieht man die Wurzel: $x - 1 = \pm 2$.
Man erhält: $x_1 = 1 + 2 = 3$ und $x_2 = 1 - 2 = -1$.

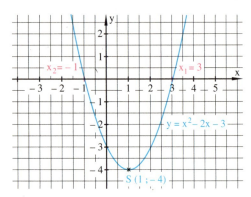

Allgemein gilt für $y = x^2 + px + q$:

Wegen
$\left(+\sqrt{\left(\frac{p}{2}\right)^2 - q}\right)^2 = \left(\frac{p}{2}\right)^2 - q$
und
$\left(-\sqrt{\left(\frac{p}{2}\right)^2 - q}\right)^2 = \left(\frac{p}{2}\right)^2 - q$
schreibt man kurz
$\pm\sqrt{\left(\frac{p}{2}\right)^2 - q}$.

Man bildet die Scheitelform:	$y = \left(x + \frac{p}{2}\right)^2 + q - \left(\frac{p}{2}\right)^2$
Man setzt $y = 0$ und ordnet:	$\left(x + \frac{p}{2}\right)^2 = \left(\frac{p}{2}\right)^2 - q$
Man zieht (auf beiden Seiten) die Wurzel:	$x + \frac{p}{2} = \pm\sqrt{\left(\frac{p}{2}\right)^2 - q}$
Man formt um:	$x_{1,2} = -\frac{p}{2} \pm \sqrt{\left(\frac{p}{2}\right)^2 - q}$

Man erhält die beiden Lösungen $x_1 = -\frac{p}{2} + \sqrt{\left(\frac{p}{2}\right)^2 - q}$ und $x_2 = -\frac{p}{2} - \sqrt{\left(\frac{p}{2}\right)^2 - q}$.

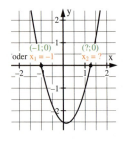

Zur Berechnung von Nullstellen einer quadratischen Funktion in der Form $\mathbf{y = x^2 + px + q}$ bestimmt man die Koeffizienten p und q und setzt diese in die Lösungsformel

$$x_{1,2} = -\frac{p}{2} \pm \sqrt{\left(\frac{p}{2}\right)^2 - q} \text{ ein.}$$

Beachte: Die Begriffe „Nullstelle" und „Schnittpunkt mit der x-Achse" beschreiben unterschiedliche Objekte. Die Nullstelle wird durch eine reelle Zahl, der Schnittpunkt mit der x-Achse durch ein geordnetes Paar angegeben.

Formel zur Nullstellenberechnung einer quadratischen Funktion

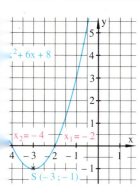

Beispiel
Bestimmung der Nullstellen der Funktion $y = x^2 + 6x + 8$

Grafische Lösung:
Aus $p = 6$ und $q = 8$ folgt:
$x_S = -\frac{p}{2} = -\frac{6}{2} = -3$ und
$y_S = q - \left(\frac{p}{2}\right)^2 = 8 - \left(-\frac{6}{2}\right)^2 = -1$
Die Parabel hat den Scheitel $S(-3; -1)$.
Aus der Zeichnung ergeben sich die Nullstellen $x_1 = -2$ und $x_2 = -4$.
Probe:
$x_1 = -2$: $y = (-2)^2 + 6 \cdot (-2) + 8 = 4 - 12 + 8 = 0$
$x_2 = -1$: $y = (-4)^2 + 6 \cdot (-4) + 8 = 16 - 24 + 8 = 0$

Rechnerische Lösung:
Für $y = 0$ gilt $x^2 + 6x + 8 = 0$.
Formel: $x_{1,2} = -\frac{p}{2} \pm \sqrt{\left(\frac{p}{2}\right)^2 - q}$
Aus $p = 6$ und $q = 8$ folgt:
$x_{1,2} = -\frac{6}{2} \pm \sqrt{\left(-\frac{6}{2}\right)^2 - 8}$
$x_{1,2} = -3 \pm \sqrt{9 - 8} = -3 \pm 1$
$x_1 = -2$ und $x_2 = -4$
Die Nullstellen sind $x_1 = -2$ und $x_2 = -4$.

Aufgaben

2
Bestimme die Nullstellen rechnerisch mithilfe der Lösungsformel.
a) $y = x^2 + 4x - 5$ b) $y = x^2 - 8x + 15$
c) $y = x^2 + 3x - 1{,}75$ d) $y = x^2 - 9x - 16$
e) $y = x^2 + 5x + 6{,}25$ f) $y = x^2 - 10x + 25$

3
a) Lies die Scheitelpunkte der Parabeln aus der Zeichnung ab und gib die Funktionsgleichung in der Form $y = x^2 + px + q$ an.
b) Lies die Nullstellen ab und überprüfe durch Rechnung mithilfe der Formel.

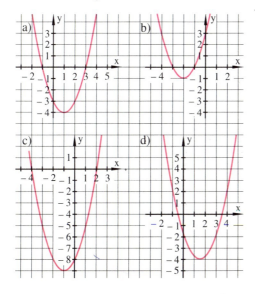

4
Zeichne den Graphen der Funktion und bestimme mithilfe der Zeichnung die Nullstellen.
a) $y = (x - 3)^2 - 1$ b) $y = (x + 2{,}5)^2 - 4$
c) $(x - 1{,}5)^2 - 9$ d) $y = (x + 3{,}5)^2 - 1$
e) $y = x^2 - 2{,}25$ f) $y = (x - 0{,}5)^2 - 6{,}25$

5
Gegeben sind die Nullstellen x_1 und x_2 einer Funktion $y = x^2 + px + q$. Zeichne den Graphen. Gib die Koordinaten des Scheitels und die Funktionsgleichung an.
a) $x_1 = 1$; $x_2 = 3$ b) $x_1 = -3$; $x_2 = 1$
c) $x_1 = -1$; $x_2 = 5$ d) $x_1 = x_2 = 6$

6
Gegeben sind alle Funktionen der Form $y = x^2 - 4x + q$.
a) Gib diejenige spezielle Funktion an, deren Graph durch den Punkt $(2; 1)$ geht.
b) Bestimme den Scheitel dieser Funktion und stelle fest, ob sie diese Nullstellen hat.

7
a) Für welche Zahlen p haben die Funktionen $y = x^2 + px + 9$ eine oder zwei Nullstellen? Gib zwei derartige Funktionen an.
b) Für welche Zahlen q haben die Funktionen $y = x^2 + 6x + q$ keine Nullstellen? Gib zwei derartige Funktionen an.

6 Quadratische Gleichungen

1
Zeichne den Graphen der Funktion $y = x^2 - 2x - \frac{9}{16}$ und lies die Nullstellen ab. Überprüfe dein Ergebnis rechnerisch.

2
Löse die an der Tafel stehenden Aufgaben rechnerisch.

Tafelaufgaben:
$$x^2 = 100$$
$$x^2 - 36 = 0$$
$$x^2 + 7 = 23$$
$$2x^2 = 128$$
$$3x^2 - 11 = 16$$

Setzt man in die Funktionsgleichung $y = x^2 + px + q$ für y den Wert Null ein, erhält man mit $x^2 + px + q = 0$ die **Normalform** der quadratischen Gleichung. Das Lösen quadratischer Gleichungen kann deshalb zurückgeführt werden auf das Bestimmen von Nullstellen entsprechender quadratischer Funktionen.
Sind quadratische Gleichungen nicht in der Normalform gegeben, muss diese mithilfe geeigneter äquivalenter Umformungen hergestellt werden. Für den weiteren Lösungsweg steht dann die bekannte Lösungsformel zur Verfügung.

> Quadratische Gleichungen werden gelöst, indem man
> 1. die Gleichung äquivalent in die **Normalform** $x^2 + px + q$ umformt und
> 2. mithilfe der **Lösungsformel** $x_{1,2} = -\frac{p}{2} \pm \sqrt{\left(\frac{p}{2}\right)^2 - q}$ diejenigen Zahlen ermittelt, die die Gleichung erfüllen.

p,q - Formel
$$x_{1,2} = -\frac{p}{2} \pm \sqrt{\left(\frac{p}{2}\right)^2 - q}$$

Beispiele

a) Die Gleichung $x^2 - 18x + 17 = 0$ besitzt die Koeffizienten $p = -18$ und $q = 17$. Sie werden in die Lösungsformel eingesetzt:
$$x_{1,2} = -\frac{(-18)}{2} \pm \sqrt{\left(-\frac{18}{2}\right)^2 - 17}$$
$$x_{1,2} = 9 \pm \sqrt{81 - 17}$$
$$x_1 = 9 + \sqrt{64} = 17$$
$$x_2 = 9 - \sqrt{64} = 1$$
$$L = \{17; 1\}$$

b) Die Gleichung $x^2 - 4x - 1 = 0$ hat Lösungen mit irrationalen Werten.
$$x_{1,2} = -\frac{(-4)}{2} \pm \sqrt{\left(-\frac{4}{2}\right)^2 + 1}$$
$$x_{1,2} = 2 \pm \sqrt{4 + 1}$$
$$x_1 = 2 + \sqrt{5} \quad \text{und} \quad x_2 = 2 - \sqrt{5}$$
$$L = \{2 + \sqrt{5};\ 2 - \sqrt{5}\}$$
Wird auf 2 Dezimalstellen gerundet, ergeben sich $x_1 = 4{,}24$ oder $x_2 = -0{,}24$.

c) Die quadratische Gleichung $3x^2 = 42 - 39x$ muss zunächst auf Normalform gebracht werden.

$$3x^2 + 39x - 42 = 0 \quad |:3$$
$$x^2 + 13x - 14 = 0$$
$$x_{1,2} = -\frac{13}{2} \pm \sqrt{\left(\frac{13}{2}\right)^2 - (-14)}$$
$$x_{1,2} = -\frac{13}{2} \pm \sqrt{\frac{169}{4} + \frac{56}{4}}$$

$$x_{1,2} = -\frac{13}{2} \pm \sqrt{\frac{225}{4}}$$
$$x_1 = -\frac{13}{2} + \frac{15}{2} = 1$$
$$x_2 = -\frac{13}{2} - \frac{15}{2} = -14$$
$$L = \{1; -14\}$$

d) Die Gleichung $(2x - 1)(3x + 4) = 7(2 - x)$ wird gelöst, indem man nacheinander die Klammern auflöst, zusammenfasst, ordnet, durch den Koeffizienten von x^2 dividiert und dann die Lösungsformel anwendet.

$$(2x - 1)(3x + 4) = 7(2 - x)$$
$$6x^2 - 3x + 8x - 4 = 14 - 7x$$
$$6x^2 + 12x - 18 = 0$$
$$x^2 + 2x - 3 = 0$$

$$x_{1,2} = -1 \pm \sqrt{1 + 3}$$
$$x_{1,2} = -1 \pm \sqrt{4}$$
$$x_{1,2} = -1 \pm 2$$
$$x_1 = 1;\ x_2 = -3$$

Quadratische Gleichungen

Nicht jede quadratische Gleichung hat zwei Lösungen. Je nach Lage der Parabel im Koordinatensystem können Graph der Funktion und x-Achse zwei, einen oder gar keinen Punkt gemeinsam haben. Beim Berechnen erhält man dann jeweils zwei, eine oder keine Lösung. Die Existenz von Lösungen verdeutlicht folgende **Fallunterscheidung**.

Grafische Lösung:

$x^2 + 2x - 3 = 0$ $x^2 + 2x + 1 = 0$ $x^2 + 2x + 4 = 0$

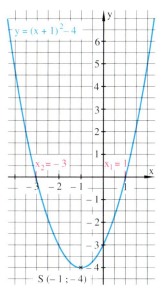 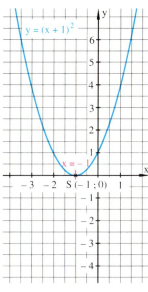 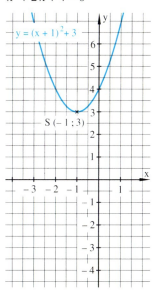

Die verschobene Normalparabel schneidet die x-Achse in **zwei Punkten**. Die Gleichung hat zwei Lösungen
$x_1 = 1$ und $x_2 = -3$.
$L = \{1; -3\}$

Die verschobene Normalparabel hat mit der x-Achse **einen Punkt** gemeinsam. Die Gleichung hat eine Lösung
$x = -1$.
$L = \{-1\}$

Die verschobene Normalparabel hat **keinen gemeinsamen Punkt** mit der x-Achse. Die Gleichung hat keine Lösung.
$L = \{\ \}$

Rechnerische Lösung:

$x^2 + 2x - 3 = 0$
$x_{1,2} = -1 \pm \sqrt{1^2 - (-3)}$
$x_1 = -1 + 2$
$x_2 = -1 - 2$
$L = \{1; -3\}$

$x^2 + 2x + 1 = 0$
$x_{1,2} = -1 \pm \sqrt{1^2 - 1}$
Da der Radikand den Wert Null hat, gilt: $x = -1$.
$L = \{-1\}$

$x^2 + 2x + 4 = 0$
$x_{1,2} = -1 \pm \sqrt{1^2 - 4}$
Da der Radikand negativ ist, gilt:
$L = \{\ \}$

In der Lösungsformel $x_{1,2} = -\frac{p}{2} \pm \sqrt{\left(\frac{p}{2}\right)^2 - q}$ bezeichnet man den Radikanden $\left(\frac{p}{2}\right)^2 - q$ als **Diskriminante D**.
Für die Anzahl der Lösungen einer gemischt-quadratischen Gleichung gilt:
Ist die Diskriminante $D = \left(\frac{p}{2}\right)^2 - q$

positiv, also $D > 0$, hat die Gleichung **zwei Lösungen**.

gleich **Null**, also $D = 0$, hat die Gleichung **eine Lösung**.

negativ, also $D < 0$, hat die Gleichung **keine Lösung**.

---

discriminare (lat.) bedeutet unterscheiden bzw. den Unterschied verdeutlichen.

Quadratische Gleichungen

Aufgaben

3
Bestimme hier nur die Koeffizienten p und q.
a) $x^2 + 6x + 10 = 0$ b) $x^2 - 5x + 7 = 0$
c) $x^2 + 3x - 8 = 0$ d) $x^2 - 2x - 10 = 0$

4
Rechne mit der Lösungsformel. Achte auf die Vorzeichen von p und q.
a) $x^2 + 8x + 7 = 0$ b) $x^2 + 7x + 10 = 0$
c) $x^2 + 2x - 3 = 0$ d) $x^2 - 5x - 24 = 0$
e) $x^2 - 10x - 11 = 0$ f) $x^2 - 22x + 72 = 0$

5
a) $x^2 + 11x + 30 = 0$ b) $x^2 - 17x - 18 = 0$
c) $x^2 + 2{,}5x + 1 = 0$ d) $x^2 - 5{,}2x + 1 = 0$
e) $x^2 + x + 0{,}24 = 0$ f) $x^2 - 0{,}1x - 0{,}02 = 0$

6
Bringe zunächst in Normalform.
a) $2x^2 + 12x + 10 = 0$
b) $3x^2 + 9x - 84 = 0$
c) $5x^2 - 25x - 120 = 0$
d) $\frac{1}{2}x^2 - x - 4 = 0$
e) $\frac{1}{10}x^2 - \frac{1}{5}x - 8 = 0$

7
Das Lösungswort steht auf dem Rand.
a) $5(2x - 3) = x(8 - x)$
b) $(x - 3)(x - 1) - 48 = 0$
c) $(x + 2)(x - 3) = 3x - 1$
d) $1 - 4(2x + 1) = x^2 + 4$
e) $2x(x + 3) = (x + 1)(x - 2) - 10$
f) $9 + 4x(x - 3) - x(x - 1) - x = 0$

8
a) $6x^2 + 3 = 5x^2 + 19$
b) $12x + 10{,}5 - 16x - 2x^2 = 8x^2 - 4x - 12$
c) $2(2x^2 - 5) + 12 = 3x^2 + 5$
d) $x^2 + 10x + 7(x + 10) = 10x^2 + 17x - 20$

9
Gib die Lösungen ohne Verwendung gerundeter Werte an.
a) $x^2 - 2x - 1 = 0$ b) $(1 - 3x)(5x + 2) = 0$
c) $9x(2x - 1) = -1$ d) $x^2 - \sqrt{12}\,x - 9 = 0$

10
Welches Lösungspaar gehört zu welcher Gleichung?
a) $(x - 5)(x + 3) = 9$ $x_1 = 7;\ x_2 = 1$
b) $(x - 5)(x - 3) = 8$ $x_1 = 1;\ x_2 = -9$
c) $(x + 5)(x - 3) = -7$ $x_1 = 6;\ x_2 = -4$
d) $(x + 5)(x + 3) = 24$ $x_1 = 2;\ x_2 = -4$

11
Achte besonders auf die Minusklammern.
a) $2x(x - 3) = 5 - (x^2 - 4)$
b) $3x(x - 1) - (x^2 - 5x + 9) = x^2 + 6$
c) $\frac{x + 3}{2} - x(x + 1) = -3x$
d) $(x - 9)(2x + 2) - 2(1 - x^2) = 0$
e) $5(x^2 - 7) - 3x(2 + x) - x(x - 8) = 0$

12
Die Lösungen sind ganze Zahlen zwischen -10 und 10.
a) $(x + 2)^2 - (x - 3)(2x + 1) = -3$
b) $\frac{x(x - 3)}{2} + \frac{3}{2}x = 6 - \frac{x}{2}$
c) $25x - 3(x - 2)^2 = -14(3 - 2x)$
d) $(2x - 1)^2 - 2(x - 3)^2 - x(x + 6) + 2 = 0$

13
a) $7x^2 - 14x - 23 = 6x^2 - 23x + 29$
b) $5x^2 + 14 + 4x = 6x^2 + 3x - 6$
c) $9 - 2x - 2x^2 = 8x - 3x^2 - 12$
d) $9x^2 - 14x - 3 = 7x^2 - 13x + 7$
e) $\frac{1}{2}x^2 - x - 19 = \frac{1}{2}x + 16$

14
Multipliziere zuerst mit dem Hauptnenner und löse die Gleichung.
a) $\frac{x^2}{4} + \frac{3}{2}x + 2 = 0$ b) $\frac{1}{10}x^2 = 5 + \frac{x}{2}$
c) $\frac{x^2}{9} - \frac{1}{2} = \frac{x}{3} + \frac{3}{2}$ d) $\frac{1}{2}x^2 + \frac{9(x + 1)}{4} = 0$
e) $\frac{x^2 + 4}{6} + \frac{4x}{3} = \frac{x}{2}$ f) $\frac{x^2 - 6}{6} + \frac{1}{3}x = \frac{1}{2}x$

15
Runde die Lösungen auf 2 Dezimalstellen.
a) $x^2 + 6{,}4x - 3{,}7 = 0$
b) $x^2 - 18{,}9x + 71{,}3 = 0$
c) $2x^2 - 13{,}5x - 8{,}35 = 0$
d) $\frac{2}{3}x^2 + \frac{3}{4}x + \frac{1}{5} = 0$

$x^2 - 2\,000\,000\,x + 1 = 0$

Diese Gleichung ist auch mit dem Taschenrechner nicht exakt lösbar.
Versuche es selbst!

Quadratische Gleichungen

Belege die kleinen Felder mit Rechenzeichen, die großen Felder mit Zahlen. Bilde mit den Kärtchen jeweils eine Gleichung, die zwei Lösungen, eine Lösung oder keine Lösung besitzt.

16
Bestimme die Diskriminante D und gib die Anzahl der Lösungen an.
a) $x^2 - 10x - 11 = 0$ b) $x^2 + 6x + 10 = 0$
c) $x^2 + \frac{6}{7}x + \frac{3}{14} = 0$ d) $\frac{9}{4}x^2 - x + \frac{1}{9} = 0$

17
Für welchen Wert von a hat die Gleichung genau eine Lösung?
a) $x^2 + 4x + a = 0$ b) $x^2 - 6x - a = 0$
c) $2x^2 + 2a = 14x$ d) $x^2 - 8x + 5 + a = 0$
e) $x^2 - 9x + \frac{3}{4}a = 0$ f) $x^2 + 3 = 4x - a^2$

18
Bestimme a so, dass die Gleichung genau eine Lösung besitzt.
a) $x^2 + 2ax + 9 = 0$ b) $x^2 - 4ax + 196 = 0$
c) $x^2 + ax + 9 = 0$ d) $2x^2 - 10ax + 200 = 0$
e) $3x^2 + ax + 27 = 0$ f) $\frac{1}{2}x^2 + \frac{1}{4}ax + 18 = 0$

19
Für welches k hat die Gleichung genau eine Lösung?
a) $x^2 + 6kx - 7k^2 = 0$
b) $x^2 - 2kx + 5k = 0$
c) $x^2 - 4x - k^2 + 2k + 3 = 0$

20
Welche der Gleichungen hat zwei, eine oder keine Lösung?
a) $3x^2 + 20x + 120 = 12 - 16x$
b) $(x-1)^2 + x^2 - 2 = (x-2)(x+2)$
c) $(4x-7)^2 - 4(4x^2 - 5x - 24) = (2x-9)^2$
d) $\frac{1}{10}x^2 + x + 1 = 2x - 2$

21
Gegeben sind quadratische Funktionen $y = x^2 + px + 4$.
a) Gib diejenigen speziellen Funktionen an, deren Graph mit der x-Achse genau einen Punkt gemeinsam hat.
b) Für welche Werte von p ergibt sich eine Funktion mit zwei Nullstellen?

22
Löse durch Faktorisieren.
Beispiel: $x^2 + 8x = 0$
$x(x+8) = 0$
Dies gilt für $x = 0$ oder $x + 8 = 0$.
Die Lösungen lauten $x_1 = 0$; $x_2 = -8$.
a) $x^2 - 3x = 0$ b) $2x^2 + 6x = 0$
c) $3x - 2x^2 = 2x$ d) $5x^2 + x = 4x^2 + 6x$

23
Die Lösungen der folgenden speziellen Aufgaben erhält man durch analoge Überlegungen.
Beispiel: $(x-2)(x+3) = 0$
Dies gilt für $x - 2 = 0$ oder $x + 3 = 0$.
Die Lösungen lauten $x_1 = 2$; $x_2 = -3$.
a) $(x+5)(x-3) = 0$
b) $(2x+1)(2x-1) = 0$
c) $(4x-2)(x+4) = 0$
d) $(2x+4)(3x+9) = 0$

24
Bestimme die Lösungen ohne die Lösungsformel zu verwenden.
a) $5x - 2x^2 = 7x$
b) $3x^2 + x = 2x^2 + 7x$
c) $(4x-2)(x+4) = -8$

Spiele deinem Partner deine Ergebnisse zu.

Der Partner setzt die kleinere der beiden Lösungen für p, die größere für q ein.

Beispiel: Die Gleichung $x^2 + 6x + 8 = 0$
hat die Lösungen $x_1 = -2$; $x_2 = -4$.
$x^2 - 19x - 330 = 0$
$x^2 + p_1 x + q_1 = 0$
$x^2 + p_2 x + q_2 = 0$

Eingesetzt in $x^2 + px + q = 0$ erhält der Partner die Gleichung $x^2 - 4x - 2 = 0$.
$x^2 - 11x - 180 = 0$
$x^2 + p_1 x + q_1 = 0$
$x^2 + p_2 x + q_2 = 0$

Quadratische Gleichungen

Quadratische Funktionen

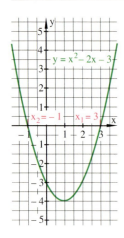

25
Bestimme rechnerisch die Schnittpunkte der Parabel mit der x-Achse.
Beispiel: $y = x^2 - 2x - 3$
Die x-Achse hat die Gleichung $y = 0$.
$x^2 - 2x - 3 = 0$
$x_{1,2} = 1 \pm \sqrt{1 - (-3)}$
$x_{1,2} = 1 \pm 2$
$x_1 = 3;\ x_2 = -1$
Somit ergeben sich die Schnittpunkte
$N_1(3;0)$ und $N_2(-1;0)$.
a) $y = x^2 - 6x + 5$ b) $y = x^2 - 2x - 8$
c) $y = x^2 + 10x + 9$ d) $y = x^2 + x + \frac{3}{4}$
e) $y = -\frac{3}{4}x^2 + \frac{1}{8}$ f) $y = x^2 + 1{,}2x + \frac{1}{5}$

zu Aufgabe 31

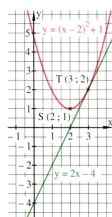

26
Berechne die Nullstellen der Parabel.
a) $y = (x - 7)^2 - 9$ b) $y = (x + 5)^2 - 4$
c) $y = x^2 - 7x + 12$ d) $y = x^2 + x - 56$
e) $y = x^2 - \frac{4}{7}x - \frac{3}{7}$ f) $y = x^2 + 2{,}4x - \frac{1}{4}$

27
Berechne die Schnittpunkte von Parabel und Gerade.
Überprüfe durch Zeichnung.
a) p: $y = x^2 - 5$ g: $y = 2x + 3$
b) p: $y = (x - 3)^2$ g: $y = -2x + 6$
c) p: $y = x^2 + 4x + 1$ g: $y = \frac{1}{2}x + 1$
d) p: $y = x^2 - x + \frac{1}{4}$ g: $y = -x + \frac{1}{2}$

28
Bestimme rechnerisch die gemeinsamen Punkte der beiden Parabeln. Überprüfe dein Ergebnis durch Zeichnung.
a) $y = (x + 3)^2$ $y = 2x^2 + 2$
b) $y = x^2 - 2x + 4$ $y = 3x^2$
c) $y = \left(x - \frac{1}{2}\right)^2 + 1$ $y = \frac{1}{2}x^2 + 3{,}5$

29
Wie viele gemeinsame Punkte besitzen die Parabeln? Entscheide ohne zu zeichnen.
a) $y = x^2 + 2$ $y = x^2 - 2x + 5$
b) $y = (x + 3)^2 - 5$ $y = 2x^2 - 3$
c) $y = x^2 - 4x + 3$ $y = -x^2 + 1$

30
Die Punkte P_1 und P_2 liegen auf der Parabel symmetrisch zum Scheitel. Berechne die Argumente der Parabelpunkte.
Beispiel: $P_1(x_1;6)$ und $P_2(x_2;6)$ liegen auf der Parabel mit $y = (x - 1)^2 + 2$.
Mit $y = 6$ gilt: $6 = (x - 1)^2 + 2$
$\qquad\qquad\qquad x^2 - 2x - 3 = 0$
Daraus erhält man: $x_1 = 3;\ x_2 = -1$.
a) $P_1(x_1;-3)$ und $P_2(x_2;-3)$ liegen auf $y = (x - 3)^2 - 4$.
b) $P_1(x_1;5)$ und $P_2(x_2;5)$ liegen auf $y = (x + 2)^2 - 1$.
c) $P_1(x_1;3{,}5)$ und $P_2(x_2;3{,}5)$ liegen auf $y = (x + 1{,}5)^2 - 5{,}5$.

31
Eine Gerade, die mit einer Parabel nur einen Punkt gemeinsam hat, heißt **Tangente** der Parabel. Zeichne und rechne.
Beispiel: Bei einer Parabel mit
$y = (x - 2)^2 + 1$ und einer Geraden mit
$y = 2x - 4$ erhält man als Bedingung für das Argument des Berührpunkts:
$(x - 2)^2 + 1 = 2x - 4$
$x^2 - 6x + 9 = 0$
$x_{1,2} = 3 \pm \sqrt{3^2 - 9} \qquad x = 3$
Hieraus ergibt sich: $y = 2 \cdot 3 - 4 = 2$. Der Berührpunkt hat die Koordinaten $T(3;2)$.
a) Gerade: $y = 2x - 5$
   Parabel: $y = (x - 3)^2 + 2$
b) Gerade: $y = -2x - 3$
   Parabel: $y = (x + 2)^2 + 2$
c) Gerade: $y = -x - 3{,}25$
   Parabel: $y = (x + 1)^2 - 2$

32
Bestimme rechnerisch die Anzahl der Schnittpunkte von Parabel und Gerade.
a) Gerade: $y = x$
   Parabel: $y = (x - 2)^2 + 1$
b) Gerade: $y = 2x + 2$
   Parabel: $y = (x + 1)^2 + 3$
c) Gerade: $y = -4x + 13$
   Parabel: $y = (x - 5)^2 - 3$
d) Gerade: $y = 0{,}5x + 14$
   Parabel: $y = (x + 7)^2 - 9$

7 Eigenschaften quadratischer Funktionen

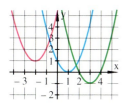

Bestimme für die auf der Tafel abgebildeten Funktionsgraphen die Funktionsgleichungen.

1
Zeichne die Graphen der Funktionen $y_1 = x^2$; $y_2 = x^2 + 3$; $y_3 = (x-2)^2$; $y_4 = (x+3)^2 - 1$; $y_5 = x^2 + 4x + 2$ und beschreibe den Funktionsverlauf mit Worten.

Um eine quadratische Funktion beschreiben zu können, müssen wir deren Eigenschaften kennen und untersuchen. Als Erstes legt man den **Definitionsbereich D** der Funktion fest. Er beschreibt, welche Argumente in die Funktionsgleichung eingesetzt werden dürfen. Wenn nicht anders vereinbart, gilt der Bereich der reellen Zahlen ℝ. Für die einzusetzenden Argumente errechnen sich die dazugehörigen Funktionswerte. Die Menge aller möglichen Funktionswerte ist der **Wertebereich W**. Zur Beschreibung einer Funktion untersucht man weiter deren **Symmetrie**. Alle quadratischen Funktionen sind achsensymmetrisch zur Senkrechten durch den Scheitel S. Ebenso untersucht man die **Monotonie** der Funktion. Quadratische Funktionen sind, wenn ihr Graph nicht nach unten geöffnet ist, mit steigenden Argumenten bis zum Scheitel S monoton fallend und ab S monoton steigend. Als letzte Eigenschaft betrachtet man die **Achsenschnittpunkte** der Funktion. Jede Parabel hat einen Schnittpunkt mit der y-Achse. Er kann errechnet ($x = 0$) oder im Koordinatensystem abgelesen werden.

Wir wissen bereits, dass eine Parabel zwei, einen oder keinen Schnittpunkt mit der x-Achse haben kann. Dies erkennt man an der Lage des Scheitels S oder an der Diskriminante. Die **Nullstellen** sind dabei die Argumente der Schnittpunkte mit der x-Achse. Deren Berechnung erfolgt mithilfe der quadratischen Gleichungen ($y = 0$).

> Bei quadratischen Funktionen werden der **Definitionsbereich D** und **Wertebereich W**, die **Symmetrie** und **Monotonie** des Graphen und die **Achsenschnittpunkte** untersucht. Die Lösungen der zugehörigen quadratischen Gleichung entsprechen den **Nullstellen**.

Beispiele	a)	b)	c)
Scheitelpunkt	S(−2;1)	S(1;0)	S(3;−1)
Gleichung Scheitelform	$y = (x+2)^2 + 1$	$y = (x-1)^2$	$y = (x-3)^2 - 1$
Gleichung Normalform	$y = x^2 + 4x + 5$	$y = x^2 - 2x + 1$	$y = x^2 - 6x + 8$
Definitionsbereich	D = ℝ (x ∈ ℝ oder −∞ < x < ∞)	D = ℝ (x ∈ ℝ oder −∞ < x < ∞)	D = ℝ (x ∈ ℝ oder −∞ < x < ∞)
Wertebereich	W = ℝ mit y ≥ 1 (1 ≤ y < ∞)	W = ℝ mit y ≥ 0 (0 ≤ y < ∞)	W = ℝ mit y ≥ −1 (−1 ≤ y < ∞)
Symmetrie	Achsensymmetrie zur Senkrechten durch S(−2;1)	Achsensymmetrie zur Senkrechten durch S(1;0)	Achsensymmetrie zur Senkrechten durch S(3;−1)
Monotonie	für −∞ < x < −2 fallend, für −2 < x < ∞ steigend	für −∞ < x < 1 fallend, für 1 < x < ∞ steigend	für −∞ < x < 3 fallend, für 3 < x < ∞ steigend
Schnittpunkt mit y-Achse	P(0;5)	P(0;1)	P(0;8)
Schnittpunkte mit x-Achse	−	N(1;0)	$N_1(2;0)$ und $N_2(4;0)$
Nullstellen	keine	x = 1	$x_1 = 2$ und $x_2 = 4$

Aufgaben

2
Untersuche die Eigenschaften der Funktionen y_1 bis y_5 aus Aufgabe 1 und beschreibe diese Funktionen in einem Kurzvortrag.

3
Partnerarbeit
Gib deinem Nachbarn eine Funktionsgleichung vor und lass dir eine Beschreibung davon geben.

8 Bruchgleichungen

1
Addiert man eine Zahl und ihren Kehrwert, erhält man 2. Wie heißt die Zahl? Löse durch Probieren. Stelle auch eine Gleichung auf.

2
Ein Ölbehälter eines Tanklagers kann über zwei verschiedene Leitungen gleichzeitig in 12 Stunden gefüllt werden. Mit einer der Leitungen allein würde der Füllvorgang 10 Stunden länger dauern als mit der anderen allein.
Berechne die Füllzeit, die jede der beiden Leitungen einzeln braucht.

Auch Bruchgleichungen können auf quadratische Gleichungen führen. Bevor jedoch durch Multiplikation mit dem Hauptnenner und anschließendes Kürzen die Gleichung so umgeformt wird, dass keine Bruchterme mehr auftreten, bestimmt man den Definitionsbereich. Er enthält alle Zahlen, die in die vorhandenen Bruchterme eingesetzt werden dürfen.

$x_{1,2} = -\frac{p}{2} \pm \sqrt{\left(\frac{p}{2}\right)^2 - q}$

$\frac{120}{x} - 20 = \frac{120}{x+1}$

$\frac{120}{x} - 20 = \frac{120}{x+1} \quad | \cdot x(x+1)$

$\frac{120}{x} \cdot x(x+1) - 20 \cdot x(x+1) = \frac{120}{x+1} \cdot x(x+1)$

$120(x+1) - 20 \cdot x(x+1) = 120x$

$x^2 + x - 6 = 0$

$x_{1,2} = -\frac{1}{2} \pm \sqrt{\left(\frac{1}{2}\right)^2 - (-6)}$

$x_{1,2} = -\frac{1}{2} \pm \frac{5}{2} \qquad x_1 = 2; \quad x_2 = -3$

Da durch Null nicht dividiert werden kann, dürfen 0 und –1 für x nicht eingesetzt werden. $D = \mathbb{R} \setminus \{0; -1\}$

Aus den Nennern x und x+1 ergibt sich der Hauptnenner $x(x+1)$.

Durch Kürzen entfallen die Bruchterme. Die Gleichung wird in die Normalform $x^2 + px + q = 0$ umgeformt.

Da die Zahlen 2 und –3 zum Definitionsbereich $D = \mathbb{R} \setminus \{0; -1\}$ gehören, ist $L = \{2; -3\}$.

Lösungsschritte für das Lösen einer Bruchgleichung:
1. Definitionsbereich festlegen
2. Hauptnenner bestimmen
3. Mit dem Hauptnenner durchmultiplizieren
4. Durch Kürzen eine Gleichung ohne Bruchterme herstellen
5. Quadratische Gleichung lösen
6. Die im Definitionsbereich enthaltenen Lösungen der quadratischen Gleichung angeben.

Beispiele

a) $\frac{x-2}{8} - \frac{x^2+2}{12x} = \frac{x+5}{6x} \qquad D = \mathbb{R} \setminus \{0\}$

$\frac{x-2}{8} - \frac{x^2+2}{12x} = \frac{x+5}{6x} \quad | \cdot 24x$

$3x(x-2) - 2(x^2+2) = 4(x+5)$

$x^2 - 10x - 24 = 0$

Bestimmung des Hauptnenners:
$8 = 2 \cdot 2 \cdot 2$
$12x = 2 \cdot 2 \quad \cdot 3 \cdot x$
$6x = 2 \quad\quad \cdot 3 \cdot x$
$\overline{\text{HN:} \quad 2 \cdot 2 \cdot 2 \cdot 3 \cdot x = 24x}$

Mit der Lösungsformel erhält man $x_1 = 12; \quad x_2 = -2$. $L = \{12; -2\}$

Bruchgleichungen

Aufgaben

? ? ?
Kann die Lösungsmenge auch leer sein?
$$\frac{1}{x(x-1)} + 1 = \frac{1}{x-1} - \frac{1}{x}$$

3
Löse die Gleichung.
a) $\frac{2}{x} = x + 1$ b) $4 - x = \frac{6}{2x}$
c) $\frac{12}{x} - 1 = x$ d) $\frac{5}{2x} = 2x + 4$
e) $\frac{x+1}{x} = 2x$ f) $3(x+1) = \frac{18}{x}$
g) $\frac{10x - 28}{x} = x - 1$ h) $x + 2 = \frac{65 - 6x}{x}$

4
Gib den Definitionsbereich und die Lösungsmenge an.
a) $\frac{3}{x-2} = x$ b) $\frac{3x}{x-2} = -3x$
c) $2x = \frac{12}{x-5}$ d) $x = \frac{14}{x-5}$
e) $\frac{3x+4}{2x-5} = -5x$ f) $x - 1 = \frac{4 - 10x}{10x - 3}$
g) $\frac{2(3x-2)}{x-3} = 5x$ h) $5x = \frac{5x^2 - x + 3}{5x - 1}$

5
Wie heißt das Lösungswort?
a) $\frac{4x-5}{x-2} = x + 4$ b) $x + 2 = \frac{2x}{x-1}$
c) $\frac{1-x}{x-3} = x - 7$ d) $2x - 4 = \frac{7x - 14}{x+2}$
e) $3x + 5 = \frac{x + 53}{7 - x}$ f) $\frac{19x + 30}{x+3} = 3x - 2$
g) $x = \frac{x + 11}{2x - 8} + 4$ h) $4x + 4 = \frac{2x + 7}{2x + 1}$

6
Bestimme den Definitionsbereich und die Lösungsmenge.
a) $\frac{12}{x} = \frac{x+2}{2}$ b) $\frac{2}{x} = \frac{9-x}{9}$
c) $\frac{x}{x+2} = \frac{1}{x}$ d) $\frac{2x}{x-1} = \frac{x+6}{x}$
e) $\frac{x-4}{2x+7} = \frac{x-1}{x+3}$ f) $\frac{3x+1}{2x-1} = \frac{x-1}{2x-5}$
g) $\frac{4x+2}{5x+4} = \frac{3x-5}{4x-7}$ h) $\frac{2x+3}{4x-1} = \frac{4x+2}{7x-4}$

7
Die Lösungen stehen auf dem Rand.
a) $\frac{x}{x+1} = \frac{4}{x+7}$ b) $\frac{x+2}{x+4} = \frac{4}{2x+2}$
c) $\frac{2x-1}{x+1} = \frac{3x+1}{2x+2}$ d) $\frac{2x-5}{x+5} = \frac{x-2}{3x-9}$
e) $\frac{3(x-3)}{2x-7} = \frac{x+5}{x}$ f) $\frac{2x-1}{3(x-4)} = \frac{x-8}{4(x+1)}$
g) $\frac{x-\sqrt{3}}{x+2} = \frac{2x}{x+\sqrt{3}}$ h) $\frac{2x + 3\sqrt{2}}{3x - 7} = \frac{x+6}{2x - 3\sqrt{2}}$

8
Berechne.
a) $\frac{x}{3} = \frac{2}{3} + \frac{5}{x}$ b) $\frac{8}{3x} + \frac{8}{x} = \frac{12 - x}{3}$
c) $\frac{1}{x} + \frac{1}{2x} = \frac{x+1}{4}$ d) $\frac{x^2 - 2}{3x} = \frac{1}{2x} + \frac{1}{6x}$
e) $\frac{3x - 8}{4} = \frac{x + 16}{x} - \frac{x - 12}{4}$
f) $\frac{4x - 1}{2x} - \frac{x^2 + 1}{4x} = \frac{1}{x}$

9
Bestimme die jeweiligen Lösungen ohne zu runden.
a) $\frac{3x-2}{2x-3} = \frac{5x+4}{4x-4}$
b) $\frac{3+2x}{2x} - \frac{x+4}{3x} = \frac{12x^2 - 1}{4x}$
c) $\frac{3(x+5)}{2x-7} = \frac{x-1}{3x-3}$

10
a) $\frac{1}{x-1} = x - 1$ b) $\frac{25}{x+2} = x + 2$
c) $\frac{16}{x+3} = x + 3$ d) $\frac{3x}{x+2} = x - 2$
e) $\frac{5x}{6-x} = 6 + x$ f) $\frac{3x^2 - 2x}{2x - 1} = 2x - 1$

11
Wo steckt der Fehler?

$$\frac{x-5}{2x-13} = x - 5 \quad | :(x-5)$$
$$\frac{1}{2x-13} = 1 \quad | \cdot(2x-13)$$
$$1 = 2x - 13$$
$$x = 7$$

Wo ist die 2. Lösung $x = 5$ geblieben?

12
Ermittle zuerst den Hauptnenner. Wie lauten die Lösungen?
a) $\frac{x}{4} + 1 = \frac{1+x}{x}$
b) $\frac{x-3}{2} + \frac{x^2 - 10}{3x} = 1$
c) $\frac{x^2 + 6}{3x} - \frac{x-1}{x} = \frac{4x-1}{3x}$
d) $\frac{x+1}{3x} + \frac{3x-1}{5x} = \frac{x^2 + 26}{15x}$
e) $\frac{x+3}{4x} = \frac{x^2 + 5}{6x} - \frac{x-1}{3x}$
f) $\frac{7x+1}{4x} - \frac{x^2 + 4}{5x} - \frac{x+1}{2x} = 0$

9 Der Satz von Vieta

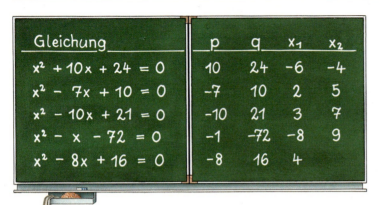

1
An der Tafel stehen die Gleichungen der letzten Hausaufgaben in Normalform mit Koeffizienten und Lösungen. Betrachte die Lösungen x_1 und x_2 und ebenso die daneben stehenden Koeffizienten p und q. Erkennst du einen Zusammenhang?

2
Findest du zu den beiden Lösungen $x_1 = 3$ und $x_2 = 6$ die zugehörige quadratische Gleichung?

Zu den beiden Lösungen x_1 und x_2 lässt sich unmittelbar die zugehörige quadratische Gleichung in der Produktform aufstellen. Sie heißt $(x - x_1)(x - x_2) = 0$. Zum Beispiel gehören die Lösungen aus $L = \{4; 5\}$ zu der Gleichung $(x - 4)(x - 5) = 0$. Das Einsetzen einer der beiden Lösungen lässt den Wert einer Klammer und damit den Wert des Klammerprodukts Null werden. Diese Produktform lässt sich in die Normalform überführen.

$L = \{4; 5\}$		$L = \{x_1; x_2\}$
$(x - 4)(x - 5) = 0$	Ausmultiplizieren	$(x - x_1)(x - x_2) = 0$
$x^2 - 4x - 5x + 4 \cdot 5 = 0$	Ausklammern	$x^2 - x_1 x - x_2 x + x_1 \cdot x_2 = 0$
$x^2 - (4 + 5)x + 20 = 0$		$x^2 - (x_1 + x_2)x + x_1 \cdot x_2 = 0$
$x^2 - 9x + 20 = 0$		$p = -(x_1 + x_2)$
$p = -9; \ q = 20$		$q = x_1 \cdot x_2$

> Der **Satz von Vieta** besagt: Sind x_1 und x_2 Lösungen einer quadratischen Gleichung $x^2 + px + q = 0$, so gilt $-(x_1 + x_2) = p$ und $x_1 \cdot x_2 = q$.

Bemerkung: Mit dem Satz von Vieta kann man auf einfache Weise Proben durchführen.

Beispiele

a) Bestimmung der Lösungen von $x^2 - 7x + 10 = 0$ durch Probieren.
$p = -7 \qquad q = 10$
$ = -(x_1 + x_2) \qquad = x_1 \cdot x_2$
$ = -(2 + 5) \qquad = 2 \cdot 5$
Durch die Werte 2 und 5 kann sowohl p als auch q ausgedrückt werden. Die Lösungen lauten somit: $x_1 = 2$ und $x_2 = 5$.

b) Mithilfe des Satzes von Vieta lässt sich überprüfen, ob die Gleichung $x^2 - x + 12 = 0$ die Lösungen $x_1 = -3$ und $x_2 = 4$ hat.
$p = -1; \ q = 12$
$-(x_1 + x_2) = -(-3 + 4) = -1 = \mathbf{p}$
$x_1 \cdot x_2 = (-3) \cdot 4 = -12 \neq \mathbf{q}$
Die Gleichung hat nicht die angegebenen Lösungen.

Aufgaben

3
Bestimme die Lösungen durch Probieren mithilfe des Satzes von Vieta.
a) $x^2 - 4x + 3 = 0$ b) $x^2 + 4x + 3 = 0$
c) $x^2 + 10x + 16 = 0$ d) $x^2 - 21x + 20 = 0$
e) $x^2 - 20x + 100 = 0$ f) $x^2 + 7x - 120 = 0$

4
Mache die Probe mithilfe des Satzes von Vieta.
a) $x^2 - 2x - 35 = 0$ $x_1 = 7; \ x_2 = -5$
b) $x^2 - 36 = 0$ $x_1 = 6; \ x_2 = -6$
c) $x^2 + 2x - 80 = 0$ $x_1 = 8; \ x_2 = 10$

Der Satz von Vieta

François Viète (lat. Form: Vieta)
Einer der bedeutendsten Mathematiker war der Franzose François Viète. Er war einer der Mitbegründer der heutigen Algebra. So lässt sich das Rechnen mit Buchstaben zur Bezeichnung vorhandener und gesuchter Zahlen hauptsächlich auf ihn zurückführen. Dabei war er nicht nur Mathematiker, sondern unter anderem auch Rechtsberater zweier französischer Könige.

5
Überprüfe mithilfe des Satzes von Vieta, ob die Lösungen richtig sind.
a) $x^2 + 7x + 12 = 0$ L = {3; 4}
b) $x^2 - 5x - 24 = 0$ L = {3; 8}
c) $3x^2 - 27 = 0$ L = {3; -3}
d) $x^2 - 2x + \frac{3}{4} = 0$ L = $\{\frac{1}{2}; \frac{3}{2}\}$
e) $x^2 + ax - 2a = 0$ L = {a; -2a}
f) $x^2 - 4b = 0$ L = {2b}
g) $x^2 - 2ax - 3a = 0$ L = {-a; 3a}

6
Welche quadratische Gleichung hat die angegebenen Lösungen? Schreibe zuerst in Produktform und dann in Normalform.
a) $x_1 = 7; x_2 = -9$ b) $x_1 = -2; x_2 = 7$
c) $x_1 = -3; x_2 = -5$ d) $x_1 = 8; x_2 = 9$
e) $x_1 = 0; x_2 = -3$ f) $x_1 = 7; x_2 = 0$
g) $x_1 = \frac{2}{3}; x_2 = \frac{1}{5}$ h) $x_1 = \frac{1}{9}; x_2 = \frac{1}{3}$

7
Bestimme die quadratische Gleichung mit den Lösungen x_1 und x_2.
a) $x_1 = \sqrt{5}; x_2 = -\sqrt{5}$ b) $x_1 = \frac{1}{3}; x_2 = \frac{1}{4}$
c) $x_1 = 0{,}1; x_2 = 0{,}4$ d) $x = 5$
e) $x_1 = 1 + \sqrt{5}; x_2 = 1 - \sqrt{5}$

8
Bestimme die fehlenden Werte p, q, x_1 oder x_2.
a) $x^2 + px + 3 = 0$ $x_1 = -1$
b) $x^2 + 12x + q = 0$ $x_2 = -6$
c) $x^2 + px + 15 = 0$ $x_1 = 3$
d) $x^2 - 12x + q = 0$ $x_2 = 8$
e) $x^2 - px - 12 = 0$ $x_1 = -6$
f) $x^2 - 6x + q = 0$ $x_2 = -3$

9
Schreibe die Gleichungen in Produktform und bestimme dann ihre Lösungen. Überprüfe mithilfe des Satzes von Vieta.
a) $x^2 - 16 = 0$ b) $x^2 + 6x + 8 = 0$
c) $x^2 - 10x + 24 = 0$ d) $x^2 - 3x - 18 = 0$
e) $x^2 + 7x + 12 = 0$ f) $x^2 + 11x + 28 = 0$
g) $x^2 + 4x + 3 = 0$ h) $x^2 + 5x - 14 = 0$

10
Bestimme die Lösung mithilfe der Lösungsformel. Mache die Probe mit dem Satz von Vieta.
a) $x^2 - 12x = -32$ b) $2x^2 - 8x = 10$
c) $0{,}5x^2 + 4{,}5x = -7$ d) $12x^2 + 25x + 12 = 0$
e) $\frac{8}{5} + \frac{8}{5}x = -2x^2$ f) $x^2 - \frac{2}{3}x + \frac{1}{9} = 0$
g) $x - \frac{1}{9} = x^2$ h) $9x^2 - 42x - 15 = 0$

11
a) Bestimme zwei Zahlen, deren Summe 3 und deren Produkt –180 ist.
b) Bestimme zwei Zahlen, deren Summe –5 und deren Produkt –36 ist.
c) Das Produkt zweier Zahlen ist 76 und ihre Summe 40.
d) Die Summe zweier Zahlen ist 33 und ihr Produkt 62.

12
Welche Seitenlänge besitzt das Quadrat, wenn das gefärbte Rechteck den angegebenen Flächeninhalt hat?
a) $48\,cm^2$
b) $12\,cm^2$

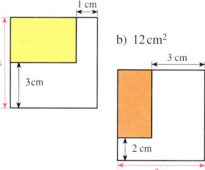

13
Für welche natürlichen Zahlen k hat die Gleichung $x^2 + 12x + k = 0$ ganzzahlige Lösungen?

10 Textaufgaben. Anwendungen

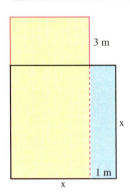

1
Eine mehr als 800 Jahre alte Aufgabe aus Indien:
Von einer Herde Affen sprang das Quadrat ihres 8. Teils in einem Hain herum und ergötzte sich am Spiel. Die übrigen 12 sah man auf einem Hügel vergnügt miteinander scherzen. Wie stark war die Herde?

2
Verlängert man die eine Seite eines Quadrats um 3 m und verkürzt die andere Seite um 1 m, entsteht ein Rechteck mit einem Flächeninhalt von 21 m². Welche Seitenlänge besitzt das Quadrat?

In vielen Bereichen der Geometrie oder des Sachrechnens sind zur Lösung von Aufgaben sowohl lineare als auch quadratische Gleichungen oder lineare Gleichungssysteme notwendig.
Bei all diesen Aufgaben legt man zunächst für gesuchte Zahlen oder Größen Variablen fest, stellt dann die zugehörigen Gleichungen auf und löst diese mit den bekannten Verfahren.

> **Lösungsschritte bei Textaufgaben:**
> 1. Lege für gesuchte Zahlen oder Größen Gleichungsvariablen fest
> 2. Übersetze die Angaben des Textes in Terme
> 3. Stelle die Gleichung(en) auf
> 4. Bestimme bei Bruchgleichungen den Definitionsbereich
> 5. Löse die Gleichung oder das Gleichungssystem
> 6. Überprüfe das Ergebnis und formuliere einen Antwortsatz

Beispiel
Multipliziert man eine Zahl mit der um 5 verminderten Zahl, erhält man die Hälfte des Quadrats der Zahl vermindert um 8.

1. Die gesuchte Zahl sei x.
2. Term linke Seite: $x(x-5)$ Term rechte Seite: $\frac{x^2}{2} - 8$
3. Die Gleichung lautet: $x(x-5) = \frac{x^2}{2} - 8$
4. Eine Festlegung des Definitionsbereichs ist nicht notwendig.
5. Lösen der Gleichung: 6. Probe für $x_1 = 8$:

$x(x-5) = \frac{x^2}{2} - 8 \quad | \cdot 2$ $8(8-5) = \frac{8^2}{2} - 8$

$2x(x-5) = x^2 - 16$ $8 \cdot 3 = 32 - 8$

$2x^2 - 10x = x^2 - 16 \quad | -x^2 + 16$ $24 = 24$

$x^2 - 10x + 16 = 0$

$x_{1,2} = 5 \pm \sqrt{25 - 16}$ Probe für $x_2 = 2$:

$x_{1,2} = 5 \pm 3$ $2(2-5) = \frac{2^2}{2} - 8$

$x_1 = 8$ $2 \cdot (-3) = 2 - 8$

$x_2 = 2$ $-6 = -6$

Ergebnis: Die gesuchten Zahlen heißen 8 und 2.

Bumerang-Effekt

Welche quadratische Gleichung
$x^2 + px + q = 0$
hat die Lösungen
$x_1 = p$ und $x_2 = q$?

Zahlenrätsel

3
Die Summe aus einer natürlichen Zahl und ihrer Quadratzahl beträgt 650.
Wie heißt die Zahl?

4
Das Produkt zweier aufeinander folgender ganzer Zahlen ist 240.
Wie lauten die beiden Zahlen?

5
Verringert man eine Zahl um 5 und multipliziert das Ergebnis mit der um 2 vergrößerten Zahl, erhält man 408.

6
Die Summe der Quadrate zweier Zahlen, von denen eine um 12 größer als die andere ist, beträgt 794. Wie lauten die Zahlen?

7
Für welche Zahlen ergibt das Quadrat der Zahl vermindert um 40 das Sechsfache der Zahl?

8
Zwei natürliche Zahlen haben denselben Unterschied zur Zahl 100. Das 375fache dieses Unterschieds ist gleich dem Produkt der beiden natürlichen Zahlen. Wie heißen die Zahlen?

9
Das Produkt zweier Zahlen beträgt 18. Vermehrt man jede der zwei Zahlen um 5, dann ergibt sich als Produktwert die Zahl 98.
Wie heißen die Zahlen?

10
Die Differenz zweier Zahlen ist 7. Ihr Produktwert beträgt 198.
Wie heißen die beiden Zahlen?

11
In welche Faktoren lässt sich die Zahl 144 zerlegen, so dass deren Differenz 18 beträgt?

12
Vermehrt man eine natürliche Zahl um 8 und multipliziert diesen Wert mit einem Drittel der Zahl, erhält man das Quadrat der Zahl vermindert um 8.

13
Vermehrt man eine Zahl um ihren Kehrwert, erhält man $\frac{65}{28}$. Wie heißt die Zahl?

14
Der Nenner eines Bruches ist um 2 kleiner als der Zähler. Der Bruch ist gleich der Hälfte des Zählers. Wie lautet die Zahl?

15
Vermehrt man eine natürliche Zahl um ihren Kehrwert, so ergibt sich dasselbe, wie wenn man zur Hälfte der Zahl $\frac{11}{6}$ addiert.
Wie heißt die Zahl?

16
Der Zähler eines Bruches ist um 1 größer als der Nenner. Addiert man seinen Kehrwert hinzu, erhält man $\frac{13}{6}$. Wie heißt der Bruch?

17
Eine zweiziffrige Zahl besitzt die Quersumme 17. Wie heißt die Zahl, wenn das Produkt der Ziffern 72 ist?

18
Die Quersumme einer zweistelligen Zahl ist 9. Vertauscht man die Ziffern und bildet das Produkt aus der ursprünglichen und der neuen Zahl, erhält man 1944.

19
Dividiert man eine zweiziffrige Zahl mit der Quersumme 10 durch ihre Zehnerziffer, erhält man die Hälfte der Zahl.

20
Multipliziert man eine zweiziffrige Zahl mit dem Dreifachen ihrer Zehnerziffer, erhält man das 24fache der Quersumme. Die Quersumme ist 6. Wie heißt die Zahl?

Textaufgaben. Anwendungen

Strahlensatz mit x

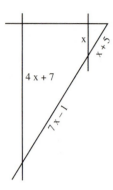

Berechne alle Teilstrecken. (Maße in cm).

Aus der Geschichte

21
Aus Indien (Bhaskara, 12. Jahrhundert): Bestimme die Anzahl der Affen in einer Herde, wobei das um 3 verminderte und ins Quadrat erhobene Fünftel der Herde sich in einer Höhle versteckt, während man einen Affen sieht, der auf einen großen Baum geklettert ist.

22
Auf einer babylonischen Keilschrifttafel (ca. 1900 v. Chr.) stehen Aufgaben, bei denen jeweils die Seite eines Quadrats berechnet werden soll.
a) Die Fläche und die Seite meines Quadrats habe ich addiert, es ist $\frac{3}{4}$.
b) Subtrahiere ich die Seite meines Quadrats von der Fläche, erhalte ich 870.
c) Die Fläche und zweimal den dritten Teil der Seite meines Quadrats habe ich addiert und erhalte $\frac{35}{60}$.
d) 11 Flächen und 7 Seiten meines Quadrats habe ich addiert. Es ist $6\frac{1}{4}$.

23
Aus einem alten chinesischen Buch:
Von einer Tür kennt man weder Breite noch Höhe. Beide sind kürzer als die unbekannte Länge einer Bambusstange. Hält man die Bambusstange horizontal, ist sie um 4 Fuß zu lang, hält man sie vertikal, ist sie um 2 Fuß zu lang. Hält man sie aber schräg, kommt man gerade hindurch.

Geometrie

24
Ein Dreieck besitzt einen Flächeninhalt von $20\,cm^2$. Die Grundseite ist um 3 cm länger als die zugehörige Höhe. Berechne die Höhe.

25
Eine Seite eines Rechtecks ist um 6 cm länger als eine andere. Das Rechteck besitzt einen Flächeninhalt von $1216\,cm^2$. Wie lang sind die Rechtecksseiten?

26
Der Umfang eines Rechtecks beträgt 134 cm, der Flächeninhalt $1050\,cm^2$. Wie lang sind die Rechtecksseiten?

27
Die Seiten eines Rechtecks unterscheiden sich um 18 cm.
Der Flächeninhalt des Rechtecks ist genauso groß wie der eines Quadrats mit der Seitenlänge 12 cm.
Berechne den Umfang des Rechtecks.

28
Berechne den Umfang des Trapezes.

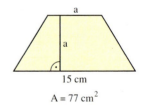

A = 77 cm²

29
Die beiden Katheten eines rechtwinkligen Dreiecks unterscheiden sich um 1,5 m.
Die Hypotenuse ist 6,5 m lang. Berechne Umfang und Flächeninhalt.

30
Ein rechtwinkliges Dreieck besitzt einen Umfang von 90 cm.
Die Hypotenuse ist um 1 cm länger als eine der Katheten.
Berechne die Länge der Dreiecksseite.

11 Vermischte Aufgaben

1
Bestimme den Scheitelpunkt und die Funktionsgleichung der quadratischen Funktion $y = x^2 + c$, deren Graph die x-Achse in den Punkten N_1 und N_2 schneidet.
a) $N_1(2;0)$ und $N_2(-2;0)$
b) $N_1(2,5;0)$ und $N_2(-2,5;0)$
c) $N_1(0,8;0)$ und $N_2(-0,8;0)$

2
Löse mithilfe der Lösungsformel.
a) $x^2 + 15x + 50 = 0$
b) $x^2 + \frac{3}{4}x - \frac{7}{64} = 0$
c) $3x^2 - 12,9x + 3,6 = 0$
d) $5x^2 = 7x - 20$
e) $9x^2 - 40,5x - 22,5 = 0$
f) $(3x - 5)^2 - (2x + 3)^2 + 48 = 0$
g) $2(x + 16)^2 - 2(32 + x) = (x + 12)^2 + 87$

3
Die Gerade schneidet die Parabel in zwei Punkten. Zeichne Parabel und Gerade in ein Koordinatensystem und lies die Koordinaten der Schnittpunkte aus der Zeichnung ab.
a) $y = x^2 + 1$
   $y = x + 1$
b) $y = x^2 - 4$
   $y = x - 2$
c) $y = x^2 - 2$
   $y = -x$
d) $y = -x^2 + 5$
   $y = 2x + 5$

4
Wohin fliegt der Parabelschwarm?

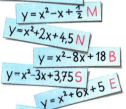
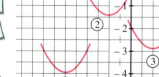
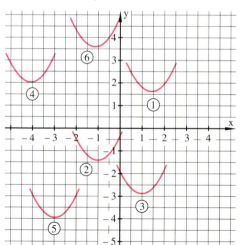

5
Gib die Koordinaten des Scheitelpunkts an und zeichne den Graphen.
a) $y = x^2 + 3$
b) $y = (x - 3)^2$
c) $y = (x + 3)^2$
d) $y = x^2 - 3$
e) $y = (x - 3)^2 - 3$
f) $y = (x + 3)^2 - 3$

6
Bestimme die Koordinaten des Scheitelpunktes. Forme die Gleichung zuvor um.
a) $5(2 + x) + x^2 = 7,25 + y$
b) $x(x + 3) = y - 7(x - 2)$
c) $(x + 2)^2 - 2 = y + 7x$

7
Bestimme die Koordinaten der Scheitel und zeichne sie in ein Koordinatensystem. Verbinde die Punkte in der vorgegebenen Reihenfolge. Welche Figur erhältst du?
a) (1) $y = x^2 - 2x + 2$
   (2) $y = x^2 + 2x + 2$
   (3) $y = x^2 + 2x$
   (4) $y = x^2 - 2x$
b) (1) $y = x^2 + 2x + 1$
   (2) $y = x^2 - 6x + 12$
   (3) $y = x^2 - 14x + 49$
   (4) $y = x^2 - 6x$

8
Zeichne den Graphen der quadratischen Funktion mit der Gleichung $y = (x - 3)^2 + 2$. Spiegle die Kurve an der y-Achse. Wie heißt die Gleichung der entstehenden Parabel?

Wo ist der Scheitel?

...
$y = (x + 2)^2 - 2$
$y = (x + 1)^2 - 1$
$y = x^2$
$y = (x - 1)^2 + 1$
$y = (x - 2)^2 + 2$
...

Zeichne die Parabeln in ein Koordinatensystem und beschreibe die Lage der Scheitel.

...	...
$y = (x - 2)^2 + 4$	$y = x^2 + 4$
$y = (x - 1)^2 + 1$	$y = x^2 + 2$
$y = x^2$	$y = x^2$
$y = (x + 1)^2 + 1$	$y = x^2 - 2$
...	...

Zeichne die Parabeln. Auf welcher Kurve liegen die Scheitelpunkte?

Vermischte Aufgaben

9
Bestimme zeichnerisch und rechnerisch den Schnittpunkt der beiden Parabeln.
a) $y = x^2 + 2x + 2$
$y = x^2 - 8x + 12$
b) $y = x^2 - 12x + 34$
$y = x^2 - 6x + 4$
c) $y = x^2 + 7x + 9{,}25$
$y = x^2 - 3x + 4{,}25$
d) $y = x^2 + 11x + 17{,}25$
$y = x^2 - 3x - 3{,}75$

10
Bestimme die Funktionsgleichungen der Parabeln aus dem Graphen und berechne den Schnittpunkt der beiden Parabeln.

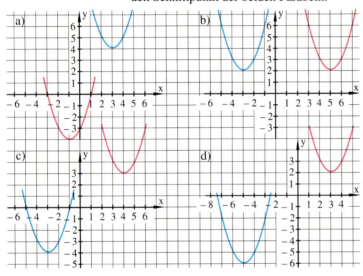

11
Berechne die Schnittpunkte von Gerade und Parabel.
a) $y = x$
$y = (x - 3)^2 + 1$
b) $y = -x - 2$
$y = (x + 2)^2 - 2$
c) $y = -x + 3$
$y = x^2 + 3x + 4{,}75$
d) $y = \frac{3}{2}x + 2$
$y = x^2 - 4{,}5x + 7$

12
Zwei Schnittpunkte, ein Schnittpunkt oder kein Schnittpunkt? Überprüfe durch Zeichnung und Rechnung.
a) $y = 2x + 3$
$y = (x + 2)^2 - 4$
b) $y = -\frac{1}{2}x - 2$
$y = (x - 5)^2 + 3$
c) $y = 2x + 7$
$y = x^2 + 6x + 11$
d) $y = -2x + 7{,}5$
$y = x^2 - 7x + 9{,}75$
e) $y = x^2 - 6x + 5$
$y = -x^2 + 5$
f) $y = -x^2 - 3$
$y = x^2 - 4x - 1$

13
Für welches x nimmt der Term den kleinsten Wert an?
a) $(x - 100)^2 + 1$
b) $(x + 1000)^2 - 1$
c) $(x - 7{,}5)^2 - 7{,}5$
d) $(x + 0{,}001)^2 + 0{,}1$

14
Besitzt die Parabel einen tiefsten oder einen höchsten Punkt? Bestimme dessen Koordinaten.
a) $y = x^2 - 6x + 2$
b) $y = -x^2 + 3$
c) $y = x^2 + 3x + 2$
d) $y = -\frac{1}{2}x^2 - \frac{3}{4}$
e) $y = (x - 4)(x + 4)$
f) $y = (3 - x)(x + 3)$

15
Erstelle für ein geeignetes Intervall eine Wertetabelle und zeichne den Graphen.
a) $y = -(x - 3)^2 + 2$
b) $y = -(x + 2)^2 - 1$
c) $y = -x^2 + 4x + 5$
d) $y = -x^2 - 8x - 4$

16
Zur Bestimmung des kleinsten Produkts zweier Zahlen, deren Differenz 10 beträgt, verfährt man so:
Das Produkt der Zahlen erhält man mit dem Term $x(x - 10)$. Die zugehörige Parabel hat den Scheitel $S(5; -25)$ und somit für $x = 5$ den kleinsten Wert. Die beiden Zahlen heißen also 5 und -5.
a) Für welche zwei Zahlen, deren Differenz 2 beträgt, wird das Produkt am kleinsten?
b) Für welche Zahl wird das Produkt aus der um 5 vergrößerten und der um 2 verkleinerten Zahl am kleinsten?

17

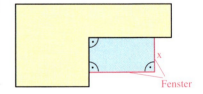

Familie Fuchs plant einen Wintergartenanbau am Wohnhaus. Die Gesamtlänge der Fensterfront beträgt 12 m.
a) Berechne die Grundfläche des Wintergartens für $x = 1\,m$, $x = 2\,m$ und $x = 3\,m$.
b) Für welche Länge von x wird der Flächeninhalt der Grundfläche maximal?

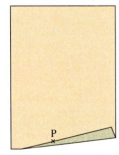

Markiere einen Punkt P einen Zentimeter vom Blattrand entfernt.

Falte das Blatt so, dass der untere Rand immer auf P zu liegen kommt. Wiederhole diese Art zu falten mehrere Male.
Du erhältst eine bekannte Figur.

Vermischte Aufgaben

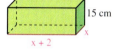

Löse die Gleichung
$x^2 + x - 30 = 0$.
Setze die größere Lösung für p, die kleinere für q in die Normalform
$x^2 + px + q = 0$ ein.
Löse die neu entstandene Gleichung und setze deren Lösung wieder genauso in $x^2 + px + q = 0$ ein. Wiederhole den Vorgang so oft, wie ganzzahlige Lösungen entstehen.

18

a) Verlängert man die Seite eines Quadrats um 3 m und verkürzt die andere Seite um 1 m, entsteht ein Rechteck mit einem Flächeninhalt von 21 m². Welche Seitenlänge besitzt das Quadrat?

b) Verlängert man alle Kanten eines Würfels um 1 cm, so erhöht sich das Volumen um 127 cm³. Welche Länge besitzt die ursprüngliche Kante?

c) Das Volumen des Quaders beträgt 720 cm³. Berechne die Länge und Breite der Grundfläche.

19

Bestimme die Diskriminante und gib an, wie viele Lösungen die Gleichung besitzt.

a) $x^2 - 20x + 90 = 0$
b) $x^2 + 30x + 225 = 0$
c) $x^2 + 50x + 650 = 0$
d) $\frac{3}{4}x^2 - \frac{3}{16}x + \frac{1}{2} = 0$

20

Löse die Gleichung.

a) $(x+10)(2x+3) - 3(3x+1) = (x+8)^2 - 2$
b) $(x-3)(x+1) - (2x-1)^2 = 1 - 2(2x+1)$
c) $(x-7)(2x+3) - 3x(x-9) - 44 = 0$
d) $8x + 16 - (2x-1)^2 + (x-3)^2 = 4x - 2x^2$
e) $(4x+3)^2 - (5x+4)^2 + (3x+2)^2 = 1$
f) $-3(2x+5)^2 - (3x-4)^2 - 2(3x-77) = 0$

21

Achte besonders auf die Brüche.

a) $2x\left(\frac{x}{2} + 4\right) + \frac{15}{2} = x - \frac{3}{4}$
b) $\frac{1}{4}(x-2)(x+2) = 3\left(\frac{x}{3} + 1\right) - 1$
c) $2x - \left(x + \frac{5}{2}\right)^2 = -2\left(\frac{1}{8} - x\right)$
d) $\left(x - \frac{1}{2}\right)^2 + \frac{1}{2}(3x-4)(2x+3) = \frac{7}{2}x + \frac{9}{4}$

22

Berechne die fehlenden Koordinaten der Punkte P und Q, die auf der vorgegebenen Parabel liegen.

a) $y = x^2 + 8x + 10$; $P(2;\ldots)$; $Q(\ldots;3)$
b) $y = x^2 + 6x + 1$; $P(-1,5;\ldots)$; $Q(\ldots;8)$
c) $y = x^2 + 5x + 6,5$; $P(-0,5;\ldots)$; $Q(\ldots;12,5)$
d) $y = x^2 - 4x - 5$; $P(-1;\ldots)$; $Q(\ldots;7)$

23

Die Höhe eines quadratischen Prismas ist um 5 cm länger als die Grundkante. Die Oberfläche beträgt 190 cm². Berechne das Volumen des Prismas.

24

Berechne zunächst x. Bestimme dann den Umfang und den Flächeninhalt der Figuren (Maße in cm).

a) 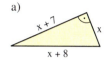   b)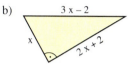

25

Berechne zunächst x. Bestimme dann Umfang und Flächeninhalt (Maße in cm).

a)   b)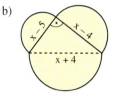

26

Aus China (2. Jahrhundert v. Chr.):
In der Mitte jeder Seite einer Stadt mit quadratischem Grundriss ist ein Tor. In einer Entfernung von 20 bu nach Norden vom nördlichen Tor steht ein Mast. Geht man vom südlichen Tor um 14 bu nach Süden und dann um 1775 bu nach Westen, so wird der Mast gerade sichtbar. Wie groß ist die Länge der Quadratseite?

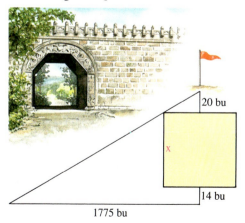

Rückspiegel

1
Löse im Kopf.
a) $x^2 - 121 = 0$ b) $4x^2 = 9$
c) $\frac{1}{16} - x^2 = 0$ d) $100x^2 = 1$
e) $(x-7)^2 = 0$ f) $(x+2,5) \cdot x = 0$

2
Zeichne den Graphen der quadratischen Funktion.
a) $y = x^2 - 4,5$ b) $y = x^2 + 2,8$
c) $y = (x-2,5)^2 + 2$ d) $y = (x+1,5)^2 - 4$
e) $y = (x-0,5)^2 - 0,5$ f) $y = -x^2 - 6,5$

3
Bestimme den Scheitel und zeichne den Graphen.
a) $y = x^2 - 8x + 11$ b) $y = x^2 + 14x + 43$
c) $y = x^2 - 5x + 6,75$ d) $y = x^2 + 7x$

4
Berechne die fehlenden Koordinaten der Parabelpunkte.
a) $P_1(8;\square)$ $p_1: y = x^2 - 10x + 16$
b) $P_2(-3,5;\square)$ $p_2: y = (x+0,5)^2 + 7$
c) $P_3(\square;7)$ $p_3: y = x^2 - 14x + 40$
d) $P_4(\square;13)$ $p_4: y = (x+4)^2 - 3$

5
Löse die quadratische Gleichung.
a) $x^2 + 6x + 5 = 0$ b) $x^2 - x - 6 = 0$
c) $x^2 + 4x - \frac{9}{4} = 0$ d) $x^2 + x + \frac{1}{4} = 0$
e) $x^2 - 11x + 28 = 0$ f) $x^2 - 5x - 24 = 0$
f) $2x^2 - 11x + 12 = 0$ g) $\frac{1}{4}x^2 + 8 = 3x$

6
Berechne die Lösungen.
a) $4x(x+2) - 8 = 3(x^2 + 4)$
b) $6(2x-1) - x(1-2x) = 0$
c) $(x-2)^2 - 4x = 25 - (x+1)^2$
d) $\left(\frac{1}{2}x + 2\right)^2 + 1 = -2(x+5)$
e) $\frac{x(x-5)}{3} - 4\left(\frac{x}{2} - 1\right)^2 = x$
f) $(5x+3)^2 + (5x-3)^2 = 218$

7
Prüfe durch Rechnung, welche Punkte auf der Normalparabel liegen.
$A(6;36)$; $B(-25;620)$; $C(21;441)$; $D(3;-9)$

8
Berechne die Schnittpunkte der Parabel mit der x-Achse.
a) $y = x^2 - 8x + 7$ b) $y = x^2 - 3x - 4$
c) $y = x^2 + 5x + \frac{21}{4}$ d) $y = x^2 - 7x - \frac{15}{4}$

9
Berechne die Schnittpunkte von Parabel und Gerade.
a) $y = (x-4)^2 + 2$ b) $y = (x+5)^2 - 5$
   $y = x$ $y = -x - 4$
c) $y = x^2 - 7x + \frac{3}{4}$ d) $y = (x+2,5)^2 + 3$
   $y = 2x - 10,5$ $y = 3x + 8,25$

10
Bestimme den Definitionsbereich und die Lösungsmenge.
a) $x - 4 = \frac{6x - 21}{x}$ b) $\frac{2x+2}{x+6} = x + 1$
c) $\frac{15}{x-1} = \frac{x}{2}$ d) $\frac{x+1}{3x} - \frac{2-x}{4x} = \frac{x^2+2}{6x}$
e) $\frac{x(x-5)}{3} - 4\left(\frac{x}{2} - 1\right)^2 = x$

11
Für welche reelle Zahl c hat die Parabel mit der Gleichung $y = x^2 + 4x + c$ genau eine Nullstelle?

12
Eine Parabel mit der Gleichung $y = x^2 + px + q$ verläuft durch $P(2;3)$ und $Q(5;0)$.
Berechne p und q.

13
a) Multipliziert man eine natürliche Zahl mit ihrem Nachfolger, erhält man 342. Wie heißt die Zahl?
b) Vermindert man eine Zahl um 3 und addiert den Kehrwert dieser Differenz hinzu, erhält man die Zahl 2. Wie lautet die Zahl?

14
Die Länge eines Rechtecks ist um 1 m kürzer als die Diagonale. Die Breite des Rechtecks ist um 31 m kürzer als die Länge des Rechtecks. Berechne den Umfang und den Flächeninhalt des Rechtecks.

VIII Stochastik. Wahrscheinlichkeit

Astragale, Mittelfuß-Knöchelchen von Ziege oder Schaf (ca. 3. Jh. v. Chr.), Nachbildung aus Bronze (ca. 2. Jh. n. Chr.)

Augsburg 1537

Römische Würfel aus Knochen

Aus der Geschichte

Die Wahrscheinlichkeitsrechnung verdankt ihr Entstehen dem Glücksspiel.
Das Würfelspiel war bereits in der Steinzeit verbreitet. Als Würfel verwendete man Tierknochen, sogenannte Astragale. Ein Astragalus unterscheidet sich u. a. von unserem Würfel dadurch, dass er nur auf vier Seiten fallen kann: linke Seite, Rücken, Bauch und rechte Seite. Die Wahrscheinlichkeiten für die Seiten sind wegen der Unregelmäßigkeit der Knochen jeweils verschieden.

Das Spiel mit dem Zufall zieht sich durch alle Zeiten und Kulturen, wie es Funde und Bilder belegen.

Etwa vor 300 Jahren erfolgte die mathematische Begriffsbildung der Wahrscheinlichkeitsrechnung. Verschiedene Mathematiker versuchten sich damals an einer Analyse von Glücksspielen. Bekannt geworden ist ein Briefwechsel zwischen Blaise Pascal (1623–1662) und Pierre de Fermat (1601–1665). Eine Frage darin lautete beispielsweise:
Welche Wahrscheinlichkeit ist größer: bei vier Würfen mit einem Würfel mindestens eine „Sechs" zu werfen oder bei 24 Würfen mit zwei Würfeln mindestens eine „Doppelsechs"?
Die heute gebräuchliche Definition der Wahrscheinlichkeit geht auf Pierre Simon de Laplace (1749–1827) zurück.

1 Schätzen der Wahrscheinlichkeit

1
Führe 50 Münzwürfe durch. Notiere nach je 10 Würfen, wie oft die Münze Zahl zeigt. Berechne jeweils die relative Häufigkeit. Vergleiche deine Tabelle mit denen deiner Mitschülerinnen und Mitschüler. Was fällt dir auf?

2
Bastle aus Pappe den auf dem Rand abgebildeten Kreisel.
Führe 100 Drehversuche durch und berechne nach je 10 Versuchen die relative Häufigkeit, mit welcher der Kreisel auf einer bestimmten Fläche liegen bleibt.

Von einem Zufallsexperiment, z. B. dem Drehen eines Kreisels, wird eine Messreihe erstellt. Dazu wird es mehrfach durchgeführt. Aus der Ergebnismenge kann man ein bestimmtes Ergebnis auswählen und die absolute Häufigkeit, mit der es eintritt, festhalten. Nach einer gewissen Anzahl von Durchführungen wird die relative Häufigkeit berechnet.

Nachfolgend ist eine Messreihe aufgeführt, bei der für den abgebildeten Kreisel das Ergebnis „kommt auf der roten Fläche zur Ruhe" beobachtet wurde.

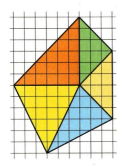

Anzahl der Versuche	absolute Häufigkeit für „rot"	relative Häufigkeit
100	29	0,29
200	54	0,27
400	119	0,30
600	193	0,32
800	242	0,30
1000	302	0,30
1500	449	0,30
2000	608	0,30

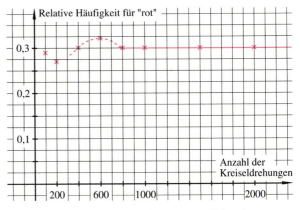

Mit wachsender Anzahl von Versuchsdurchführungen stellt sich immer deutlicher heraus, dass sich der Wert der relativen Häufigkeit für das beobachtete Ergebnis nicht mehr nennenswert ändert.
Soll für das Eintreten eines Ergebnisses eine Wahrscheinlichkeit angegeben werden, so kann die relative Häufigkeit, mit der dieses Ergebnis aufgetreten ist, als Schätzwert für die Wahrscheinlichkeit angenommen werden. Dieser wird in der Regel um so besser sein, je mehr Versuche durchgeführt wurden.

> Die relative Häufigkeit, mit welcher ein bestimmtes Ergebnis eines Zufallsexperimentes beobachtet wurde, kann als **Schätzwert** für seine Wahrscheinlichkeit angenommen werden. Dieser Wert wird im Mittel um so besser sein, je mehr Versuchsdurchführungen ausgewertet wurden.

Schätzen der Wahrscheinlichkeit

Bemerkung: Eine hohe Anzahl von Versuchen kann man auch dadurch erreichen, dass man die Resultate mehrerer Versuchsreihen zusammenfasst.

Beispiel

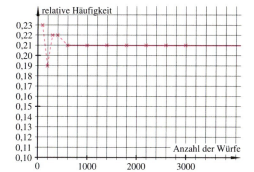

Im Werkunterricht wurden von Vierkanthölzern Würfel abgesägt und beschriftet. Ein Würfel, der zu flach geraten ist, wurde „getestet" und die relative Häufigkeit für die Sechs ermittelt.
Das Diagramm zeigt die zusammengefassten Ergebnisse. Die relative Häufigkeit pendelt sich nach 1000 Würfen bei etwa 0,21 ein. Die Wahrscheinlichkeit, mit dem flachen Würfel eine Sechs zu würfeln, ist also merklich größer als bei einem „normalen" Würfel. Dort beträgt sie $\frac{1}{6}$, also etwa 0,17.

Aufgaben

3

Wirf jeweils einen Reißnagel und eine Münze 200-mal in die Höhe und ermittle die relative Häufigkeit einer „Kopflandung".
a) Welche Wahrscheinlichkeit kannst du für die „Kopflandung" einer Münze aufgrund deiner Versuche annehmen?
b) Welche Wahrscheinlichkeit vermutest du nach den durchgeführten Versuchen für die Kopflandung eines Reißnagels?
c) Vergleiche deine Resultate mit denen deiner Klassenkameraden. Was fällt dir auf? Erkläre.

4

Benutze einen quadratischen Legostein als Würfel.
a) Welche möglichen Ergebnisse hat das Würfeln mit dem Legostein?

b) Schätze die Wahrscheinlichkeit, mit der der Legostein so wie abgebildet auf dem Tisch landet.
c) Überprüfe deine Schätzung. Wirf den Legostein 100-mal und berechne die relative Häufigkeit.

5

Starte eine Stoppuhr mit Digitalanzeige. Betätige irgendwann die Stopptaste. Notiere, ob die Anzeige der Hundertstel Sekunden zwischen 00 und 49 liegt oder nicht.
a) Schätze die Wahrscheinlichkeit.
b) Führe den Versuch 50-mal durch, ermittle anschließend die relativen Häufigkeiten und vergleiche sie mit deinen Schätzungen.
c) Fasse deine Ergebnisse mit den Resultaten von mindestens vier weiteren Klassenkameraden zusammen und vergleiche noch einmal.

6

Jemand behauptet, dass bei unkontrolliertem Aufschlagen alle Seiten eines Buches mit der gleichen Wahrscheinlichkeit auftreten können.
Nimm ein Buch und versuche diese Aussage zu überprüfen.

2 Summenregel und Laplace-Wahrscheinlichkeit

1
Nadine und Ulf stehen mit ihren Spielfiguren kurz vor dem Ziel. Sie dürfen nur entlang der Wege ziehen, die nicht durch die andere Figur verstellt sind. Außerdem muss die Augenzahl des Würfels genau der Schrittzahl entsprechen.
Wer hat die besseren Chancen, beim nächsten Mal mit einem Wurf ins Ziel zu gelangen?

Ein Zufallsexperiment hat mehrere mögliche **Ergebnisse**. Jede beliebige Zusammenfassung von Ergebnissen wird als **Ereignis** bezeichnet.

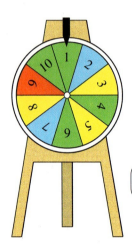

Wenn der Zeiger nach dem Drehen des Glücksrades auf einem grünen Feld stehen bleibt, so ist dies ein Ereignis, das vier mögliche Ergebnisse hat (Feld 1, 4, 6 oder 10). Die Wahrscheinlichkeiten ergeben sich offensichtlich jeweils durch die Summe der Wahrscheinlichkeiten der entsprechenden Felder. So errechnet sich die Wahrscheinlichkeit für „grün" folgendermaßen:

$W_{grün} = \frac{1}{10} + \frac{1}{10} + \frac{1}{10} + \frac{1}{10} = \frac{4}{10} = 40\%$.

Das Ereignis „rot" hat nur ein mögliches Ergebnis, entsprechend ist seine Wahrscheinlichkeit 10%. Für W_{blau} erhält man 20% und für W_{gelb} 30%.

> Die Wahrscheinlichkeit eines **Ereignisses** ist die **Summe der Wahrscheinlichkeiten** der zugehörigen **Ergebnisse**.

Bemerkung: Alle möglichen Ergebnisse, die nicht zu einem bestimmten Ereignis gehören, werden zu seinem **Gegenereignis** zusammengefasst. Die Summe der Wahrscheinlichkeiten von Ereignis und Gegenereignis ergibt 1 bzw. 100%. So ergibt sich für das Gegenereignis zum Ereignis „grün" eine Wahrscheinlichkeit von 100% − 40% = 60% oder
$w_{rot} + w_{gelb} + w_{blau} = 10\% + 30\% + 20\% = 60\%$.
Es ist sicher, dass nach dem Drehen des Glücksrades der Pfeil auf irgendein Feld zeigt. Dies stellt das **sichere Ereignis** dar. Seine Wahrscheinlichkeit muss 1 bzw. 100% sein; das ergibt sich auch aus der Summe der Einzelwahrscheinlichkeiten für die verschiedenen Farben:
40% + 30% + 20% + 10% = 100%.
Kann ein Ereignis bei der Durchführung eines Zufallsexperimentes nie eintreten, so nennt man es das **unmögliche Ereignis**.

> **Laplace-Formel:**
> Haben alle Ergebnisse eines Zufallsexperimentes die gleiche Wahrscheinlichkeit, so gilt für die Wahrscheinlichkeit W(E) eines Ereignisses E:
> $W(E) = \frac{\text{Anzahl der Ergebnisse, bei denen E eintritt}}{\text{Anzahl aller möglichen Ergebnisse}}$.

Vokal	Anteil
a	4%
e	11%
i	7%
o	1%
u	2%

Beispiele:
a) In einem Text sind die Anteile der Vokale wie nebenstehend gegeben.
Die Wahrscheinlichkeit, mit der ein Buchstabe im Text zufällig ein Vokal ist, beträgt:
4% + 11% + 7% + 1% + 2% = 25%. Die Wahrscheinlichkeit des Gegenereignisses, also für das Auftreten eines Konsonanten, beträgt demnach 75%.

Summenregel und Laplace-Wahrscheinlichkeit

b) In einer Lostrommel befinden sich 110 Nieten, 40 Trostpreise, 8 Großgewinne und 2-mal die freie Auswahl. Die Wahrscheinlicheit, einen großen Gewinn oder gar die freie Auswahl zu ziehen, lässt sich berechnen.
Die Anzahl aller Ergebnisse beträgt: $110 + 40 + 8 + 2 = 160$.

Mit der Laplace-Regel gilt:
W (Großgewinn) = $\frac{8}{160} = \frac{1}{20}$ und W (freie Auswahl) = $\frac{2}{160} = \frac{1}{80}$.

Die Wahrscheinlichkeit, ein Los mit einer der beiden Gewinnmöglichkeiten zu ziehen, ist die Summe der Einzelwahrscheinlichkeiten:
$\frac{8}{160} + \frac{2}{160} = \frac{10}{160} = \frac{1}{16}$.

Aufgaben

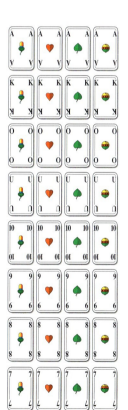

2
Erstelle eine Tabelle, in der du alle Ergebisse eines Würfelversuches mit zwei gleichen Würfeln festhältst.
Wie groß ist jeweils die Wahrscheinlichkeit, dass
a) die Augensumme zweier Würfe durch 3 teilbar ist?
b) die Augensumme größer als 8 ist?
c) ein Würfel die doppelte Augenzahl des anderen zeigt?
d) das Produkt der Augensumme kleiner als 10 bleibt?
e) sich aus den beiden Zahlen ein echter Bruch bilden lässt?

3
Beschreibe für ein Skatkartenspiel fünf Ereignisse, die durch genau vier Ergebnisse erfüllt werden.

4
Im Bereich von 1 bis 100 gibt es 50 gerade und 50 ungerade natürliche Zahlen.
Berechne die Wahrscheinlichkeit dafür, dass
a) das Produkt aus zwei zufällig gezogenen Zahlen aus diesem Bereich gerade ist,
b) die Summe gerade ist.
c) Mit welcher Wahrscheinlichkeit sind Produkt und Summe zweier Zahlen ungerade?
d) Mit welcher Wahrscheinlichkeit ist das Produkt aus zwei zufällig gezogenen Zahlen durch vier teilbar?

5
An einem Glücksrad mit den Zahlen 1 bis 8 wird zweimal gedreht. Erstelle eine Tabelle und ermittle die Wahrscheinlichkeit, mit der beide erhaltenen Zahlen durch 3 teilbar sind.

6
In der Tabelle siehst du eine Übersicht über die Verträglichkeit der Blutgruppen bei einer Blutspende. Waagerecht sind die Blutgruppen der Spender, senkrecht die der Empfänger eingetragen.

Blutgruppen der Empfänger	Blutgruppen der Spender			
	A	B	AB	0
0	⊗	⊗	⊗	⊗
AB	–	–	⊗	–
B	–	⊗	⊗	–
A	⊗	–	⊗	–

Die Verteilung der Blutgruppen ist regional verschieden. Rechne mit folgenden Wahrscheinlichkeitswerten für die Blutgruppen:
A: 44 %, B: 12 %, AB: 6 %, 0: 38 %.
a) Berechne für jede Blutgruppe die Wahrscheinlichkeit, dass ein unbekannter Spender die geeignete Blutgruppe hat.
b) Berechne für jede Blutgruppe die Wahrscheinlichkeit dafür, dass das Blut für einen Empfänger mit unbekannter Blutgruppe geeignet ist.
c) Wie groß ist die Wahrscheinlichkeit, dass zwei Personen mit unbekannter Blutgruppe sich gegenseitig Blut spenden können?

3 Mehrstufiges Zufallsexperiment

1
Die Wahrscheinlichkeit einer „Kopflandung" ist bei einer Münze 50 %. Erhöht sich die Wahrscheinlichkeit bei zwei Würfen auf 100 %?

2
Bei Pferderennen gibt es die so genannte „Zweierwette". Dabei muss in der richtigen Reihenfolge der Sieger und der Zweite angegeben werden.
Wie groß ist die Wahrscheinlichkeit, bei 6 Startern zufällig den richtigen Tipp abzugeben, wenn man die Stärke der Pferde nicht kennt?

Ein aus mehreren Teilversuchen bestehendes Zufallsexperiment wird als **mehrstufiges Zufallsexperiment** bezeichnet. Es lässt sich durch ein Baumdiagramm mit entsprechender Stufenzahl beschreiben. Die Anzahl der Ergebnisse des jeweiligen Teilversuchs legt dabei fest, wie oft sich ein Ast verzweigt. Jeder Pfad von der Wurzel zu einem offenen Astende zeigt ein mögliches Versuchsergebnis auf.

Aus einer Urne mit drei nummerierten Kugeln sollen hintereinander zwei Kugeln gezogen werden, ohne dass sie zurückgelegt werden.
Das abgebildete Baumdiagramm beschreibt dieses zweistufige Zufallsexperiment:

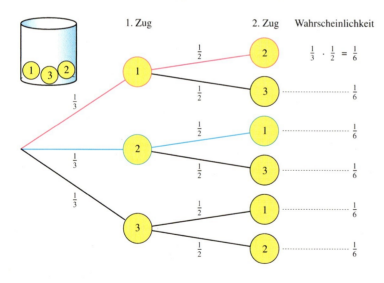

Der rot markierte Pfad beschreibt das Ergebnis, dass die Kugeln ① und ② gezogen werden. Die Wahrscheinlichkeit, als 1. Kugel die ① zu ziehen, ist $\frac{1}{3}$. Es verbleiben zwei Kugeln im Becher, d. h., die Wahrscheinlichkeit, dann eine ② zu ziehen, beträgt $\frac{1}{2}$. Also kann in $\frac{1}{2}$ von $\frac{1}{3}$ aller Fälle damit gerechnet werden, zuerst die ①, dann die ② zu ziehen.

Die Wahrscheinlichkeit ist $\frac{1}{3} \cdot \frac{1}{2} = \frac{1}{6}$.

Interessiert man sich nicht für die Reihenfolge, in der die Kugeln gezogen werden, so ist nicht nur der rote Pfad, sondern auch der blaue Pfad günstig. Die Wahrscheinlichkeit, die Kugeln ① und ② zu ziehen, beträgt demnach $\frac{1}{6} + \frac{1}{6} = \frac{1}{3}$.

Ein mehrstufiges Zufallsexperiment lässt sich mithilfe eines **Baumdiagrammes** veranschaulichen. Jeder Pfad zeigt dabei ein mögliches Ergebnis auf.
Pfadregel: Die Wahrscheinlichkeit für einen Pfad lässt sich als Produkt aller entlang des Pfades auftretenden Wahrscheinlichkeiten berechnen.

Mehrstufiges Zufallsexperiment

Bemerkung: Die Wahrscheinlichkeit für ein Ereignis lässt sich auch hier als Summe der Wahrscheinlichkeiten der zugehörigen Pfadergebnisse berechnen.

Beispiele

a) Wie groß ist die Wahrscheinlichkeit für eine Sechs bei zweimaligem Würfeln?

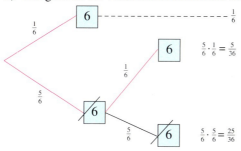

Der obere Pfad zeigt an, dass beim ersten Mal eine Sechs gewürfelt wurde. Die Wahrscheinlichkeit ist $\frac{1}{6}$. In $\frac{1}{6}$ der verbleibenden $\frac{5}{6}$ Fälle wird dann beim zweiten Mal die Sechs gewürfelt.

Die Wahrscheinlichkeit für die Sechs errechnet sich aus der Summe der entsprechenden Wahrscheinlichkeiten:

$$\frac{1}{6} + \frac{5}{36} = \frac{11}{36}$$

Bemerkung: Bei einem Baumdiagramm brauchen nicht alle möglichen Pfade ausgeführt werden, sondern einige können zusammengefasst werden. So sind im Beispiel die fünf Möglichkeiten, keine Sechs zu würfeln, in nur einem Pfad gekennzeichnet.

b) „Wer zieht den Kürzeren?"

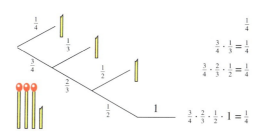

Von vier Streichhölzern ist eins abgebrochen. Ohne zu sehen, welches abgebrochen ist, soll viermal gezogen werden. Wie sehen die Wahrscheinlichkeiten dafür aus, „den Kürzeren zu ziehen"?

Das Baumdiagramm zeigt, dass die Pfadergebnisse alle dieselbe Wahrscheinlichkeit aufweisen, nämlich $\frac{1}{4}$.

Aufgaben

3
Eine Münze wird zweimal hintereinander geworfen. Ermittle mithilfe eines Baumdiagrammes die Wahrscheinlichkeit dafür, dass
a) zweimal Zahl erscheint,
b) nicht zwei gleiche Ergebnisse aufeinander folgen.

4
Wie groß ist die Wahrscheinlichkeit,
a) beim Würfeln drei Sechser hintereinander zu werfen,
b) aus einer Urne mit zwei roten und einer blauen Kugel, die blaue Kugel als letzte zu ziehen,
c) von einem Skatspiel hintereinander zwei rote Karten zu ziehen?

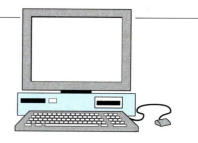

5
In einer Fabrik werden Computer aus drei Baugruppen zusammengesetzt. Die Ausfallquote beträgt beim Gehäuse mit Netzteil 0,4 %, bei der Festplatte 1,5 % und beim Motherboard 2,6 %. Wie groß ist die Wahrscheinlichkeit, dass
a) ein Computer in Ordnung ist,
b) ein Computer defekt ist,
c) bei einem Computer alle drei Teile defekt sind?

Mehrstufiges Zufallsexperiment

6
Die Softwarefirma Hot-Soft vertreibt ein beliebtes Computerspiel, welches sich auf zwei Disketten befindet. Leider war der Ausschuss bei der Diskettenherstellung sehr hoch, so dass jede dritte Diskette nicht funktionsfähig ist.
a) Mit welcher Wahrscheinlichkeit ist ein Diskettensatz brauchbar?
b) Wie groß ist die Wahrscheinlichkeit, dass beide Disketten defekt sind?

7
Bei der Dreierwette müssen die drei ersten Plätze eines Pferderennens in richtiger Reihenfolge vorausgesagt werden.
a) Wie groß ist die Wahrscheinlichkeit, bei fünf unbekannten Pferden eine richtige Vorhersage zu machen?
b) Wie ändert sich die Wahrscheinlichkeit, wenn man weiß, welche beiden Pferde zuletzt einlaufen?

8
a) Beim Mensch-ärgere-Dich-nicht-Spiel muss man die erste Figur mit einer Sechs ins Spiel bringen. Dafür hat man bis zu drei Versuche.
Wie groß ist die Wahrscheinlichkeit, dreimal hintereinander keine Sechs zu werfen?
b) Wie groß ist die Wahrscheinlichkeit, in drei Würfen mindestens eine Sechs zu werfen?

9
Bei einem Strategiespiel mit dem Namen Schatzsuche darf man auf keinen Fall auf eine „Fallgrube" treten. Die Abbildung zeigt einen Ausschnitt des Spielfeldes.
Dabei zeigt die Zahl 3 an, wie viele Fallgruben an das Feld stoßen.

Wie groß ist die Wahrscheinlichkeit, zufällig vom weißen Feld aus zweimal hintereinander auf keine Fallgrube zu treten?

Ziehungen
Ziehungen können **mit und ohne Zurücklegen** durchgeführt werden.
Beschreibt das Baumdiagramm eine Ziehung mit oder ohne Zurücklegen? Woran erkennt man das?
Ergänze die Wahrscheinlichkeiten für die Pfadergebnisse.

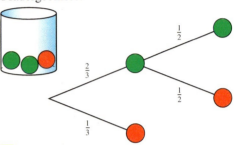

Aus einer Urne mit 3 roten und 2 schwarzen Kugeln sollen 3 rote Kugeln gezogen werden. Ermittle mithilfe eines Baumdiagramms die Wahrscheinlichkeiten für eine Ziehung mit und ohne Zurücklegen und vergleiche sie.

Wiederhole die Berechnungen nun für eine Urne mit 30 roten und 20 schwarzen Kugeln. Was fällt dir auf?

Wie groß ist die Wahrscheinlichkeit, im Lotto 6 Richtige zu haben?

Mit welcher Wahrscheinlichkeit werden 6 Zahlen in Folge gezogen?
Wie viele Jahre müssen im Mittel vergehen, dass dies einmal passiert?

4 Simulation

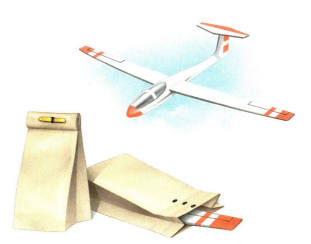

1
Ein Modellflugzeug besteht aus sechs Baugruppen, die einzeln in Wundertüten verkauft werden. Astrid und Bernd wollen wissen, wie viele Tüten man wahrscheinlich kaufen muss, um einen kompletten Bausatz zu haben.
Damit sie dafür kein Geld ausgeben müssen, ahmen sie den Kaufvorgang mit einem Würfel nach. Sie würfeln und notieren die Augenzahlen so lange, bis alle Nummern einmal aufgetreten sind. Die Anzahl der dafür benötigten Würfe zählen sie.
Wie schätzen sie wohl den Kaufpreis ab? Reicht ein Durchgang?

Mitunter ist es nicht möglich, Vorgänge real ablaufen zu lassen. Um trotzdem etwas darüber in Erfahrung zu bringen, führt man sogenannte **Simulationen** durch (lat. simulare – nachahmen).
Eine Simulation kann unterschiedlicher Natur sein. Im Bereich der Technik werden beispielsweise durch Crash-Tests Unfallsituationen nachgestellt. Für Ausbildungs- und Übungszwecke benutzen Piloten so genannte Flugsimulatoren.

In der Wahrscheinlichkeitsrechnung versteht man darunter die Nachahmung eines Zufallsexperimentes. Man versucht, ein Experiment zu finden, bei dem die Wahrscheinlichkeiten entsprechender Teilergebnisse genauso groß sind wie bei dem Vorgang, der simuliert werden soll. Über die relative Häufigkeit erhält man dann einen Schätzwert für die Wahrscheinlichkeiten.
Ein Vorgang, bei dem zwei verschiedene Ergebnisse möglich sind, lässt sich durch das Werfen einer Münze simulieren. Genauso gut kann hierzu ein Würfel verwendet werden, indem man nur berücksichtigt, ob die Augenzahl gerade oder ungerade ist.

> Die Nachahmung eines realen Vorgangs durch Zufallsexperimente wird als **Simulation** bezeichnet.

Beispiel
Ein Test besteht aus vier Fragen. Zu jeder Frage gibt es eine richtige und eine falsche vorgegebene Antwort. Wie groß ist die Wahrscheinlichkeit, durch einfaches Raten mindestens die Hälfte richtig zu haben?
Es gibt insgesamt 16 verschiedene Ergebnisse. Mit 0 werde die falsche, mit 1 die richtige Antwort bezeichnet. Die unterschiedlichen Ergebnisse sind dann:

1111; 1110; 1101; 1100; 1011; 1010; 1001; 1000;
0111; 0110; 0101; 0100; 0011; 0010; 0001; 0000.

Von den 16 Ergebnissen haben 11 zwei oder mehr Einsen, die den richtigen Antworten entsprechen. D.h., die Wahrscheinlichkeit, durch bloßes Raten mindestens die Hälfte richtig zu haben, beträgt $\frac{11}{16} = 69\%$.

Simulation

Dieser Vorgang wird nun durch eine Münze simuliert.
Wappen (W) sei dabei eine richtige, Zahl (Z) eine falsche Antwort. Jedes Zufallsexperiment besteht aus 4 Münzwürfen. Bei 40 Versuchen wurde folgende Tabelle erstellt:

1 WZWW	2 ZWWW	3 ZZZZ	4 ZWWZ	5 WWWZ	6 WZWW	7 WZWW	8 WWZZ
9 ZZZW	10 ZZZW	11 ZWWZ	12 ZWZZ	13 WZWZ	14 ZWZW	15 WWWW	16 ZZWZ
17 ZWWW	18 ZWZW	19 ZWZZ	20 ZWWZ	21 WZZZ	22 WWZW	23 WZZZ	24 WWWW
25 WWWW	26 WWZZ	27 ZWWW	28 ZZWZ	29 WZWZ	30 ZWZZ	31 WZZW	32 WZZW
33 ZZWW	34 ZWZW	35 ZZZZ	36 ZZZW	37 ZZWZ	38 WWWW	39 ZZWZ	40 ZZWW

Von den 40 Versuchen haben 26 mindestens zwei Wappen. Die relative Häufigkeit hierfür beträgt also $\frac{26}{40} = 65\%$.

Der Wert, der durch die Simulation erhalten wurde, liegt nur geringfügig unter dem berechneten Wert.

Aufgaben

2
Mit welcher Wahrscheinlichkeit kann man bei einem Test mit 5 Aufgaben in Multiple-choice-Form durch Raten mindestens die Note ausreichend erhalten?
Jede Aufgabe bietet 3 Lösungen an, von denen eine richtig ist. Für die Note ausreichend müssen mindestens 40 % der Aufgaben richtig gelöst werden.
a) Überlege, wie du die zufällig richtige bzw. falsche Beantwortung der Fragen simulieren kannst.
b) Führe die Simulation mindestens einmal durch und vergleiche dein Resultat mit denen deiner Mitschülerinnen und Mitschüler.

3
Drei Jäger schießen auf zwei Hasen. Die Wahrscheinlichkeit für einen Treffer ist beim ersten Jäger $\frac{1}{2}$, beim zweiten $\frac{1}{3}$ und beim dritten $\frac{1}{6}$.
a) Überlege, mit welchem Zufallsexperiment du dies simulieren kannst.
b) Führe die Simulation durch. Entscheide dazu zunächst für jeden Jäger, welchen Hasen er aufs Korn nimmt. Danach bestimmst du, mit welcher Wahrscheinlichkeit er trifft. Wie schätzt du die Überlebenschancen der Hasen ein?

4
Welche Entfernung muss man im abgebildeten Labyrinth durchschnittlich zurücklegen, bevor man zufällig den Ausgang findet?
a) Simuliere den Gang durchs Labyrinth, indem du mit einem Spielstein über den abgebildeten Plan ziehst und an jeder Weggabelung per Münzwurf entscheidest, ob du dich links oder rechts hältst.
Notiere für jeden Versuch die Weglänge und addiere sie zur Gesamtstrecke START–ZIEL.
b) Führe die Simulation 5-mal durch und ermittle die durchschnittliche Weglänge.
c) Fasse deine Resultate mit denen mehrerer Mitschüler zusammen.

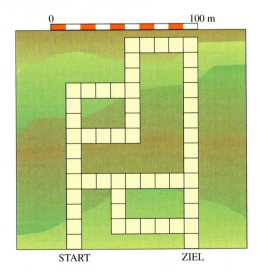

5 Vermischte Aufgaben

1
Ziehe aus einem Behälter mit drei roten und zwei blauen Kugeln eine heraus, notiere ihre Farbe und lege sie zurück. Notiere die Resultate von 100 Ziehungen.
a) Gib auf Grund deiner Beobachtungen einen Schätzwert für die Wahrscheinlichkeit für das Ziehen einer roten Kugel an. Welchen Wert hast du erwartet?
b) Fasse deine Ergebnisse mit denen deiner Klassenkameraden zusammen und schätze erneut.

2
Monika spielt bei einem „Mensch-ärgere-dich-nicht-Spiel" mit den gelben, Bernd mit den blauen Spielsteinen. Erst würfelt Monika, dann Bernd.
a) Mit welcher Wahrscheinlichkeit kann Monika ihren Stein in Sicherheit bringen?
b) Mit welcher Wahrscheinlichkeit kann Bernd Monikas Spielstein hinauswerfen?
c) Was ändert sich, wenn Bernd zuerst würfelt?

3

Der Losverkäufer verspricht, dass unter seinen 50 Losen noch 3 Gewinne sind.
a) Wie groß ist die Wahrscheinlichkeit bei einmaligem Ziehen, einen Gewinn zu erzielen?
b) Wie groß ist die Wahrscheinlichkeit nach einem gezogenen Gewinn nochmals einen Gewinn zu ziehen?
c) Nach einiger Zeit sind nur noch 10 Lose im Eimer und es ist erst ein Gewinn gezogen worden. Wie groß ist jetzt die Wahrscheinlichkeit für einen Gewinn?

? ? ? ?
Wie groß ist die Wahrscheinlichkeit, dass Heiligabend und Silvester auf den gleichen Wochentag fallen?

Wie groß ist die Wahrscheinlichkeit für das Gegenereignis eines sicheren Ereignisses?

4
Eine Münze wird dreimal hintereinander geworfen. Ermittle mithilfe eines Baumdiagrammes die Wahrscheinlichkeit, dass
a) dreimal Zahl erscheint,
b) nicht zwei gleiche Ergebnisse aufeinander folgen.

5
Wie groß ist die Wahrscheinlichkeit, dass bei zwei roten und zwei schwarzen Karten keine zwei Karten gleicher Farbe hintereinander liegen?

6
Mit welcher Wahrscheinlichkeit zieht man aus einem gemischten Skatspiel, ohne dass zurückgelegt wird,
a) zwei rote Karten,
b) drei Könige,
c) vier Asse?

7
Ein Skatspieler hat folgendes Blatt auf der Hand: Kreuz: As, Zehn, König, Dame, Neun und Acht; Herz: As und Zehn; Karo: As und Zehn. Wie groß ist die Wahrscheinlichkeit, dass im Skat zwei Buben liegen?

8
a) Eine Familie hat drei Kinder. Wie groß ist die Wahrscheinlichkeit, dass sie
– genau einen Sohn,
– mindestens einen Sohn,
– zwei Söhne hat?
– Wie groß ist die Wahrscheinlichkeit, dass das älteste Kind ein Mädchen ist?
b) Eine Familie hat fünf Kinder. Wie groß ist die Wahrscheinlichkeit, dass sie
– genau zwei Töchter,
– mindestens zwei Töchter,
– höchstens zwei Töchter hat?

Vermischte Aufgaben

Schere

Stein

Papier

Es spielen immer zwei Spieler drei Durchgänge, bei Unentschieden gibt einen neuen Durchgang.

9
Marion und Willi spielen „Stein, Schere und Papier". In der Grafik ist das Spiel erklärt.

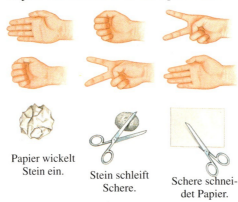

Papier wickelt Stein ein. Stein schleift Schere. Schere schneidet Papier.

a) Wie groß ist die Wahrscheinlichkeit, dass auf Anhieb einer gewinnt?
b) Beschreibe das Gegenereignis zu a) und berechne seine Wahrscheinlichkeit.
c) Berechne die Aufgabe a) mithilfe der Wahrscheinlichkeit des Gegenereignisses.

10
An einem Schlüsselbund befinden sich fünf Schlüssel, von denen nur einer ins Schloss passt.
a) Wie würdest du vorgehen, damit du möglichst schnell den passenden Schlüssel findest?
b) Wie groß ist die Wahrscheinlichkeit, spätestens nach dem 2. Versuch den richtigen Schlüssel gefunden zu haben?
c) Simuliere diesen Versuch 40-mal in geeigneter Weise und überprüfe die berechnete Wahrscheinlichkeit von Aufgabe b).

11
An einer Ampel wurde während mehrerer Wochen zwischen 16.00 und 17.00 Uhr an Werktagen gemessen, wie viele Fahrzeuge die Ampel bei einer Ampelphase passieren.

a) Schätze aufgrund der Zählungen die Wahrscheinlichkeit ein, dass genau fünf Fahrzeuge während einer Grünphase über die Ampel kommen.
b) Schätze auch die übrigen Wahrscheinlichkeiten aufgrund der Zählung ein.

Anzahl der Fahrzeuge	Häufigkeit
0	1
1	1
2	2
3	13
4	271
5	392
6	432
7	189
8	48
9	4

Galton-Brett
Auf einem Brett sind mehrere Reihen gleich geformter Plättchen auf Lücke befestigt. Hindurchfallende Kugeln treffen auf die Spitze des ersten Plättchens und werden dort mit der Wahrscheinlichkeit 0,5 nach rechts oder nach links abgelenkt. Dieser Vorgang setzt sich von Reihe zu Reihe fort. Die Kugeln werden unter jedem Ausgang zur Auszählung aufgefangen.

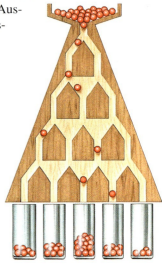

Ohne das Brett nachzubauen, kannst du ausprobieren, wie sich die Kugeln verteilen. Simuliere den Versuch und entscheide bei jeder Plättchenspitze mithilfe einer Münze, welchen Weg die Kugel nimmt.
Mache 100 Durchgänge und zähle die Zahl der Kugeln in jedem Behälter. Trage die Anzahl als Säulendiagramm auf.

Ein richtiges Galton-Brett hat in der Regel mehr Ausgänge. Nach Durchlauf vieler Kugeln zeigt es eine ganz bestimmte Verteilung auf, die so genannte Binomialverteilung. Galton konstruierte dieses Brett eigens zu ihrer Demonstration.

Francis Galton (1822–1911)

Gregor Johann Mendel
(22.7.1822 – 6.1.1884)

Durch systematische Kreuzungsversuche entdeckte G. J. Mendel die nach ihm benannten drei Grundregeln der Vererbung. Sie gelten für die beiden unterschiedlichen Typen von Erbgängen, den dominant-rezessiven und den intermediären Erbgang.

Uniformitätsregel:
Bei reinerbigen Eltern, die sich in einem Erbmerkmal unterscheiden, sind die Nachkommen in der F1-Generation unter sich alle gleich (uniform).

Spaltungsregel:
Bei der F2-Generation spalten sich die Erbmerkmale im Verhältnis 1 : 2 : 1 wieder auf. Beim äußeren Erscheinungsbild einer dominant-rezessiven Vererbung ist allerdings zu beachten, dass dominante Merkmale rezessive stets überdecken.

Unabhängigkeitsregel:
Die einzelnen Erbmerkmale werden unabhängig voneinander vererbt.

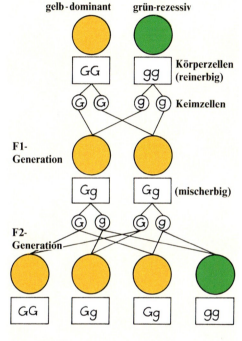

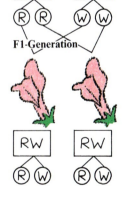

1
Bei Löwenmäulchen ist der Erbgang bezüglich der Farbe intermediär, bezüglich der Blütenform dominant-rezessiv.
a) Das Entstehen von roten und weißen Löwenmäulchen in der F2-Generation kann man simulieren, indem man bei rosaroten Exemplaren per Münzwurf entscheidet, ob jeweils das Merkmal rot oder das Merkmal weiß vererbt wird. Ermittle so die statistische Wahrscheinlichkeit für das Auftreten von weißen Exemplaren in der F2-Generation.
b) Ein bilaterales Löwenmäulchen kann reinerbig oder mischerbig sein. Wie hoch ist die Wahrscheinlichkeit dafür, dass es reinerbig ist?

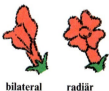
bilateral   radiär

2
Zur Untersuchung von Erbgängen mit zwei Merkmalen kreuzte Mendel gelbrunde und grünrunzlige Erbsen. Die F1-Generation war gelbrund, die F2-Generation brachte 315 gelbrunde, 101 gelbrunzlige, 108 grünrunde und 32 grünrunzlige Erbsen.
a) Nenne die rezessiven Merkmale.
b) Berechne mithilfe der Abbildung die Wahrscheinlichkeit für das Auftreten der einzelnen Varianten. Vergleiche sie mit Mendels Beobachtungen.

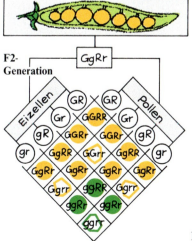

Rückspiegel

1
Wie groß ist in einem Text die Wahrscheinlichkeit für einen Vokal (a, e, i, o, u)?
Gib einen Schätzwert an, nachdem du die relative Häufigkeit berechnet hast, mit der bei dieser Aufgabe ein Vokal auftritt.
Überprüfe die Qualität deines Schätzwertes anhand der ganzen Seite.

2
Würfele mit einem Achter-Legostein 200-mal. Berechne nach je 40 Versuchen die relative Häufigkeit, mit welcher der Spielstein in der abgebildeten Position liegt. Schätze nach den 200 Versuchen die entsprechende Wahrscheinlichkeit.

3
Wie groß ist die Wahrscheinlichkeit dafür, dass der abgebildete Kreisel auf eine gelbe Fläche fällt?

4
Ermittle mithilfe einer Tabelle die Wahrscheinlichkeit dafür, dass zwei Personen am gleichen Wochentag Geburtstag haben.

5
Finde das Gegenereignis und berechne die Wahrscheinlichkeiten:
a) Beim Würfeln mit zwei Würfeln wird ein Pasch (zwei gleiche Zahlen) geworfen.
b) Aus einem Skatspiel mit 32 Karten wird ein rotes Bild gezogen.

6
Eine Fabrik verkauft Geschirr 3. Wahl ab Werk. 70 % der Ware hat Farbfehler. Wie groß ist die Wahrscheinlichkeit, aus einem Stapel von 10 Tellern 3 Teller ohne Farbfehler zu nehmen?

7
Ute, Kai und Verena wollen per Münzwurf entscheiden, wer als erster das neue Computerspiel ausprobieren darf. Sie werfen jeder eine Münze. Wer als erster ein anderes Bild als die beiden anderen hat, ist Sieger.
Ermittle anhand eines Baumdiagramms, wie wahrscheinlich es ist, dass bereits aus der ersten Runde ein Sieger hervorgeht.

8
In einer Urne liegen zwei Kugeln mit einem O, zwei Kugeln mit einem T und zwei Kugeln mit einem R.
a) Mit welcher Wahrscheinlichkeit kommen bei einer Ziehung, bei der nicht zurückgelegt wird, die Buchstaben OTTO in dieser Reihenfolge?
b) Wie ist die Wahrscheinlichkeit für TOR?
c) Wie sind die Wahrscheinlichkeiten, wenn man nach dem Ziehen die Kugeln in der Reihenfolge tauschen darf?

9
a) Claudia notiert auf einem Zettel eine zweiziffrige Zahl. Wie groß ist die Wahrscheinlichkeit dafür, dass Klaus sie auf Anhieb errät?
b) Klaus zieht nun aus einer Urne, in der sich Kugeln mit den Ziffern 0 bis 9 befinden, zwei Kugeln. Wie groß ist die Wahrscheinlichkeit, dass Claudia auf Anhieb die richtigen Kugeln errät?
c) Worin unterscheiden sich beide Experimente? Wer hat die besseren Chancen?

10
In einer Kiste mit insgesamt acht Glühlampen befinden sich zwei defekte Lampen.
a) Simuliere den Sachverhalt mittels einer Urne mit verschiedenfarbigen Kugeln. Schätze nach mehreren Versuchen die Wahrscheinlichkeit dafür, dass von drei wahllos entnommenen Lampen zwei defekt sind.
b) Überprüfe die Schätzung, indem du die Wahrscheinlichkeit mithilfe eines Baumdiagramms bestimmst.

Lösungen

Wiederholung, Seite 7

1
a) $2a + 3f + c$ b) $m + 6q - 3w$
c) $8t - 7u - v$ d) $12 - 11p + 2z$
e) $8w - 5s + 16$ f) $36u + 2v + 29w$

2
a) $3p + 9r$ b) $20u - 9$
c) $8a + 9$ d) $9m - 6n$
e) $-9u - 2v$

3
a) $4a + 24$ b) $12a + 12$
c) $10c - 70$ d) $13b - 39$
e) $-15s + 30t$ f) $-108x - 36y$
g) $54m - 108n$ h) $-70a - 105b$

4
a) $-50rt - 40st$ b) $-8a^2 - 24ab$
c) $-36e^2 + 66ef$ d) $a^3b + a^2b^2$

5
a) $2 - 3x$ b) $6z + 3$
c) $4y - 2$ d) $4a + 9b$
e) $2xy - 5y^2$ f) $5st + s$

6
a) (1): $8a + 4c$
   (2): $4a + 16b + 12c$
   (3): $8a + 4b + 4s$
   (4): $8a + 6b$
b) (1): $2a^2 + 4ac$
   (2): $8ab + 6ac + 24bc$
c) $2a^2 + 4ab - 2c^2$

7
a) $ab + 6a + 2b + 12$
b) $xy - 5x + 3y - 15$
c) $rs + 11r - 7s - 77$
d) $5n - 60 - mn + 12m$
e) $27ac + 36ad - 18bc - 24bd$
f) $-mr - 2ms - 5ur - 10us$
g) $-4xz + 12yz - 5x^2 + 15xy$
h) $vs + vt + ws + wt$

8
a) $8x^2 - 50y^2$
b) $5r^2 - 8s^2 - 9t^2 - 6rs - 12rt - 18st$
c) $-2x^2 - 6x + 28$
d) -65

9
a) $4r + 6s$ b) $-8cd + 8d^2$
c) $12m^2 - 15mn$ d) $-4 + 8xy$
e) $1\frac{1}{4}rs - 10rs^2$ f) $-40s + 24t$

10
a) $4 \cdot (4ab + 10c)$ b) $y \cdot (30x - 31)$
   $4 \cdot (8a - 7d)$ $y \cdot (22y + 17z)$
   $4 \cdot (23gh - 19i)$ $y \cdot (64a^2 + 1)$
c) $ab \cdot (15 + 13)$ d) $-x \cdot (6y + 11)$
   $ab \cdot (29c - 10)$ $-x \cdot (14z - 23)$
   $ab \cdot (9b + 16a)$ $-x \cdot (-25a + 21x)$

11
a) $15x^2 + 8x + 1$
b) $6a^2 + 41a - 15$
c) $11y^2 - 28y - 109$
d) $a + 2b + 2b^2$
e) $110x - 30y$
f) $a + b$

Wiederholung, Seite 8

1
a) $25 + 10a + a^2$
b) $x^2 - 14x + 49$
c) $9s^2 + 42st + 49t^2$
d) $25x^2 - 80xy + 64y^2$
e) $2,25e^2 + 12ef + 16f^2$
f) $6,25p^2 - 15pq + 9q^2$
g) $\frac{1}{4}a^2 + \frac{1}{2}ab + \frac{1}{4}b^2$
h) $\frac{1}{16}v^2 - \frac{1}{6}vw + \frac{1}{9}w^2$

2
a) $9a^2 - b^2$
b) $169x^2 - 0,81y^2$
c) $2,25c^2 - 196d^2$
d) $1,69d^2 - 2,89$
e) $\frac{1}{25}x^2 - \frac{1}{16}y^2$

3
a) $89a^2 - 56a + 52$
b) $169x^2 - 20xy - 117y^2$
c) $148,25x^2 + 64x - 92$
d) $0,4x^2 - 0,8y^2 - 0,5xy + 0,5xy^2 + 0,005x$

4
a) 18
b) $10y$
c) $a^2 - 14a + 49 = (a - 7)^2$
d) $0,64y^2 - 1,21z^2 =$
   $(0,8y + 1,1z) \cdot (0,8y - 1,1z)$
e) $(10 - 0,4x)^2 = 100 - 8x + 0,16x^2$

5
a) $a^4 - 1$ b) $x^4 - 16$
c) $625 - y^4$ d) $16x^4 - 81y^4$
e) $10000a^4 - 16b^4$

6
a) $(x + 2y)^2 = x^2 + 4xy + 4y^2$
b) $(3u + 4v)^2 = 9u^2 + 24uv + 16v^2$
c) $(9p - 8r)^2 = 81p^2 - 144pr + 64r^2$
d) $\left(\frac{1}{2}x + \frac{3}{5}y\right)\left(\frac{1}{2}x - \frac{3}{5}y\right) = \frac{1}{4}x^2 - \frac{9}{25}y^2$

7
a) $50x^2 - 228x + 314$
b) $-33x^2 + 112x + 33$
c) $1,78a^2 - 1,42ab + 27,89b^2$
d) -625
e) $-175x^2 + 448y^2$
f) $7,2hi$

8
a) $(a + 5)^2$
b) $(9x - 4y)^2$
c) $(0,5u - 1,2v)^2$
d) $(3p + 9q)(3p - 9q)$
e) $(16v + 20w)(16v - 20w)$
f) $\left(\frac{1}{4}a + \frac{3}{11}b^2\right)\left(\frac{1}{4}a - \frac{3}{11}b^2\right)$

9
a) $16 - 16a^2$
b) $24x^2 + 140x - 24$
c) $48x - 9x^2 - 48$
d) $3b^2 - a^2 - 2ab$
e) $8y^2 - 4x^2 - 90xy$

10
a) 85
b) 1
c) -36
d) -2
e) 0

Lösungen

Wiederholung, Seite 9

Marginalie:

3984	2985	1986
+ 4033	+ 5032	+ 6031
8017	8017	8017

4983	5982	6981
+ 3034	+ 2035	+ 1036
8017	8017	8017

1
a) $x = 4$ b) $y = 2,5$
c) $n = -16$ d) $z = 7,5$
e) $s = 2$ f) $x = 24$

2
a) $x = 7$ b) $y = 2$
c) $x = 51$

3
a) $x = -1$ b) $x = 2$
c) $x = 1\frac{1}{6}$ d) $x = 2$

4
a) $x = 18$ b) $x = 5,5$
c) $y = 2$

5
a) $x = 9$ b) $x = 6$
c) $x = -1$ d) $x = 9$
e) $x = 1$ f) $x = -5$

6
a) $x = 1,2$ T   Lösungswort:
b) $x = 1$ E   Tennis
c) $x = -15$ N
d) $x = -2$ N
e) $x = 2$ I
f) $x = 1\frac{1}{3}$ S

7
a) $L = \{53, 54, 55, \ldots\}$
b) $L = \{-3, -4, -5, \ldots\}$
c) $L = \{0, -1, -2, -3, \ldots\}$
d) $L = \{x; x > 0\}$
e) $L = \{-3, -4, -5, \ldots\}$
f) $L = \{x; x \geq \frac{2}{5}\}$

8
a) $L = \{x; x > 3\}$
b) $L = \{x; x > 11\}$
c) $L = \{x; x < -\frac{1}{2}\}$
d) $L = \{x; x \leq \frac{2}{3}\}$
e) $L = \{x; x \leq 8\}$
f) $L = \{x; x < 36\}$
g) $L = \{x; x > 6\}$
h) $L = \{y; y \leq 2\frac{1}{4}\}$
i) $L = \{x; x > 1\}$
k) $L = \{x; x < -3\}$

Wiederholung, Seite 10

1
a) 155   b) 167
c) 24   d) 13
e) 5

2
a) 3; 2; 1 …
   $L = \{x; x < 4\}$
b) 9; 8; 7 …
   $L = \{x; x < 10\}$
c) 52; 53; 54 …
   $L = \{x; x > 51\}$

3
$x = 28$

4
17, 18, 19

5
1. Zahl: 24
2. Zahl: 29
3. Zahl: 16

6
Tochter: 19 Jahre
Mutter: 40 Jahre

7
Die Brüder sind 13 Jahre, 15 Jahre und 17 Jahre alt.

8
Die Schwestern sind 9 Jahre, 12 Jahre und 16 Jahre alt.

9
Der Vater ist nach 6 Jahren doppelt so alt.

10
$a = 2880\,\text{m}^2$

11
Dreieck: $u = 27,3\,\text{cm}$
Viereck: $u = 36,4\,\text{cm}$

12
$\alpha = 24°$
$\beta = 72°$
$\gamma = 84°$

Wiederholung, Seite 11, 12

1
a) $A = 35\,\text{cm}^2$ b) $A = 30,96\,\text{cm}^2$
c) $A = 12\,\text{dm}^2$ d) $A = 10,08\,\text{cm}^2$

2
a) $b = 4,44\,\text{m}$ b) $b = 20,4\,\text{mm}$
c) $b = 22\,\text{cm}$

3
$h_b = 4,5\,\text{cm}$

4
$b = 7,2\,\text{cm}$; $h_c = 4,32\,\text{cm}$; $u = 21,6\,\text{cm}$

5
a) $A = 1,5\,r^2$; $u = 6\,r$
b) $A = 12\,s^2$; $u = 18\,a$

6
a) $A = 107,73\,\text{cm}^2$; $u = 46,8\,\text{cm}$
b) $b = 21\,\text{cm}$; $A = 1848\,\text{cm}^2$
c) $a = 7,2\,\text{cm}$; $u = 23\,\text{cm}$

7
a) $A = 27,54\,\text{cm}$; $u = 23,24\,\text{cm}$
b) $A = 186,24\,\text{m}^2$; $u = 71,2\,\text{m}$
c) $A = 53\,\text{cm}^2$; $u = 41,2\,\text{cm}$

8
$0,92\,\text{m}$

9
$c = 1,4\,\text{m}$; $h = 5,75\,\text{m}$

Lösungen

10
a = 9 cm; A = 243 cm²

11
a = 9,5 cm

12
A = 345,45 m²

13
Der Flächeninhalt A ist 6-mal größer.

14
A = 16 cm²

15
30 707,04 €

16
a) A = 10,5 cm²
b) A = 20,5 cm²

17
A = 45 Flächeneinheiten

18
a) 1276 m²
b) 900 m²

Wiederholung, Seite 13

1
a) V = 127,008 cm³
   A_O = 186,48 cm²
b) V = 1223,22 cm³
   A_O = 1125,92 cm²
c) V = 1609,92 dm³
   A_O = 945,44 dm²

2
a) c = 3 cm
b) a = 6,1 cm
c) c = 4,8 cm; a = 2,4 cm

3
V = 118 724 cm³
Masse: 213,7032 kg
maximal 112 Schwellen

4
V = 728,75 m³

5
$V_{alt} = a \cdot b \cdot c$
$V_{neu} = \frac{a}{2} \cdot \frac{b}{2} \cdot \frac{c}{2} = \frac{1}{8} \cdot V_{alt}$
$A_{O\,alt} = 2 \cdot (ab + bc + ac)$
$A_{O\,neu} = 2 \cdot \left(\frac{a}{2} \cdot \frac{b}{2} + \frac{a}{2} \cdot \frac{c}{2} + \frac{b}{2} \cdot \frac{c}{2}\right) = \frac{1}{4} A_{O\,alt}$

6
V = 460 dm³
A_O = 17,492 m²

7
V = 285 696 m³
Wassermenge: 228 556,8 m³

8
806,4 kg

Wiederholung, Seite 14

1
a) V = 1855,5 cm³
   A_O = 848,2 cm²
b) V = 93,6 m³
   A_O = 187,2 m²
c) V = 1,96 m³
   A_O = 9,32 m²

2
a) r = 8,2 cm
b) h = 2,4 cm

3
72,84 m²

4
a) V = 166 838 m³
   gesamte Wandfläche (ohne Boden): 24 475 m²
b) Abstand für je 200 ml: 1,13 cm;
   also für 100 ml: 0,565 cm

5
a) V = 904,8 cm³
   A_O = 452,4 cm²
b) V = 3053,6 mm³
   A_O = 1017,9 mm²
c) V = 3591,4 dm³
   A_O = 1134,1 dm²
d) V = 22,4 m³
   A_O = 38,5 m²

6
a) r = 8,5 m
b) r = 1,8 cm
c) r = 0,72 dm
d) r = 11,3 mm

7
Man benötigt mindestens 1963,5 cm² Leder.

8
a) 64,3 g
b) 5942,8 g
c) 14,8 g
d) 5967,0 g

9
$V = \frac{251}{12} \pi \cdot a^3$
$A_O = 32,75 \pi \cdot a^2$

Lösungen

Rückspiegel, Seite 40

1

	a)	b)
kleine Strecke	4,8 cm	3,2 cm
große Strecke	12 cm	9,6 cm
	c)	d)
kleine Strecke	4 cm	3,6 cm
große Strecke	14 cm	5,4 cm

2
a) $s = 8\,dm$ b) $s = 15\,m$
c) $s = 3\,mm$

3
Es sind mehrere Lösungen möglich:
z. B. Grundseite 5 cm, Schenkel 8 cm
oder Grundseite 2,5 cm, Schenkel 4 cm.

4

Maßstab	2:7	1:20 000
Bildlänge	6 cm	6,4 cm
Originallänge	21 cm	1280 m
	18:1	1:300 000	250:1
	5,4 mm	2,4 cm	2,5 cm
	0,3 mm	7,2 km	1 mm

5
Zeichenaufgabe

6
a) nicht   b) ja
c) nicht   d) nicht
e) ja

7

	a_1	a_2	b_1	b_2	c_1	c_2
a)	9	6	12	8	12	8
b)	8	4	12	6	10	5
c)	5	8	2,5	4	1,5	2,4
d)	6,3	6,3	6,3	6,3	4,1	4,1
e)	1,7	18	7,5	81	45	486

(Maße in cm)

8

	a_1	a_2	b_1	b_2
a)	2	5	2	5
b)	4,6	13,2	2,5	7,2
c)	5,1	7,6	5,1	7,6
d)	5	8	4	6,4
e)	4	5,3	6	8
f)	15	22,5	10	15

	c_1	c_2	a_3	b_3
a)	2,4	6	3	3
b)	6	17,2	8,6	4,7
c)	9,1	13,6	2,5	2,5
d)	6	9,6	3	2,4
e)	3,1	4,1	1,3	2
f)	4	6	7,5	5

(Maße in cm)

9
a)
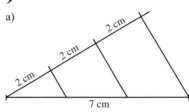

b) – e) analog lösen.

10
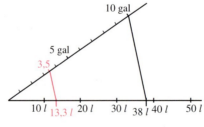

$3,5\,gal \approx 13,3\,l$
$9,2\,gal \approx 35,0\,l$
$15,1\,gal \approx 57,4\,l$
$42\,l \approx 11,1\,gal$
$28,5\,l \approx 7,5\,gal$
$10\,l \approx 2,6\,gal$

11
Die Entfernung beträgt ungefähr 445 m.

12
Der Kastanienbaum ist ungefähr 10,4 m hoch.

13
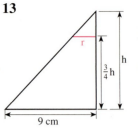

$\dfrac{9\,cm}{h} = \dfrac{r}{\frac{1}{4}h}$

$r = \dfrac{1}{4} \cdot 9\,cm$
$ = 2,25\,cm$

Der Radius der Deckfläche beträgt 2,25 cm.

Rückspiegel, Seite 64

1
a) $a^2 = b^2 + c^2$
$c^2 = d^2 + e^2$
$b^2 = d^2 + f^2$
b) $\overline{AC}^2 = \overline{AB}^2 + \overline{BC}^2$
$\overline{AB}^2 = \overline{AE}^2 + \overline{BE}^2$
$\overline{BC}^2 = \overline{BE}^2 + \overline{CE}^2$
$\overline{AD}^2 = \overline{AE}^2 + \overline{DE}^2$
$\overline{BD}^2 = \overline{AB}^2 + \overline{AD}^2$
$\overline{CD}^2 = \overline{CE}^2 + \overline{DE}^2$

2
a) 6,0 cm   b) 12,3 cm
c) 6,0 cm   d) 9,7 cm

3
a) $c = 12,6\,cm$ b) $b = 75,9\,m$
c) $a = 203\,m$

4
a) $u = 25,0\,cm$; $A = 29,9\,cm^2$
b) $75,9\,cm^2$

5
$u = 33,0\,cm$; $A = 59,5\,cm^2$

6
$e = 10,0\,cm$

7
a) $u = 42,4\,cm$; $A = 107,0\,cm^2$
b) $u = 30,0\,cm$; $A = 52,7\,cm^2$

Lösungen

8
1800 m = 1,8 km

9
21 cm (21,2 cm)

10
a) $u = 5a + 2a\sqrt{2} = a(5 + 2\sqrt{2})$
b) $A = 2a^2 + \frac{a^2}{4}\sqrt{3} = \frac{a^2}{4}(8 + \sqrt{3})$

Lösungen des Würfelspiels auf Seite 75:

START	x = 1	x = 3	x = 7
x = 6	■↗	x = −3	−
x = 9	x = −10	−	x = 6
−	x = 2	−	x = 5
x = 2	■↗	x = 21	ZIEL

Das Symbol ■↗ bedeutet: Gehe zurück auf das Feld, auf das der Pfeil zeigt.

Rückspiegel, Seite 88

Marginalie:
Die Definitionsbereiche sind:
$D = \mathbb{R} \setminus \{5\}$; $D = \mathbb{R} \setminus \{\frac{1}{2}\}$; $D = \mathbb{R} \setminus \{0; 2\}$
$D = \mathbb{R} \setminus \{-5; 4\}$; $D = \mathbb{R} \setminus \{-\frac{2}{3}; \frac{2}{3}\}$
$D = \mathbb{R} \setminus \{-2; 0\}$

1
a) $\frac{12x}{8x^2}$ b) $\frac{36x^2}{42x^3}$
c) $\frac{3x-3}{2x^2+4x-6}$ d) $\frac{2x^2-3x}{-6x^2+19x-15}$

2
a) $\frac{2}{5x}$ b) $\frac{7}{9y}$
c) $\frac{3x}{4}$ d) $\frac{5}{3}$
e) $3x$ f) $\frac{2(x-1)}{x+1}$

3
a) $\frac{19}{24x}$ b) $\frac{2}{15a}$
c) $\frac{7}{15x}$ d) $\frac{1}{2}$
e) $\frac{15}{a}$ f) $\frac{10}{3y}$

4
a) $x = \frac{1}{2}$ b) $x = 5$
c) $x = 1$ d) $x = -1$

5
a) $L = \{\}$ b) $L = \{\frac{3}{10}\}$
c) $L = \{1\}$ d) $L = \{\}$

6
a) $L = \{14\}$ b) $L = \{3\}$

7
a) $a = \frac{7c-3b}{4}$; $b = \frac{7c-4a}{3}$; $c = \frac{4a+3b}{7}$
b) $a = \frac{10c-9b}{14}$; $b = \frac{14a-10c}{-9}$; $c = \frac{14a-9b}{10}$
c) $a = \frac{26b}{3}$; $b = \frac{3a}{26}$
d) $a = \frac{2c}{b}$; $b = \frac{2c}{a}$
e) $a = \frac{bc}{2-b}$; $b = \frac{2a}{a+c}$; $c = \frac{2a-ab}{b}$

8
2 € Einsatz – 13 034,10 € Gewinn
4 € Einsatz – 26 068,20 € Gewinn
6 € Einsatz – 39 102,30 € Gewinn

9
Basiswinkel jeweils 72°;
Winkel an der Spitze: 36°

10
Jens ist 14 Jahre und Frau Neumann 56 Jahre alt.

11
Das Schnellboot erreicht das Frachtschiff um 7.45 Uhr.

12
Altes Beet: x^2
Neues Beet: $(x-2)(x+2) = x^2 - 4$
Das alte Beet war genau 4 m² größer als das neue Beet.

13
a) $x = 6$ cm b) $x = 21$ cm

Rückspiegel, Seite 114

1
a) $L = \{(3; -2)\}$ b) $L = \{(3; 2)\}$
c) $L = \{(4; 2)\}$ d) $L = \{(2; 1,5)\}$

2
a) $L = \{(4; 3)\}$ b) $L = \{(2; 2)\}$
c) $L = \{(-2; -3)\}$ d) $L = \{(3; -2)\}$

3
a) $L = \{(2; 3)\}$ b) $L = \{(5; 2)\}$
c) $L = \{(-1; 2)\}$ d) $L = \{(3; 2)\}$

4
a) $L = \{(4; 7)\}$ b) $L = \{(5; 7)\}$
c) $L = \{(3; -5)\}$ d) $L = \{(1; 4)\}$

5
a) $L = \{(9; 5)\}$ b) $L = \{(-2; 4)\}$
c) $L = \{(0,8; 1,1)\}$ d) $L = \{(3; -2)\}$

6
a) $L = \{(4; 1,5)\}$ b) $L = \{(4; 3)\}$
c) $L = \{(24; 16)\}$ d) $L = \{(7; 10)\}$
e) $L = \{(27; 44)\}$

7
a) keine b) eine, $L = \{(4; 2)\}$
c) unendlich viele d) keine

8
a) 16 und 9 b) 6 und 2

9
a) $10y + x = 10x + y - 9$
Die Zahl heißt 12.
b) $x = y + 4$
$(x-3) \cdot (y-3) = xy - 69$
Die beiden Zahlen heißen 15 und 11.

10
a) $(a-2) \cdot (b+2) = ab + 4$
$(a+3) \cdot (b+3) = ab + 57$
Die beiden Seiten sind 10 cm und 6 cm lang.
b) $a + b + b = 37$
$a = b - 5$
Die Seiten sind 9 cm, 14 cm und 14 cm lang.

Lösungen

11

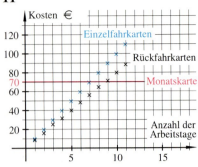

Die Monatskarte macht sich ab 9 Arbeitstagen bezahlt, da 9 Rückfahrkarten 72 € kosten.

Rückspiegel, Seite 138

1
a) $h = 4,9$ cm
$A_M = 140$ cm^2
$A_O = 240$ cm^2
$V = 163,3$ cm^3
b) $h_s = 20,1$ cm
$h = 19,2$ cm
$A_M = 482,4$ cm^2
$V = 921,6$ cm^3
c) $a = 0,85$ m
$h_s = 0,91$ m
$A_M = 1,5$ m^2
$A_O = 2,3$ m^2
$V = 0,2$ m^3

2
a) $s = 8,4$ cm
$A_M = 66,0$ cm^2
$A_O = 85,6$ cm^2
$V = 52,4$ cm^3
b) $h = 6,5$ cm
$A_M = 93,1$ cm^2
$A_O = 140,9$ cm^2
$V = 103,5$ cm^3
c) $r = 3,0$ dm
$A_M = 50,0$ dm^2
$A_O = 78,2$ dm^2
$V = 41,5$ dm^3

3
a) $h_s = 13,1$ cm
$A_O = 329,3$ cm^2
$V = 374,1$ cm^3
b) $h = 13,1$ cm
$A_O = 561,3$ cm^2
$V = 800,5$ cm^3
c) $h_s = 6,9$ dm
$h = 6,5$ dm
$A_O = 78,3$ dm^2
$V = 44,1$ dm^3

4
a) $A_O = 242,2$ cm^2
$V = 218,0$ cm^3
b) $A_O = 82,8$ cm^2
$V = 34,3$ cm^3

5
a) $h = 4,8$ cm
$h_s = 5,0$ cm
$V = 14,4$ cm^3
b) $a = 4,5$ cm
$h_s = 11,2$ cm
$A_O = 203,8$ cm^2
c) $a = 13,0$ cm
$V = 258,9$ cm^3
$A_O = 292,4$ cm^2

6
12 % des Fläschchens bleiben leer.

7
Zur Konstruktion siehe Seiten 117 (Schrägbild) und 128 (Zweitafelbild).

8
b) 2 Rechtecke 135,9 m^2
4 schmale Dreiecke 28,4 m^2
2 große Dreiecke 62,4 m^2
  226,7 m^2
c) Dreiecksprisma: 260,1 m^3
Pyramide: 72,6 m^3
  332,7 m^3

9
$V = 0,15$ m^3
$A_O = 1,65$ m^2
Mit 10 % Verschnitt benötigt man 1,815 m^2 = 181,5 dm^2 Blech.

10
$r = 40$ cm

11
$r = 53,8$ cm
$V = \frac{1}{2} V_{Kugel} + V_{Kegel} = 0,509$ m^3

Rückspiegel, Seite 154

1
P_1 P_4 P_5

2
a) Scheitel in
$S(0; 4)$
$S(0; -1)$
$S(0; -2,8)$
b) $y = x^2 + 2,5$
$y = x^2 + 1,5$
$y = x^2 - \frac{3}{4}$
Scheitel in
$S(0; 2,5)$
$S(0; 1,5)$
$S(0; -0,75)$

3
a)

x	−4	−3	−2	−1	0	1	2
y	4	2,25	1	0,25	0	0,25	1

b)

x	−2	−1	−0,5	0	0,5	1	2
y	5	−1	−2,5	−3	−2,5	−1	5

4
a) $N_1(2,2; 0)$; $N_2(-2,2; 0)$
b) $N_1(1,9; 0)$; $N_2(-1,9; 0)$
c) $N_1(2,4; 0)$; $N_2(-2,4; 0)$
d) $N_1(2,4; 0)$; $N_2(-2,4; 0)$

5
a) $S_1(0; 5)$; $S_2(0; 10)$
b) $S_1(0; -10)$; $S_2(0; -10)$
c) $S_1(0; 5)$; $S_2(0; -5)$

6
a) $c = 4$; $y = x^2 + 4$
b) $a = \frac{1}{2}$; $y = \frac{1}{2} x^2$

7
a) $P_1(-1; -2)$; $P_2(2; 1)$
b) $P_1(-2; 5)$; $P_2(0,5; 1,25)$

8
a) $x_1 = +1,6$; $x_2 = -1,6$
b) $x_1 = +2,1$; $x_2 = -2,1$
c) $x_1 = +1,7$; $x_2 = -1,7$
d) $x_1 = +1,7$; $x_2 = -1,7$

Lösungen

9
a) $x_1 = 5$; $x_2 = -5$
b) $x_1 = 7$; $x_2 = -7$
c) $x_1 = 6$; $x_2 = -6$
d) $x_1 = 10$; $x_2 = -10$
e) $x_1 = \frac{8}{9}$; $x_2 = -\frac{8}{9}$
f) $x_1 = 0{,}1$; $x_2 = -0{,}1$

10
a) $x_1 = 3$; $x_2 = -3$
b) $x_1 = 4$; $x_2 = -4$
c) $x_1 = 7$; $x_2 = -7$
d) $x_1 = 5$; $x_2 = -5$

11
a) $x_1 = 8$; $x_2 = -8$
b) $x_1 = \frac{1}{3}$; $x_2 = -\frac{1}{3}$
c) $x_1 = 6$; $x_2 = -6$
d) $x_1 = 3$; $x_2 = -3$

12
a) $x_1 = 6$; $x_2 = -6$
b) $x_1 = 6$; $x_2 = -6$
c) $x_1 = 30$; $x_2 = -30$
d) $x_1 = 4$; $x_2 = -4$

13
a) 13 oder −13
b) 4 oder −4

14
Länge: 2,45 m; Breite 1,63 m

Rückspiegel, Seite 182

1
a) $x = \pm 11$
b) $x = \pm 1{,}5$
c) $x = \pm 0{,}25$
d) $x = \pm 0{,}1$
e) $x = 7$
f) $x_1 = 0$; $x_2 = -2{,}5$

2

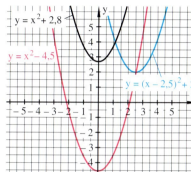

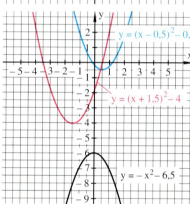

3
a) $S(4; -5)$
b) $S(-7; -6)$
c) $S(2{,}5; 0{,}5)$
d) $S(-3{,}5; -12{,}25)$

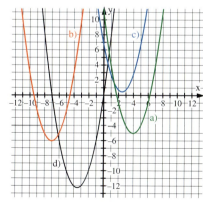

4
a) $y = 0$
b) $y = 16$
c) $x_1 = 11$; $x_2 = 3$
d) $x_1 = 0$; $x_2 = -8$

5
a) $x_1 = -5$
   $x_2 = -1$
b) $x_1 = -2$
   $x_2 = 3$
c) $x_1 = 0{,}5$
   $x_2 = -4{,}5$
d) $x = -0{,}5$
e) $x_1 = 7$
   $x_2 = 4$
f) $x_1 = 8$
   $x_2 = -3$
g) $x_1 = 4$
   $x_2 = 1{,}5$
h) $x_1 = 4$
   $x_2 = 8$

6
a) $x_1 = 2$
   $x_2 = -10$
b) $x_1 = 0{,}5$
   $x_2 = -6$
c) $x_1 = 5$
   $x_2 = -2$
d) $x_1 = -6$
   $x_2 = -10$
e) keine Lösung
f) $x_1 = 2$; $x_2 = -2$

7
A und C liegen auf der Normalparabel.

8
a) $N_1(7; 0)$
   $N_2(1; 0)$
b) $N_1(4; 0)$
   $N_2(-1; 0)$
c) $N_1(-1{,}5; 0)$
   $N_2(-3{,}5; 0)$
d) $N_1(7{,}5; 0)$
   $N_2(-0{,}5; 0)$

9
a) $P(6; 6)$
   $Q(3; 3)$
b) $P(-3; -1)$
   $Q(-8; 4)$
c) $P(7{,}5; 4{,}5)$
   $Q(1{,}5; -7{,}5)$
d) $P(-1; 5{,}25)$

10
a) $D = \mathbb{R} \setminus \{0\}$
   $L = \{7; 3\}$
b) $D = \mathbb{R} \setminus \{-6\}$
   $L = \{-1; -4\}$
c) $D = \mathbb{R} \setminus \{1\}$
   $L = \{6; -5\}$
d) $D = \mathbb{R} \setminus \{0\}$
   $L = \{1{,}5; 2\}$
e) keine Lösung

11
Für $c = 4$ hat die Parabel genau eine Nullstelle.

12
$p = -8$ und $q = 15$

13
a) Die natürliche Zahl heißt 18.
b) Die Zahl lautet 4.

Lösungen

14
Diagonale: 41 m   Länge: 40 m
Breite: 9 m   Umfang: 98 m
Flächeninhalt: 360 m²

Rückspiegel, Seite 196

1
w ≈ 40 %

2
Individuelle Lösung. Die Wahrscheinlichkeit wird bei etwa 31 % liegen.

3
$W = \frac{2}{8} = 25\%$

4

	1. Schüler						
2. Schüler	Mo	Do	Mi	Do	Fr	Sa	So
Mo	×						
Di		×					
Mi			×				
Do				×			
Fr					×		
Sa						×	
So							×

49 mögliche Ausgänge, davon 7 günstige: $W = \frac{7}{49} \approx 14{,}3\%$

5
a) Das Gegenereignis tritt ein, wenn zwei ungleiche Zahlen gewürfelt werden. Dies sind 15 mögliche Fälle. Mit den sechs möglichen Pasch-Würfen gibt es also 21 mögliche Ergebnisse.
Die Wahrscheinlichkeit (Pasch) beträgt also $\frac{6}{21} = \frac{2}{7}$. Die Wahrscheinlichkeit für das Gegenereignis beträgt $\frac{15}{21} = \frac{5}{7}$.
b) Es gibt 6 rote Bilder beim französischen Blatt: Herz Bube, Karo Bube, Herz Dame, Karo Dame, Herz König, Karo König. Das Gegenereignis besteht also aus allen anderen Karten.
Wahrscheinlichkeit Ereignis = (Rotes Bild) = $\frac{6}{32} = \frac{3}{16}$.
Wahrscheinlichkeit (Gegenereignis) = $\frac{26}{32} = \frac{13}{16}$.
Bei einem deutschen Blatt gibt es nur drei rote Bilder:
Ereignis rotes Bild $\frac{3}{32}$
Gegenereignis $\frac{29}{32}$

6
$W = \frac{3}{10} \cdot \frac{2}{9} \cdot \frac{1}{8} = \frac{6}{720} = \frac{1}{120} \approx 0{,}8\%$

7
Die 8 Pfadausgänge haben alle die Wahrscheinlichkeit $\frac{1}{8}$. Es gibt 6 günstige Pfade bzw. 2 ungünstige (3-mal Kopf oder 3-mal Zahl).
(Summenregel:)
$W = \frac{1}{8} + \frac{1}{8} + \frac{1}{8} + \frac{1}{8} + \frac{1}{8} + \frac{1}{8} = 75\%$

8
a) $W = \frac{2}{6} \cdot \frac{2}{5} \cdot \frac{1}{4} \cdot \frac{1}{3} = \frac{1}{90} \approx 1{,}1\%$
b) (ohne Zurücklegen)
$W = \frac{2}{6} \cdot \frac{2}{5} \cdot \frac{2}{4} = \frac{1}{15} \approx 6{,}7\%$
c) Die Wahrscheinlichkeit für OTTO ist dieselbe wie die, 4-mal kein R zu ziehen:
$W_{OTTO} = \frac{4}{6} \cdot \frac{3}{5} \cdot \frac{2}{4} \cdot \frac{1}{3} = \frac{1}{15} \approx 6{,}7\%$
Die Wahrscheinlichkeit für TOR beträgt dann
$W_{TOR} = \frac{6}{6} \cdot \frac{4}{5} \cdot \frac{2}{4} = \frac{48}{120} = \frac{2}{5} = 40\%$.

9
a) $\frac{1}{10} \cdot \frac{1}{10} = \frac{1}{100} = 1\%$
(Auch die Null ist als erste Ziffer möglich.)
b) $\frac{1}{10} \cdot \frac{1}{9} = \frac{1}{90} \approx 1{,}1\%$
c) Bei b) handelt es sich um einen Versuch „ohne Zurücklegen". Die Wahrscheinlichkeit für das richtige Raten der 2. Kugel ist mit $\frac{1}{9}$ größer als die für das richtige Raten der zweiten Ziffer. Claudia hat die besseren Chancen.

10
a) Es werden aus 2 roten und 6 blauen Kugeln 3 gezogen (ohne Zurücklegen). Auf einer Strichliste wird notiert, ob die beiden roten dabei waren. Anhand der relativen Häufigkeit für 2 rote Kugeln wird die Wahrscheinlichkeit geschätzt.
b) Bei 3 Pfaden mit einer Wahrscheinlichkeit $\frac{1}{28}$ werden 2 rote Kugeln gezogen:
$W = \frac{1}{28} + \frac{1}{28} + \frac{1}{28} \approx 10{,}7\%$.

Register

Achsenschnittpunkt 171
Additionsverfahren 100
Ähnlich 28
Ähnlichkeitsfaktor 28
Ähnlichkeitssatz 31
Aufriss 128

Baumdiagramm 188
Bildstrecke 17
Bruchgleichung 72, 172
Bruchterm 66

Deckfläche 135
Deckkante 135
Deckkreisradius 135
Definitionsbereich 66, 140, 171
Dreieck 11
Dreieckspyramide 121

Einsetzungsverfahren 98
Ereignis 186
Ergebnis 186
Erweitern 68

Flächenabbildungsmaßstab 29
Formel, binomische 8
Funktion 140

Gegenereignis 186
Gleichsetzungsverfahren 96
Gleichung, lineare 90
Gleichungssystem 93
Grundriss 128

Hauptnenner 70
Höhensatz 44
Hüllkurve 151
Hypotenuse 42
Hypotenusenabschnitt 42

Kathete 42
Kathetensatz 42
Kegel 116
Kegelstumpf 135
Konstruktion, maßstäbliche 17
Körper, zusammengesetzter 130
Kugel 14
Kürzen 68

Längenabbildungsmaßstab 2
Lösungsformel 159
Lösungsmenge, geometrische Deutung der 103

Monotonie 171

Netz Kegel 124
Netz Pyramide 119
Nomogramm 23
Normalform 166
Normalparabel 140
Nullstelle 145, 171

Oberfläche Kegel 124
Oberfläche Pyramide 119
Ordnungslinie 128
Originalstrecke 17

Pfadregel 188
Prisma 13
Proportionalzirkel 27
Pyramide 116
Pyramidenstumpf 135
Pythagoras, Satz des 46

quadratische Funktion 140
quadratische Gleichung 145, 147

Radikand 149
Rissachse 128

Schätzwert 184
Scheitel 140
Scheitelpunkt 140
Scheitelpunktsform 161
Schnitt, goldener 39
Schnittkörper 135
Schrägbild Kegel 117
Schrägbild Pyramide 117
Sechseckpyramide 121
Simulation 191
Strahlensatz 21
Streckenverhältnis 16
Streckfaktor 19
Streckung, zentrische 19
Symmetrie 171
Symmetrieachse 140

Ungleichung 9, 82

Vererbung 195
Vergrößerung 24
Verhältnis 16
Verkleinerung 24
Vieleck 12
Viereck 11
Vieta 175
Vieta, Satz von 174
Volumen Kegel 126
Volumen Pyramide 122

Wahrscheinlichkeit 184
Wertebereich 140, 171

Zahlentripel, pythagoreisches 63
Zufallsexperiment 188
Zweitafelbild 128
Zylinder 14

Mathematische Symbole und Bezeichnungen

$=$	gleich
$<\,;\,>$	kleiner als; größer als
$\mathbb{N}$	Menge der natürlichen Zahlen
$\mathbb{Z}$	Menge der ganzen Zahlen
$\mathbb{Q}$	Menge der rationalen Zahlen
$g \perp h$	die Geraden g und h sind zueinander senkrecht
∟	rechter Winkel
$g \parallel h$	die Geraden g und h sind zueinander parallel
A, B, ..., P, Q, ...	Buchstaben für Punkte
$\overline{AB}$	Strecke mit den Endpunkten A und B
A (2; 4)	Gitterpunkt mit dem x-Wert 2 und dem y-Wert 4
∢ ASB	Winkel mit dem Scheitel S und dem Punkt A auf dem ersten Schenkel und dem Punkt B auf dem zweiten Schenkel
$\alpha, \beta, \gamma, \ldots$	Bezeichnungen für Winkel
ϱ	rho, griech. Buchstabe, Bezeichnung für Inkreisradius

Maßeinheiten und Umrechnungen

Zeiteinheiten

Jahr	Tag	Stunde	Minute	Sekunde
1 a =	365 d			
	1 d =	24 h		
		1 h =	60 min	
			1 min =	60 s

Masseeinheiten

Tonne	Kilogramm	Gramm	Milligramm
1 t =	1000 kg		
	1 kg =	1000 g	
		1 g =	1000 mg

Längeneinheiten

Kilometer	Meter	Dezimeter	Zentimeter	Millimeter
1 km =	1000 m			
	1 m =	10 dm		
		1 dm =	10 cm	
			1 cm =	10 mm

Flächeneinheiten

Quadrat-kilometer	Hektar	Ar	Quadrat-meter	Quadrat-dezimeter	Quadrat-zentimeter	Quadrat-millimeter
1 km² =	100 ha					
	1 ha =	100 a				
		1 a =	100 m²			
			1 m² =	100 dm²		
				1 dm² =	100 cm²	
					1 cm² =	100 mm²

Raumeinheiten

Kubikmeter	Kubikdezimeter	Kubikzentimeter	Kubikmillimeter
1 m³ =	1000 dm³		
	1 dm³ =	1000 cm³	
	1 l =	1000 ml	
		1 cm³ =	1000 mm³